Hannes Gans • Eva Wrazdil

KLOSTERGEHEIMNISSE

Stocker

Hannes Gans • Eva Wrazdil

Kloster Geheimnisse

Ein Blick hinter die Mauern österreichischer Ordenshäuser

Leopold Stocker Verlag
Graz – Stuttgart

Abbildungsnachweis
Schutzumschlag: Der Kreuzgang im Augustiner-Chorherrenstift Klosterneuburg. – Sämtliche Fotos wurden dem Verlag von den Autoren freundlicherweise zur Verfügung gestellt.

Bibliografische Information Der Deutschen Bibliothek
Die Deutsche Bibliothek verzeichnet diese Publikation in der Deutschen Nationalbibliografie; detaillierte bibliografische Daten sind im Internet über http://dnb.ddb.de abrufbar.

Hinweis
Dieses Buch wurde auf chlorfrei gebleichtem Papier gedruckt. Die zum Schutz vor Verschmutzung verwendete Einschweißfolie ist aus Polyethylen chlor- und schwefelfrei hergestellt. Diese umweltfreundliche Folie verhält sich grundwasserneutral, ist voll recyclingfähig und verbrennt in Müllverbrennungsanlagen völlig ungiftig.

ISBN 3-7020-1067-X

Layout: Ecotext-Verlag, Mag. Günther Schneeweiß-Arnoldstein, Wien
Gesamtherstellung: Gorenjski tisk, Kranj - Slowenien

Inhalt

Vorwort

Klostergeheimnisse!? Die einen erwarten sich Einblicke in wohlgehütete kulinarische Mysterien klösterlicher Küchen und Keller. Für die anderen ist der Titel eine vielversprechende Andeutung für Tratsch und Skandalgeschichten. Beide Seiten haben Recht und sollen in diesem Buch auf ihre Rechnung kommen. Diejenigen, die reißerische Enthüllungen à la „Pfaffenspiegel" erwarten, werden aber ebenso enttäuscht sein wie jene, die sich Aufschlüsse über die jüngsten Vorkommnisse in der österreichischen Kirche erhoffen. Über diese offenen Verfahren wird ohnehin in den aktuellen Medien ausführlich berichtet. Für Spekulationen und Erwartungen, die den Reiz der Tagesberichterstattung ausmachen, ist in diesem Buch kein Platz.

Für die eigentlichen Klostergeheimnisse sorgen ohnehin die Menschen, die sie tagtäglich leben. In der Selbstverständlichkeit, mit der die Ordensleute über ihre Berufung erzählen, machen sie eine Annäherung an dieses Mysterium möglich. Aber werden wir Nichtgeistlichen je verstehen, dass jemand aus ehrlichem Herzen materielle Bedürfnislosigkeit für sich bejaht, dass jemand bereit ist, dieses eine irdische Leben den strengen Regeln der Klausur zu unterwerfen, sich dem Gebet zu widmen und für den Zölibat, für ein Dasein in Keuschheit, entscheidet und überdies mit der Gnade ausgestattet wird, einen Lebensmotor wie die Sexualität ungestraft ignorieren zu können?

Diesen Ordensleuten sind die Geschichten im vorliegenden Buch zu verdanken. Sie haben uns, die Fotografin und mich, in guter klösterlicher Tradition gastfreundlich willkommen geheißen, haben sich für die Interviews Zeit genommen und notwendige Unterlagen zur Verfügung gestellt.

Selbstverständlich bieten alle Klöster Österreichs eine Fülle an erzählenswerten Geschichten. Aus Platzgründen musste jedoch eine Auswahl getroffen werden. Bewusst wurden daher einige der sogenannten „großen" nicht aufgenommen – zugunsten einer Reihe von kleinen Klöstern. Diese bescheidenen Häuser, meist von Bettelorden, wurden bisher viel zu wenig beachtet – sehr zu Unrecht. Sie sind sozusagen das „Salz in der Klostersuppe". Auch ohne bemerkenswerte Kunstschätze oder großartige Bauwerke leisten sie einen unschätzbaren Beitrag zum geistlichen und geistigen Reichtum unserer Klosterlandschaft.

Die „Klostergeheimnisse" sind keine wissenschaftliche Abhandlung, es sind vielmehr Erzählungen, die sich zwar möglichst genau an historische Fakten halten, aber über Kunst- und Architekturführer hinaus einen Blick auf das Leben hinter Klostermauern eröffnen sollen.

Wien, im Juli 2004 *Hannes Gans*

Wächter der Herzen

Augustinerkloster in Wien

Er hat's den Wienern so richtig hineingesagt, und sie haben ihn dafür geliebt. Je gröber, je deftiger er über sie hergezogen ist, um so größer war der Zulauf. Ob sie sich bei der Nase genommen haben, wenn er von der Kanzel herabgedonnert hat, dass er ein ganzes Nest voller Narren gefunden habe? Den faulen Narren, den versoffenen Narren, den verlogenen Narren und den lobwürdigen Narren. Einen jeden hat er ihnen leibhaftig hingestellt. Die Leute wird's amüsiert haben. Weiß ein jeder ja selbst haargenau, wo seine schwache Seite ist, und noch besser weiß ein jeder, welcher Narr der andere ist.

„Mercks, Wienn!" hat er ihnen zugerufen, 1680, in seiner Pestpredigt, und hat ihnen später eine „Besonders möbliert- und gezierte Todten-Capelle" entworfen. Der Tod war einer seiner liebsten Hauptdarsteller – das mag der Wiener, das geht ihm „ins Gmiat". Johann Ulrich Megerle alias Gautentius Hilarion alias Hilarius von Freudberg alias Theophilus Mariophilus, besser bekannt als kaiserlicher Hofprediger P. Abraham a Sancta Clara, war Mönch des Augustiner-Barfüßer-Ordens im Wiener Augustinerkloster.

Pfarrer Albin Scheuch, Subprior von St. Augustin, ist in gewissem Sinn sein Nachfolger und äußert sich voll Hochachtung über Abraham a Sancta Clara: „Er war ein begnadeter Prediger. Seine barocken Predigten wurden gedruckt, für einen Bettelmönch etwas Außergewöhnliches." Pater Albin spricht ruhig, stellt in ernsten Worten klar, dass die Persönlichkeit von Abraham a Sancta Clara jedoch nicht auf die Kanzel reduziert werden darf: „Er hat verantwortungsvolle Funktionen innerhalb der Ordensprovinz bekleidet, war Prior, Subprior, Provinzial und Definitor."

Und gehörte, streng genommen, nicht zum gleichen Orden wie der jetzige Pfarrer von St. Augustin, was ohne den Blick in die Geschichte nicht so einfach zu erklären ist. P. Albin: „Bei Einbeziehung aller historischen Problematik, die damit verbunden ist,

Grabmal von Erzherzogin Marie Christine, das Hauptwerk von Antonio Canova.

können wir unseren Orden auf Augustinus zurück führen."

Mönchtum und Klerus waren damals zwei vollkommen getrennte Bereiche. Eine Mischform, wie sie heute in jedem Männerkloster anzutreffen ist, gab es im 4. und 5. Jahrhundert nicht. Augustinus wurde Priester, blieb aber in der Gemeinschaft von Freunden, wie er es in seiner Regel festgehalten hatte. Noch als Bischof hat er in Nordafrika Klöster gegründet, die nach seiner Regel zusammengelebt ha-

Die Kirchenbänke wurden mit kunstvoll geschnitzten Frauenköpfen verziert.

ben. Die Regel ist kurz, auf wenige wesentliche Punkte beschränkt, kaum Details, im Unterschied zur ausführlichen Regel des hl. Benedikt, die hundert Jahre später entstanden ist.

P. Albin: „Die verschiedensten Gemeinschaften haben nach der Augustinusregel gelebt, bis das große Reinemachen in der Kirche eingesetzt hat", womit er das 13. Jahrhundert meint, die Zeit bedeutender Ordensgründungen. Franziskaner, Dominikaner, Serviten: „Alles Mönchtum, das sich in irgend einer Form auf Augustinus bezogen hat, wurde vom Papst unter den Augustinern zusammengefasst. Sogar die einzeln lebenden Mönche, die Eremiten, sollten in die Städte übersiedeln. Noch im selben Jahr sind etliche von ihnen ausgeschieden. Sie wollten nie in einer Gemeinschaft sein, wie sie Augustinus in seiner Regel voraussetzt."

Die Einsiedler waren gegangen, der Name war geblieben, Augustiner Eremiten, OSAE, für P. Albin eine historische Last: „Von der uns Papst Johannes XXIII. 1963 befreit hat. Er hat das E. aus der Ordensbezeichnung heraus genommen."

Die Augustiner Mönche unterscheiden sich wiederum von den Augustiner Chorherren. „Wir sind Mönche im weitesten Sinn dieses Begriffes", definiert P. Albin seinen Stand. „Die Chorherren hingegen sind eine Gemeinschaft von Priestern im Sinne der Seelsorge."

Die Chorherren haben ihre Stifte, die Augustiner sind ein Bettelorden, fühlen sich aber alles andere als die armen Brüder der reichen Chorherren. Sie sehen das Betteln als Privileg an, und die Besitzlosigkeit, soweit es P. Albin betrifft, als Befreiung: „Wir waren einst die größten Grundbesitzer Wiens. Ich bin heilfroh, dass wir das alles nicht mehr haben. Ich wollte etwas Schlichtes, sonst wäre ich in ein anderes Kloster eingetreten."

Die sechs Augustinermönche leben von den Einkünften der einzelnen Mitbrüder. P. Albin: „Es geht sich gerade aus, jeden Monat, einmal mit einem kleinen Minus, dann wieder mit einem leichten Plus am Konto – wie ein gewöhnlicher Haushalt."

Dieser Unterschied dürfte jedem klar sein, wenn er dagegen eines der großen Chorherrenstifte anschaut. P. Albin: „Es gab bei uns nie Äbte, die in Landtagen oder Herrenhäusern gesessen sind. In unserem Orden waren eher die Wissenschaftler. Was kaum jemand weiß: Die Augustiner hatten 150 Jahre lang den Lehrstuhl für Moraltheologie an der Wiener Universität inne, von 1630 bis 1780. Die ersten Statuten der Universität haben Augustiner verfasst. Wir sind zu bescheiden, um davon viel Aufhebens zu machen. 1965, zum 600jährigen Bestehen der Universität, wurde unser Orden dafür groß gewürdigt."

Diffiziler und nur nach innen hin von großer Be-

Im Herzgrüftl sind die Herzen der Habsburger sicher verwahrt.

deutung ist der Unterschied in der demokratischen Struktur. Gewählt wird in jedem Kloster. Die Demokratie ist bei den Bettelorden jedoch ungleich stärker ausgeprägt. P. Albin: „Unser derzeitiger Prior, Pater Jordan Fenzl, ist für vier Jahre gewählt. Er kann zweimal bestellt werden, dann muss er eine Periode aussetzen. Das Gleiche gilt für die Ämter nach oben hin, alles ist grunddemokratisch durchorganisiert." Der Subprior verweist nachdrücklich darauf, dass in den Klöstern bereits die Demokratie geherrscht hat, als die Staaten noch längst von Herrschern regiert wurden, die man nicht bei der nächsten Wahl loswerden konnte. Mit Schaudern stellt er sich eine Monarchie mit den derzeit im Angebot befindlichen Kandidaten vor: „Einen Bundespräsidenten auf Lebenszeit, einen Kaiser wie einst. Wir würden als Land vertrotteln!"

Bevor die Rede aber definitiv auf die Habsburger kommt, muss die Frage beantwortet werden, weshalb P. Albin nur bis zu einem gewissen Grad ein Nachfolger von Abraham a Sancta Clara ist. P. Albin ist, wenn man so will, einfach ein Augustiner, und der andere, Abraham a Sancta Clara, war ein unbeschuhter Augustiner, ein Barfüßer, also einer, der dem strengen Zweig des Ordens angehört hat.

Mit Friedrich dem Schönen kamen die Augustiner 1327 nach Wien. Sie wurden an der heutigen Stelle des Klosters angesiedelt. In bemerkenswert kurzer Zeit (1330 bis 1339) wurde die Kirche gebaut, 1349 wurde sie geweiht. Die größte Bettelordenskirche Österreichs (Gesamtlänge 80 Meter) und der zweitgrößte Kirchenbau im Wiener Bereich weist architektonisch eine Reihe von Besonderheiten auf, die in einem dort aufliegenden Kirchenführer ausführlich beschrieben werden. Hervorzuheben sind der 7/10-Schluss des einschiffigen Langchores als absolutes Unikat und die Gesamtarchitektur als einziges Beispiel für elsässische Gotik außerhalb des Elsaß.

1631 wird die Kirche den unbeschuhten Augustinern übergeben. Die bisher dort residierenden Augustiner werden nach St. Rochus umgesiedelt.

Obwohl St. Augustin 1634 offiziell zur Hofpfarrkirche erklärt wird, war sie von Anfang an Hofkirche und ist es bis 1918 geblieben, behauptet P. Albin und zeigt in diesem Zusammenhang einen hartnäckig tradierten Fehler auf: „St. Michael wird ebenfalls als Hofkirche geführt, war aber die Kirche für die Angestellten bei Hofe."

Die Mitglieder des Herrscherhauses stellten Ansprüche an die Gestaltung ihrer Gottesdienste. P. Albin: „Der feierliche Gottesdienst war oberste Pflicht.

Es gibt sogar Gerüchte, dass die Wiener Sängerknaben hier gegründet worden sein könnten." Geblieben ist davon die Musiktradition, die in keiner anderen Kirche in solcher Intensität gepflegt wird wie in St. Augustin. Chor und Orchester sind im Bereich der Musica sacra international ein Begriff. Sonntag für Sonntag gibt es feierliche Messen, an denen sich namhafte Musiker als Instrumentalisten oder Gesangssolisten um einen nicht nennenswerten Anerkennungsbeitrag beteiligen. Die Chorsänger üben ihr künstlerisches Amt unentgeltlich aus, kommen zu den Proben und üben für die CD-Aufnahmen, die mittlerweile von nahezu allen bekannten Messen vorliegen. P. Albin: „Etliche Werke der Kirchenmusik sind hier erstmals aufgenommen worden, zum Beispiel die ‚Deutsche Trauermesse' von Franz Schubert, die in einer Welterstaufnahme vorliegt."

Die Nähe zur Macht tat den Mönchen wohl. Die Patres waren Beichtväter der Herrscher und mit deren intimsten Sorgen vertraut. „Irgendwann wird man hochnäsig, wenn man Berater bei Hofe ist oder wie ein Prior von uns mit Maria Theresia in privater Atmosphäre Kakao schlürft. Man trug die Nase höher, und schon hieß es: die Herren von St. Augustin". P. Albin schüttelt den Kopf. „Eine Pervertierung des ursprünglichen Ideals, ein Verfall der Sitten."

Auch der private Beichtvater von Joseph II. war Augustiner. P. Albin lässt mit seinem Urteil über den Kaiser aufhorchen: „Joseph II. war kein Josephiner. Er war nur ein aufgeklärter Herrscher."

Den Josephiner haben genügend Klöster zu spüren bekommen. Im Lexikon und im Geschichtsunterricht in den Schulen, überall ist von der Aufhebung kontemplativer Klöster die Rede. Falsch! Betroffen waren Klöster jeder Art, man denke nur an das Zisterzienserstift Lilienfeld. Joseph II. hat aktiv in das kirchliche Geschehen eingegriffen oder, in der klassischen Definition des Josephinismus, die Ausdehnung staatlicher Souveränität über die Kirche angestrebt. Pfarren wurden neu zugeteilt, das eingezogene Vermögen, soweit es nicht abgezweigt worden war, in einem Religionsfonds verwaltet. Der oberste Mesner des Reiches agierte nicht anders als ein Minister, der in seinem Ressort rigorose Sparmaßnahmen durchsetzt. Verordnungen und Erlässe regelten den kirchlichen Alltag: von der Ausbildung der Geistlichkeit angefangen bis zur Anzahl der Kerzen auf dem Altar.

Wie kann ein solches Vorgehen als aufgeklärt hingestellt werden!? Ketzerei!? Wie man's nimmt. „Unter Josephs Regierung wird es allgemeiner Sieg der Vernunft und Menschheit; wird es (ein) aufgeklärtes, tolerantes, wahres philosophisches Jahrhundert!" schreibt ein Zeitgenosse des Kaisers 1783 als „happy end" in sein Büchlein „Faustin oder das philosophische Jahrhundert". In Form eines Erlebnisberichtes beschreibt der nur als C. Simm. angeführte Autor den Weg eines jungen Mannes durch die Welt des 18. Jahrhunderts. Sein geistiges Gepäck ist die Philosophie von Voltaire, für ihn nur *der* große Philosoph. Überall, wo Faustin hinkommt, muss er feststellen, dass die Aufklärung und damit das philosophische Jahrhundert noch auf sich warten lassen.

Über die Bibliothek seines Lehrers Pater Bonifaz wird ein Inquisitionsgericht gehalten. Zitat: „Zum großen Skandal der zween Graduierten fanden sich viele Bücher groß und klein, an deren Titelblatt die Namen Voltäre, Helvetius, Bayle und Montesquieu mit großen Buchstaben figurierten." Faustin irrt durch die Welt, kommt nach Rom, stolpert dort zwangsläufig über einen Haufen unerträglicher Missstände, gelangt nach Übersee in den Sklavenmarkt und in die Pseudomissionen. Über Frankreich am Vorabend der Revolution kommt er wieder nach Deutschland zurück. Die Beschreibung ist ein authentisches Zeitgemälde, aufgezeichnet von einem, der alles andere als gute Erfahrungen mit den damaligen Erscheinungsformen der christlichen Kirchen gemacht hat und von der Komödie der Religion spricht, die mit Mirakeln und Teufelsaustreibungen die Leute unterhält. Um so eher versteht man seine Lobeshymnen auf Joseph II. und eventuell auch den Unterschied zwischen einem Josephiner und einem aufgeklärten Herrscher.

Aus dem Archiv von St. Augustin weiß P. Albin, dass Joseph II. kein Pfaffenfresser war, sondern ein zutiefst frommer Mensch, zu Lebzeiten und am Totenbett, wo ihm ein Augustiner die „Confessiones" vorlesen musste. P. Albin zieht einen Vergleich zur Kirche in unserer Zeit und könnte sich gut vorstellen, dass sich der aufgeklärte Kaiser darin wohl gefühlt hätte.

Auf Dauer hatte die Aufklärung keine Chance, dafür waren die Habsburger nicht eingerichtet. Offenbar war Joseph II. der einzige, der sich nicht von geistlichen Drohgebärden beeindrucken ließ. Leo-

Musica sacra spielt in St. Augustin eine bedeutende Rolle.

pold II. war zu abergläubisch, um das Gedankengut seines Bruders weiter zu verfolgen. Wie sein Nachfolger Kaiser Franz machte er etliches wieder rückgängig; gesprochen wurde nicht viel darüber.

Zwar wurde das Augustinerkloster nicht aufgehoben, erhielt aber Beschränkungen auferlegt. Mit einiger Verzögerung starb das Kloster 1836 aus.

Daran herumgezwackt hatte man schon bisher. Auf der einen Seite saß Herzog Albert von Sachsen-Teschen. Für die Erweiterung seiner Albertina wurde um 1800 ein Trakt des Klosters abgetragen. Auf der anderen Seite, zur Hofburg hin, wurde die Klosterbibliothek auf verblüffend einfache Weise der Nationalbibliothek einverleibt. P. Albin: „Der heutige Augustiner Lesesaal wurde zu uns her zugemauert, von der anderen Seite her wurde eine Tür durchgestemmt, schon war die Bibliothek übergeben."

1951 haben wieder Augustiner Mönche den Standort übernommen. Eigentümerin ist die Republik, die Zuständigkeiten sind auf einige Ministerien aufgeteilt. Das Kloster steht damit unter der besonderen Obhut der Burghauptmannschaft. Das Verhältnis, so sagt man auf beiden Seiten, ist ausgezeichnet. Man ist niemandem böse, am wenigsten dem Herzog von Sachsen-Teschen. Mit dem Grabmal von Erzherzogin Marie Christine, der Gemahlin Alberts, verfügt die Kirche immerhin über das Hauptwerk von Antonio Canova (1757 bis 1822). Die Pyramide aus weißem Marmor war das Vorbild für das eigene Grabdenkmal des Künstlers, das ihm von seinen Schülern in Venedig errichtet wurde.

Die meisten Bestattungen in der Augustinerkirche befinden sich unter dem Kirchenboden. P. Albin hätte gerne mehr Zeit und Muße, sich mit dieser Totenwelt zu beschäftigen. „Rufen Sie mir irgend einen adligen Namen zu, und ich werde darauf ja sagen. Alle, von A bis Z, sind hier bestattet. Aber nicht nur Adlige, auch einfache Leute, die bei Hofe gearbeitet haben und dabei verunglückt sind. Leider sind die Grüfte noch nicht erschlossen und dokumentiert, was mich als Archivar natürlich reizt. Außerdem bin ich ohnehin ein halber Gruftie."

Vor der bekanntesten Gruft des Klosters, dem Herzgrüftl, hängen zwei Schlösser für jeweils zwei Schlüssel. P. Albin: „Ein Paar davon hatte die Burghauptmannschaft, ein Paar davon lag im Kloster. Jetzt sind alle Schlüssel in der Hofburg drüben."

Sicher versperrt und verwahrt sind darin die Herzen der Habsburger. P. Albin: „1654 stirbt König Ferdinand IV. im 21. Lebensjahr. In seinem Testa-

Der Schwarzen Madonna wurden die Herzen der Habsburger zu Füßen gelegt.

ment schreibt er, dass er sein Herz der Gottesmutter zu Füßen legen wolle. Was auch praktisch durchgeführt wird. Das Herz wird in ein Seidentuch gewickelt, in die vorbereitete Urne platziert, mit Alkohol aufgefüllt, die Urne zugelötet und im Boden zu Füßen der Muttergottes beigesetzt."

Den Brauch gab es schon vorher, seit 1618 mit Anna, Erzherzogin von Tirol, und ihrem Gatten Kaiser Matthias. Von diesem Paar stammt die Kapuzinergruft, in der bis zu Zita, der letzten Kaiserin, die sterblichen Hüllen fast aller Habsburger beigesetzt sind. Damit kein Teil des erlauchten Körpers verloren gehe, wurden auch die Eingeweide aufbewahrt und sind im Stephansdom beigesetzt. P. Albin: „Die Habsburger wollten überall, in der ganzen Stadt präsent sein. Auf Schritt und Tritt stolpert man über sie."

Die letzte Bestattung im Herzgrüftl fand 1878 statt, mit dem Herz von Erzherzog Franz Karl, des Vaters von Franz Joseph I.

Die Muttergottes, der 54 Herzen zu Füßen gelegt wurden, ist eine Nachbildung der Gnadenstatue von Loreto in Italien. Mit der Rekatholisierung war die Marienverehrung aufgekommen und hatte 1627 zu einem Bau im Bau geführt. Die gesamte Santa Casa von Loreto war im Kirchenraum nachgebildet worden. Die Statue selbst wurde 1998 neu gefasst, das Gesicht aber unverändert belassen.

„Schwarz bin ich, doch schön", sagt die Braut im Hohelied des Alten Testamentes. P. Albin verweist auf die Kunstgeschichte, die aus dem ersten Jahrtausend eher den dunklen Marientypus kennt. Angeblich hätte der Evangelist Lukas Maria porträtiert, und danach wären Kopien entstanden. Ein Grund für die dunkle Hautfarbe sind das edle Ebenholz und, im Verlauf der Jahrhunderte, Kerzenruß und Weihrauch.

1784 wurde das Gnadenbild in den Bereich des ehemaligen gotischen Kapitelsaales übertragen und die Loretokapelle abgerissen. „Unsere Schwarze Madonna war die große Hausmutter der Herrscherfamilie. Wenn eine Habsburgerin irgendwohin ins Ausland verheiratet wurde, hat sie bei der Maria Loreto Abschied genommen. Es ist überliefert, dass sie mit Tränen aus der Casa Santa gekommen sind", erzählt P. Albin und stellt gleichzeitig die Frage mit einem kurzen Blick auf Joseph II.: „Wer legt schon sein Herz der Muttergottes zu Füßen, wenn er sie im Leben nicht sehr verehrt? Heimblich, so steht's geschrieben, hätte der Kaiser nach der Hochzeit seinen Trauring der Muttergottes an die Hand gesteckt."

Literatur

Monika Oberhammer: Pustets Klosterführer. Salzburg 1998 (Verlag Anton Pustet).

Arthur Saliger: Kloster- und Stadtpfarrkirche St. Augustin. Wien 2002 (Kunstverlag Peda).

Information

Augustinerkloster St. Augustin,
Augustinerstraße 3, A-1010 Wien,
Tel.: 01 / 533 09 47–0, Fax: 01 / 533 09 47–150,
Homepage: www.augustiner.at

Die Hunde des Herrn

Dominikanerkonvent in Wien

Was ist eine zeitgemäße Predigt? Oder, anders gefragt: Woher bezieht unsereins Anweisungen für sein Seelenheil respektive öffentliche Schelte für kollektives unchristliches Verhalten? Etwa aus dem Internet? Wer die Wiener Dominikaner dort besucht, braucht nur an die virtuelle Kirchentür zu pochen, und sie wird aufgetan. Von Prior P. Christophe Holzer wird man freundlich willkommen geheißen. Durch ein Fenster rollt die Devise „Laudare – Benedicere – Praedicare“, „Lobpreisen – Segnen – Verkünden“; und der letzte dieser drei Punkte, die Verkündigung, ist das erklärte Ziel des Ordo Fratrum Praedicatorum, dieses Ordens der Prediger.

Gegründet wurde er vom Spanier Dominikus von Caleruega und 1216/18 von Papst Honorius III. bestätigt. Das ursprüngliche Anliegen der Dominikaner – unter diesem Namen sind sie in unseren Breiten bekannt – war die Heimholung verirrter Schafe in die Herde des römischen Oberhirten. Anfang des 12. Jahrhunderts hatten sich mehr und mehr Gläubige den Albigensern und Waldensern zugewandt. Beide Richtungen wurden von der Kirche als Irrlehren angesehen. Die Gründe dafür, weshalb solche Lehren entstehen konnten und warum sie auf die Menschen des Mittelalters so große Anziehung ausübten, sind vielschichtig. Neben all den theologisch-philosophischen Differenzen war es die Diskrepanz zwischen gepredigter und gelebter Kirche oder, kürzer, zwischen Arm und Reich. Die Antwort darauf waren die Dominikaner, ein Bettel- oder Mendikantenorden mit striktem Verzicht auf Besitztümer, der sich nicht

Bei Umbauarbeiten wurden im Kreuzgang des Wiener Dominikanerklosters Fragmente mittelalterlicher Malereien gefunden.

Die Durchreiche an der Pforte. An manchen Tagen sind es achtzig Personen, die mit belegten Broten bedacht werden.

nur auf die einzelne Person, sondern auf die gesamte Gemeinschaft bezieht. Vertieft man sich in die überlieferten Texte jener Zeit, vermochte offenbar erst eine demonstrativ gelebte Armut in Verbindung mit entsprechenden Predigten einen Abtrünnigen zu überzeugen.

Rigorose Armut hatte Hunderte Jahre später auch Prior Christophe Holzer bewogen, sich den Dominikanern anzuschließen:

„Freilich muss man sich fragen, was Armut bedeutet, hier in Österreich bestimmt etwas anderes als für unsere Mitbrüder beispielsweise in Nigeria. Hier brauchen wir uns nicht zu fragen, wovon wir morgen leben sollen. Es ist die Beschränkung auf wirklich Nötiges, eine Beschränkung, die man konkret spürt, wenn man als Erwachsener den Prokurator fragen muss, ob man diese oder jene Anschaffung tätigen darf, die für einen Menschen draußen selbstverständlich ist. Den Computer brauche ich zum Arbeiten, Fernseher gibt es nur einen, und der steht der Gemeinschaft zur Verfügung."

Armut als Kokettieren mit Bedürfnislosigkeit, sozusagen Armut um der Armut willen, wird von ihm verneint.

„Wir leben vielmehr aus unserer Tradition heraus die Bedürfnislosigkeit, um unseren ursprünglichen Auftrag so gut wie möglich erfüllen zu können."

Besitzlosigkeit mag sich in unserer Zeit als Anachronismus ausnehmen, gewinnt aber anschaulich an Aktualität, wenn an der Klosterpforte die apostolische Einfachheit der Mönche und die unfreiwillige Mittellosigkeit derer, die das Leben aus welchen Gründen auch immer abgeworfen hat, aufeinander treffen.

„An manchen Tagen sind es bis zu achtzig Leute, die zu uns kommen. Sie erhalten ein belegtes Brot und fallweise, wenn bei unserem Mittagstisch etwas übrig bleibt, ein warmes Essen."

Geld wird grundsätzlich nicht gegeben, wenn es um diesen Punkt auch hin und wieder Diskussionen gibt.

„Deswegen haben wir es bei der – zugegeben etwas unfreundlich wirkenden – Durchreiche belassen, auch zum Schutz der Damen, die unsere Pforte be-

Präsenztafel des Wiener Dominikanerkonvents.

treuen", entschuldigt der Prior das abweisend versperrte Klostertor. Es öffnet sich erst, nachdem der Pförtnerin der Grund für das Einlassbegehren plausibel gemacht und dieses durch einen kurzen Rückruf mit dem gewünschten Pater bestätigt wurde. Die Verkündigung findet trotzdem ihre Adressaten, wenn es sich bei der Brothilfe auch nur um die, wie der Prior sagt, „fundamentale Versorgung" dieser Menschen handelt und durchaus keine Besonderheit seines Ordens darstellt, sondern vielmehr dem allgemeinen sozialen Engagement der Kirche entspricht.

Im Gegensatz zur Klosterpforte ist die Kirchentür offen. Man muss dazu über eine breite Freitreppe hinaufsteigen. Der ursprüngliche Eingang war ebenerdig und nicht nur der Architektur der breiten frühbarocken Fassade zuträglicher. Er hätte auch dem Grundgedanken dominikanischer Einfachheit eher entsprochen, wie die gesamte Gestaltung des Kirchenäußeren, das nüchtern erscheint. Dennoch ist dieser Bau in römisch-lombardischem Barock einer Residenzstadt würdig, allein schon wegen seiner Vorbildwirkung auf alle folgenden Barockbauten Wiens.

Die erste Kirche war zu Ehren Unserer Lieben Frau und der Hl. Dreifaltigkeit geweiht gewesen. Im 16. Jahrhundert ist aus ungeklärten Gründen von Maria Rotunda die Rede. Das geheimnisvolle Patrozinium bleibt ein Rätsel. Möglicherweise war es eine humanistische Erfindung, die den Ohren der Wiener so wohl geklungen hat, dass der Name sofort angenommen wurde. Ebenso unbekannt ist, wie der ursprüngliche Hochaltar ausgesehen haben mag. Es wird sogar vermutet, dass für einen aufwändigen Altar das Geld ausgegangen war. Der jetzige Altar wurde 1839/40 errichtet, das große Altarbild – „Maria, Königin des Rosenkranzes" – stammt von Leopold Kupelwieser und ist damit wie der gesamte Hochaltar eine Arbeit des 19. Jahrhunderts.

Kunsthistoriker und Architekturexperten mögen darüber streiten, ob das eine nun zum anderen passt; für das Wesentliche, für die Seelen, kann in der Kloster- und zugleich Pfarrkirche nach Kräften gesorgt werden, mit Gottesdiensten, Beichtmöglichkeiten, mit Angeboten für Exerzitien und eben mit den Predigten der Dominikaner, der Domini canes, der Hunde des Herrn – eine Bezeichnung, die ebenso zwiespältig ist wie das Erbe der Geschichte, das den Orden seit seinen Anfängen preist und belastet.

„Es ist keinesfalls eine Beleidigung", lächelt der Prior. „Ich bin mit dem Hund einverstanden. Unser Wahlspruch ist es, die Wahrheit zu verkündigen, sie wie ein Hund laut hinaus zu bellen. Man braucht nur die Ikonographie anzuschauen, Dominikus wird dort mit dem Hund, der eine brennende Fackel in der Schnauze hält, dargestellt. Wir verkünden die Wahrheit. Gott ist die Liebe und das Befreiende. Wir verkünden das Freimachende des christlichen Glaubens."

Ebenso wichtig erscheint Pater Christophe Holzer auch der zweite Grund, der ihn zu den Dominikanern geführt hat: das Gemeinschaftsleben.

„Zur Zeit besteht unser Konvent aus zehn Mitbrüdern, von 24 bis 91 Jahren. Mitbrüder, die auf der Durchreise sind, werden von uns aufgenommen und zum Essen eingeladen."

Sie alle sind schließlich Mitglieder einer großen Ordensfamilie. Doch an diesem Tag sind im geräumigen Refektorium mit seinen schmucklosen weißen Wänden nicht mehr als vier Teller für das nächste Mittagessen bereitgestellt.

„Am Wochenende sind es mehr Mitbrüder, die einander zum Gebet und zum Essen treffen. Dann haben wir genügend Stimmen, um das Chorgebet zu singen. Während der Woche werden Laudes und Vesper nur gesprochen."

Pater Isnard, emeritierter Professor für Kirchengeschichte an der Universität Mainz, hat sich vorgenommen, eine ausführliche Klostergeschichte zu verfassen – kein leichtes Unterfangen, wie er sagt: „Bettelordensklöster haben nie sehr viel besessen. Deswegen ist auch die Überlieferung knapp. Es gab keine bedeutenden Besitzumschichtungen, und damit wurde auch nichts festgehalten. Urkunden gab es immer nur bei Rechtsgeschäften."

Der Landesfürst Leopold VI. stellte den Dominikanern um 1225, 1226 das Grundstück zur Verfügung. Von der Legende, dass der Babenbergerherzog im Zuge des Albigenserkreuzzuges um die Jahre 1212/13 Dominikus kennengelernt und daraufhin dessen Orden nach Wien berufen habe, hält Pater Isnard nichts: „Diese Geschichte stammt aus dem Spätmittelalter, aus der Tendenz heraus, mit dem Stifter in Kontakt zu kommen."

Wien war im 13. Jahrhundert eine aufblühende Stadt, eine der Residenzstädte, die das explosive Bevölkerungswachstum aufzufangen hatten. Mit den Dominikanern kamen die Minoriten, später die Augustiner Eremiten und die Karmeliten, um die religiösen Bedürfnisse zu stillen und nicht, wie man vermuten könnte, um Häretiker zu bekämpfen.

„Aber gerade damit werden die Dominikaner zwangsläufig immer in Verbindung gebracht. Für die Ordensgründung spielt freilich die Begegnung von Dominikus mit den Katharern in Südfrankreich eine wichtige Rolle."

Damit gerät auch die Bezeichnung „Hunde des Herrn" in ein völlig anderes Licht. Was vom Orden als positives, für ihn sprechendes Symbol gedeutet wird, war gleichzeitig ein Schreckensruf, der mit der Inquisition untrennbar verbunden ist.

„Die Päpste haben sich in der Bekämpfung von Häresien natürlich der Gebildetsten, und damit auch der Dominikaner, bedient. Aber die Sache mit der Inquisition ist sehr kompliziert."

Dominikus selbst war mit Sicherheit kein Inquisitor. Er starb 1221, die Inquisition des 13. Jahrhunderts wurde aber laut historischer Quellen nicht vor 1231 (in der Lombardei) und 1234 (in Languedoc) vom Papst – daher die Bezeichnung „päpstliche Inquisition" – eingeführt; als juristische Prozedur, um jemanden, der des Irrglaubens beschuldigt wurde, durch Befragung seiner Schuldhaftigkeit überführen zu können. Ob der in dieser Form Befragte eine reelle Chance hatte, der Anklage zu entgehen, hat Umberto Eco in seinem Roman „Der Name der Rose" beantwortet. Sein Inquisitor spielt auf keinen Geringeren an als auf den Dominikaner Bernard Gui (1261 bis 1331), der seinerseits in seiner Lebensbeschreibung des Ordensgründers dem heiligen Dominikus den zweifelhaften Titel „Erster Inquisitor" verleiht.

Für die Bestrafung eines Beschuldigten war die Inquisition nicht unmittelbar zuständig. Umberto Eco macht den Unterschied deutlich, wenn er Adson entsetzt zu seinem Meister William sagen lässt: „Bernard hat ihn gefoltert!" „Mitnichten", antwortet William. „Der Inquisitor foltert nie. Um den Leib des Angeklagten kümmert sich stets nur der weltliche Arm." Dieser „weltliche Arm" hatte damals das genau gleich große Interesse an der Verfolgung der Häretiker wie die Kirche, und daraus erklärt sich das für die Betroffenen fatale Zusammenspiel, das sich im 15. Jahrhundert in Spanien auf königlichen Auftrag hin nicht nur gegen andersdenkende Christen, sondern in erster Linie gegen Juden und Moslems fortgesetzt hat. Aus dieser zweiten, der „Spanischen Inquisition" ist die „Schwarze Legende" entwachsen, die bis heute die Gemüter ob der überlieferten Grausamkeiten aufwallen lässt.

Ähnlich emotional befrachtet sind die Hexenverfolgungen, die sich mit dem „Malleus maleficarum", dem „Hexenhammer" der Dominikaner Heinrich Institoris und Jakob Sprenger, zum todbringenden Flächenbrand des Frauenhasses ausgeweitet haben.

„Institoris wollte die Hexenverfolgung der kirchlichen Gerichtsbarkeit übertragen wissen, aber sie blieb der weltlichen vorbehalten. Damit wird nicht

Stiegenaufgang in der Klausur.

bestritten, dass man damals, auch in unserem Orden, nicht davon überzeugt gewesen sei, dass es Hexen gibt. Das war den Leuten aus den damaligen naturwissenschaftlichen Überlegungen her klar. Nur eine kleine Minderheit hat abgestritten, dass der Teufel und die Dämonen einen derartigen Einfluß haben, wie die zeitgenössischen Hexenvorstellungen suggerieren."

Im 15. Jahrhundert sind einige Wiener Dominikaner als beamtete Inquisitoren namentlich bekannt;

nichts hingegen von ihren durchgeführten Prozessen. Aus dem 13. Jahrhundert ist ein Ketzerprozess in Krems (Dominikanerkloster heute aufgelassen) überliefert.

Die offenen Antworten von einem diesen heiklen Fragen zugänglichen Geistlichen lassen die Schatten in diesem hellen Kreuzgang mit seinen großen Fenstern verblassen. Es ist ruhig hier, unglaublich ruhig, wenn man bedenkt, dass sich das Kloster inmitten der belebten Innenstadt Wiens befindet.

„Die Dominikaner begannen nach dem von den Zisterziensern entwickelten Rahmen mit dem Bau der Kirche und des Klosters", erklärt Pater Isnard einleitend zu jüngsten Entdeckungen im Kreuzgang. „Wir gehen von der Annahme aus, dass das ursprüngliche Kloster sehr bescheiden war. Funde lassen darauf schließen, dass aber bereits um 1230, als sich die Dominikaner stabilisiert hatten, eine Großanlage im Umfang des jetzigen Kreuzganges geplant war."

Es gibt Hinweise auf Mauerwerk aus 1230 bis 1240. Eine Reihe von romanischen Fenstern nach Westen hin, die man nicht einordnen kann, läßt einen Vorgängerbau vermuten. 1250 scheint der Kreuzgang fertig gewesen zu sein, ebenso nach Norden die Kirche, nach Osten der Kapitelsaal und dazu das Dormitorium, die Zellen der Fratres, die man von Anfang an brauchte und deswegen auch vordringlich errichtete.

„Das Portal zum Kapitelsaal und die Biforien, durch eine Säule geteilte Fenster mit bogenförmigem Abschluss, sind interessant für Kunsthistoriker, weil sie den Übergang von der Spätromanik zur Frühgotik dokumentieren. Wir haben somit eines der ersten und wichtigsten Zeugnisse dafür in Wien."

Aus der Zeit um 1240 stammen die Reste einer Quaderbemalung an der Westseite. Entdeckt wurden im Kreuzgang auch Fragmente eines Frieses mit Medaillons. Sie weisen leider keine erkennbaren Jahreszahlen auf, genauso sind nur Vornamen lesbar und lassen damit keine nähere Zuordnung zu. Einzig eine ovale Null mit Querstrich als Abkürzung für obiit (ist gestorben) weist sie für Pater Isnard als Memorialkreuze aus. Die Wohltäter ließen sich verewigen. Totenbuch ist keines vorhanden, das es erlaubt hätte, die Namen der Stifter mit den Medaillons in Verbindung bringen zu können.

Eine weitere Aufgabe der mittelalterlichen Klöster war die Heranbildung einer geistigen Oberschicht, wofür sich die gebildeten Dominikaner bestens empfahlen, wie Pater Isnard selbstbewusst anklingen lässt: „Nullus conventus sine priore et doctore – kein Konvent wird gegründet ohne Prior und ohne Lehrer, eine Maxime des Ordens: Wer predigt, muss auch etwas wissen."

Wissenschaftliche Arbeit wird nach wie vor vom Orden gefördert und erhält diese geistige Potenz, die den Dominikanern wohl auch bereits im Mittelalter eine sensationell moderne demokratische Konstitution erlaubt hat.

„In unserem Orden wählt jede Kommunität für einen genau festgelegten Zeitraum ihren Oberen. Von unten nach oben, auf jeder Ebene, vom Prior über den Provinzial bis zum Generalmeister, dem Magister generalis."

Oberster Gesetzgeber ist das Generalkapitel. Für dessen wirksame Kontrolle sorgt eine Dreierlesung, die Tria Capitula. Jede Gesetzesvorlage muss von drei voneinander unabhängig gewählten und aufeinander folgenden Kapiteln angenommen werden. Pater Isnard verweist nicht ohne Stolz auf die USA, die sich in ihrer Verfassung unter anderem an den Dominikanern orientiert haben.

Alle Demokratie schließt aber nicht den Gehorsam aus. Er ist wesentlich für die Einheit des Ordens und wird als Gelübde auf den Generalmeister abgelegt, verbunden mit den Gelübden der Keuschheit und der Armut – Forderungen, die der urbanen Gesellschaft möglicherweise (oder sogar sehr wahrscheinlich) fremd sind und dennoch ungebrochene Aktualität bewahrt haben.

Literatur

Franz S. Berger: Kämpfer, Ketzer, Heilige: Die Dominikaner. St. Pölten 2000 (Verlag Niederösterreichisches Pressehaus).

Karl Gutkas (Hg.): Landeschronik Niederösterreich. Wien 1990 (Verlag Christian Brandstätter).

Monika Oberhammer: Pustets Klosterführer. Salzburg 1998 (Verlag Anton Pustet).

Information

Dominikanerkloster Wien,
Postgasse 4, A-1010 Wien, Tel.: 01 / 512 91 74–0,
E-Mail: dominikaner@dominikaner.at,
Homepage: www.dominikaner.at und
www.op-sued.de/konv007.html

Ketzerische Armut

Franziskanerkonvent zum heiligen Hieronymus in Wien

Vanitas, nichts als eitler Schein sind Reichtum, Macht, Schönheit und ein großer Name! Die stumme Botschaft der gemalten Gerippe und gestapelten Totenköpfe ist nicht zu überhören. Wohin man blickt, Särge über Särge, das G'wölb ist voll damit.

„Und da, wo wir drauf stehen, sind nocheinmal die Gebeine von gut tausend Menschen", sagt Bruder Elias Unegg, Guardian der Franziskaner in Wien. „Es sind die sterblichen Überreste der Pestkranken. Als die Gruft voll damit war, hat man einfach Erde drauf geschüttet und hatte wieder Platz. In der Zwischenkriegszeit wollte ein Mitbruder die Gruft aufarbeiten. Er hat sich da herunten mit irgendwas angesteckt und ist daran verstorben."

Die russischen Besatzer haben nach dem Zweiten Weltkrieg wieder alles durcheinander gebracht, schon zuvor hatten Napoleons Soldaten die Gruft heimgesucht. Goldkreuze und Rosenkränze, die Beigaben in den Särgen der Adligen, waren die Beute gewesen. Gefunden haben alle miteinander nur einen Teil davon. Bruder Elias: „Ursprünglich waren es Einzelgrüfte gewesen, die man 1739 so miteinander verbunden hat, dass man durchgehen konnte."

Einige Wände waren stehen geblieben und hatten ihren Bestatteten die Totenruhe bewahrt. Als die Kirche einen neuen Fußboden erhielt, wurde gegraben, und zum Vorschein kamen bisher unentdeckte Grablegen. „Mit ganz wertvollen Särgen und mumifizierten Leichen, einzigartig in Wien!" gerät Bruder Elias ins Schwärmen. „Vergoldete Metallsärge waren hinter einer dicken Mauer versteckt. Sie waren in Vergessenheit geraten."

In einer der Grüfte wurde von den Franziskanern selber weitergegraben und ein Schacht mit römischen Scherben und mittelalterlichem Geschirr entdeckt. Die Arbeiten wurden eingestellt und das Bundesdenkmalamt verständigt. Ein erster Befund erbrachte, im Jargon der Archäologen, eine Zeitkapsel, einen Brunnen, in den man bis ins 12., 13. Jahrhundert alles Mögliche hinein geworfen und damit für die Nachwelt unwillkürlich ein Alltagsbild des Mittelalters gesichert hatte. In einer Vitrine im Kreuzgang ist einiges davon ausgestellt. Wann und mit welchen Mitteln die Arbeiten weitergeführt werden, ist noch nicht geklärt.

Die Franziskanergruft war eine begehrte Begräbnisstätte. Der Guardian: „So groß wie die Kirche oben ist, sind auch die Anlagen herunten. Ein kleiner Teil ist den Mitbrüdern vorbehalten, die anderen in den prächtig bemalten Särgen waren alle irgendwie Wohltäter des Ordens. Die Familien Hoyos, Trauttmansdorff oder Gonzaga, die Nachfahren des hl.

„Maria mit der Axt", das Gnadenbild auf dem Hochaltar.

Aloisius… wer wo liegt, kann man heute nicht mehr sagen."

Mit Johannes Capistran waren die Franziskaner im 15. Jahrhundert nach Wien gekommen. Den Habsburgern war der Bettelorden willkommen. Die Stadt befand sich im Aufblühen. Die Neuankömmlinge waren brauchbare Werkzeuge, um vom Hof zum Bürgertum hin die bitter nötige Verbindung zu schaffen. Die Brüder in ihren braunen Kutten waren im Gegensatz zum durchwegs adligen Weltklerus volkstümlich, benötigten kein großes Haus und waren vom Adel unabhängig. Waren die Mächtigen des Reiches ursprünglich der Meinung gewesen, sie könnten die hergelaufenen Grafen von der Habichtsburg spielend am Gängelband führen, mussten sie nach und nach erkennen, dass sie gegen das unerwartet zähe Durchsetzungsvermögen der Habsburger keine Chance hatten. Man fügte sich und begann, den Hof zu imitieren – bis zum Grab.

„Die Kapuziner haben die Habsburger geerbt, ich beneide sie nicht darum", meint Bruder Elias. „Aber auch wir haben durch die Bestattungen mehr Scherereien als Einkünfte."

1589 haben die Franziskaner das heutige Kloster als verfallene Brandstätte übernommen. Seit 1306 war darin das „Seelhaus" oder „Büßerinnenarmenhaus" untergebracht gewesen. Prostituierte, die sich bekehren wollten, hatten hier Unterkunft gefunden. Wohlhabende Bürger von Wien beschenkten die Stiftung der besserungswilligen Dirnen derart großzügig, dass 1476 eine respektable Kirche eingeweiht werden konnte – bei genauem Hinschauen eine vielsagende Geste zahlreicher geplagter Gewissen. Mit der Reformation, heißt es, seien die Sitten der Büßerinnen verfallen. Die letzte Meisterin, der ein wenig frommes Leben nachgesagt wird, starb 1533.

Geblieben sind der hl. Hieronymus als Patron der Büßer und die gotische Grundform der Kirche, sie wurde lediglich zuerst im Stil der Renaissance umgebaut, dann barock ausgestaltet. Auf dem Hochaltar steht das Gnadenbild „Maria mit der Axt". Es soll aus Grünberg in Böhmen stammen. Die Besitzer waren Protestanten. Sie wollten die hölzerne Statue vernichten, vergeblich. Dem Feuer sei sie mehrmals entsprungen, und nachdem einer mit der Axt auf sie eingehauen hätte, sei ihm der Arm verdorrt. Die Hacke

Särge und Alltagsgegenstände, die bei jüngsten Grabungen in der Gruft entdeckt wurden, müssen noch wissenschaftlich bearbeitet werden.

Die Franziskanergruft: ein G'wölb, vollgestopft mit Särgen…

Portal der Franziskanerkirche in Wien.

Blick vom Kreuzgang zur Kirche des Franziskanerklosters.

hat man ihr belassen. Sie steckt noch immer in der linken Schulter. Ein katholisches Mitglied dieser Familie schenkte das widerstandsfähige Bildnis den Franziskanern, die über geraume Zeit aus seiner Wundertätigkeit kräftigen Nutzen ziehen konnten.

„Es war sehr begehrt beim Volk, man hat es berührt, und es wird von vielen Heilungen berichtet", erzählt Bruder Elias. „Die Madonna hatte eine eigene Schatzkammer. Wo die Sachen sind, weiß ich nicht. Im Lauf der Zeit ist alles weggeschnappt worden."

Ihre Verehrung ist eingeschlafen oder, anders gesagt, hat sich in jüngster Zeit einem anderen Bildnis zugewandt. Pater Petrus Pavlicek hatte 1949 von einer Wallfahrt aus Fatima eine Statue der weißen, schönen Frau, wie sie die Kinder gesehen haben, mitgebracht, als Rosenkranzkönigin.

P. Benno Mikocki hat sein Erbe übernommen: „Den Rosenkranz-Sühnekreuzzug. Pater Petrus hatte in Mariazell eine Eingebung." Er hatte darüber nachgedacht, was die Erscheinung mit „Tut, was ich euch sage, und ihr werdet Frieden haben!" gemeint haben könnte.

P. Benno: „Am zweiten Februar 1947 gründete er den Rosenkranz-Sühnekreuzzug, damals als ewige Rosenkranzgemeinschaft."

Die Zahl der Mitglieder stieg rasant an, unter ihnen auch Leopold Figl und Julius Raab. Als 1949 die zweiten freien Wahlen anstanden, wehrte man einen Erfolg der Kommunisten mit einem „Sturmgebet" ab. Mit dem Bundeskanzler an der Spitze wurde ein Jahr später wieder inbrünstig Rosenkranz gebetet. Es waren neuerlich von den Kommunisten drohende Unruhen abzuwenden. Als in Russland die entscheidenden Verhandlungen um die Freiheit Österreichs stattfanden, wurde in Wien im gesteckt vollen Stephansdom auf die Bitte von Figl „betet um so mehr!" drei Tage und drei Nächte durchgebetet. In seiner Dankesrede am 10. September 1955 auf dem Wiener Heldenplatz schrieb Bundeskanzler Raab die Freiheit Österreichs ausdrücklich dem Gebet zu.

Kaum fünfzig Jahre später steht man diesem Phänomen mit einer gewissen Verständnislosigkeit gegenüber. P. Benno: „Trotzdem entdecken junge Menschen wieder, dass man bei besinnlichem Rosenkranzgebet ruhig wird und über wesentliche Inhalte des Glaubens nachdenken kann. Zehn Ave Maria sind ein gutes Zeitmaß, man schaut die betreffende Station im Leben Jesu an und versucht sie auf das eigene Dasein anzuwenden. Welche Hilfe für das heutige Leben!"

Guardian Elias Unegg.

Wie der Rosenkranz ein volkstümliches Gebet ist, so will auch die Botschaft der Franziskaner eher das Herz als das Hirn ansprechen.

„Der heilige Franziskus hat durch seine demonstrative Armut sich selbst als Zeichen hingestellt", sagt Bruder Elias, der sich nicht als Erster des Konvents, sondern nur als auf Zeit gewählter Guardian, als Wächter, sieht und mit Überzeugung seinen schlichten Habit auch bei Gängen durch die Stadt trägt. „Habitare heißt wohnen. Die Kutte ist die tragbare Zelle. Mehr sollten wir nicht brauchen. Ursprünglich wollte Franziskus keine Häuser haben. Das hat sich geändert, aber wir dürfen uns nicht erschöpfen im Erhalten der Häuser. Das Wichtigste ist, den Menschen das Evangelium zu bringen, den Leuten von Jesus zu erzählen."

Mit seiner extremen Bedürfnislosigkeit hatte sich Franziskus nicht nur Freunde gemacht. Man braucht nur bei Umberto Ecos „Der Name der Rose" nachzulesen, wie rasch freiwillige radikale Armut in den Ruch der Häresie geriet. Noch heute werden die Franziskaner, die bei den Müllmenschen und in den Slums in Wellblechhütten hausen, von manchen Kreisen der Kirche scheel angesehen. Das Haus in Wien erfüllt den bedingungslosen Auftrag ihres Ordensgründers dahingehend, dass die Tür für die Armen der Stadt und für Flüchtlinge offen steht. Man versucht, Obdachlose zu reintegrieren, sucht ihnen eine Wohnung, dann eine Arbeitsstelle. An der Pforte werden täglich bis zu achtzig Wurstbrote ausgeteilt

Der hl. Hieronymus im winterlichen Kreuzgarten.

– ohne wunderbare Brotvermehrung. Dennoch konnte noch jedesmal geholfen werden. Guardian Bruder Elias lächelt: „Wir haben Übung im Betteln."

LITERATUR

EUGEN BERTHOLD: Franziskanerkirche Wien 1. 2. Auflage Wien 1980 (Selbstverlag des Franziskaner-Provinzialates).

OHNE AUTORENANGABE: 500 Jahre Franziskaner der Österreichischen Ordensprovinz. Wien 1950 (Selbstverlag des Franziskaner-Provinzialates).

OHNE AUTORENANGABE: Rosenkranz-Sühnekreuzzug, RSK-Gebetsgemeinschaft für Kirche und Welt. Wien (Rosenkranz-Sühnekreuzzug um den Frieden der Welt, Hg.).

INFORMATION

Franziskanerkloster Wien,
Franziskanerplatz 4, A-1010 Wien,
Tel.: 01 / 512 45 78, E-Mail: franziskaner@magnet.at,
Homepage: www.franziskaner.at

Einsame Zeichen

Kloster der unbeschuhten Karmeliten in Wien

Auf dem Berg Karmel in Palästina hatten sich Pilger und Leute aus dem Gefolge der Kreuzritter in Einsiedeleien zurückgezogen. Sie waren nicht die ersten, die dort nach Einsamkeit suchten. Die Hügelkette in der Nähe von Haifa war seit der Antike oder noch früher Kultstätte. Jahrhunderte vor den „lateinischen" Ankömmlingen hatten byzantinische Eremiten die Gegend bevölkert.

Die lateinischen Eremiten beriefen sich auf den Propheten Elias als ihren Ordensgründer und auf eine Stelle im Alten Testament, im Hohelied, wo der Bräutigam seine Geliebte mit der Schönheit des Karmel vergleicht. Schönheit und Heiligkeit wurden auf Maria bezogen. Zur Spiritualität der „Brüder Unserer Lieben Frau vom Berge Karmel" kam mit der Zeit eine Regel, eine sehr einfache, die den Verhältnissen angepasst war. Man traf einander nur zur Messe und zum Essen. Den Rest der Zeit verbrachten die Einsiedler in felsigen Höhlen oder einer abgesonderten Zelle, in der sie, wie es in der Regel so schön heißt, „Tag und Nacht die Gesetze des Herrn betrachten und im Gebete wachen" sollten.

Prior P. Antonio Sagardoy im Gästezimmer, einer ehemaligen Mönchszelle der Karmeliten.

Die kriegerischen Unternehmungen der Kreuzzüge waren zu guter letzt gescheitert. In der nunmehr feindseligen Umgebung war die Zeit der Eremiten abgelaufen. Sie mussten weg. Im Europa des ausgehenden Mittelalters waren die herabgekommenen Flüchtlinge keineswegs gern gesehen. Neuen Ordensgemeinschaften gegenüber war man mehr als skeptisch. Konzile versuchten den herrschenden Wildwuchs zu bremsen, indem man Gemeinschaften nicht als Orden anerkannte beziehungsweise bestehende einfach aufhob. Die jungen Bettelorden wie Dominikaner und Franziskaner waren im Begriff, in den rapide wachsenden Städten ihre Reviere abzustecken. Die großen Stifte auf dem Land draußen hatten ihre erste Blüte hinter sich, waren in Reformen verstrickt und rangen mit mächtigen Bischöfen um politischen und geistlichen Einfluss im Land. Mit Einsiedlern wusste man nichts anzufangen. Sie wurden kurzerhand zu einem Mendikantenorden erklärt, dessen Angehörige bettelnd ihren Teil mit Predigen und Seelsorge im Dienste der Gesellschaft beitragen sollten.

Der Spanier P. Antonio Sagardoy ist Prior im Wiener Konvent der unbeschuhten Karmeliten. Er sieht ein Grundproblem, mit dem sein Orden zu Rande kommen muss: „Auf der einen Seite die eremitische Betonung, auf der anderen Seite die apostolische Betonung, die Kombination ist uns geblieben, diese Mischung aus Kontemplation und Aktion prägt stark die jetzige Struktur der Ordensgemeinschaft."

Bruder Stefan verrichtet seinen Dienst als Mesner.

Die Beifügung „unbeschuht" deutet lediglich auf eine strenge Richtung innerhalb des Ordens hin: „Eine Bewegung im Mittelalter, der die meisten spanischen Ordensgemeinschaften angehörten. Die Karmeliten erhielten diesen neuen Schwung durch Teresa von Avila, die als erstes ein Männerkloster gründete. Wir könnten deswegen auch Teresianische Karmeliten heißen, haben aber den Namen unbeschuhte Karmeliten beibehalten."

Er vermutet, dass König Philipp II. von Spanien deswegen Teresa von Avila gefördert hatte, da eine Bewegung von Unbeschuhten politisch viel weniger Gefahr bedeutete als andere mächtige Orden. „Interessanterweise wurden bald nach der Entdeckung Amerikas nur unbeschuhte Ordensgemeinschaften nach Südamerika geschickt."

Im Heute sind die strengen Regeln laut Pater Antonio ein Angebot an alle Menschen, die kommen wollen, um in der Stille, in der Zurückgezogenheit und dem Gebet wieder zu ihrem inneren Gleichgewicht zu finden: „Mobilität hat viele Vorteile, bewirkt aber auch, dass wir langsam nicht mehr wissen, wo wir zu Hause sind. Der Mensch muss entdecken, dass er bei sich zu Hause ist, dann ist es auch leichter, andere Menschen zu entdecken. Sonst verliere ich Tiefe im Leben, das ist der Grundgedanke."

Zehn Zimmer stehen im Kloster im 19. Wiener Gemeindebezirk für suchende Menschen offen, um sich in diesen Tag der Stille zu vertiefen.

„Es waren einmal genauso Mönchszellen wie die unseren. Wir haben sie sehr einfach eingerichtet. Der Tagesablauf ist klar strukturiert. Nach dem Frühstück gibt es den sogenannten Impuls, dabei wird von mir ein Gedanke angeboten. Das Mittagessen wird mit uns, mit dem Konvent, gemeinsam eingenommen, bei Musik. Gesprochen wird nichts. Unser Haus ist eine Oase der Stille in der lauten Stadt. Wer das Bedürfnis zum gemeinsamen Reden hat, kann in den Garten hinausgehen. Es steht ihm frei. Herinnen gibt es nur das persönliche, von mir begleitete Gespräch."

Die Botschaft ist im Grunde einfach, sagt P. Antonio: „Der Mensch ist ein Tempel Gottes. Gott wohnt

Apsis der Karmelitenkirche in Wien-Döbling, ein sehenswerter Stilmix aus der Zeit um 1900.

in jedem von uns. Ich versuche diesen Menschen zu helfen, dass sie wissen, egal, wo sie sind, was sie tun, und dass sie wissen, Gott ist bei mir. Das gibt sehr viel Sicherheit, Würde und Größe, die entdeckt werden muss. Auf anderer Seite bedeutet es Verantwortung. Man muss sein Tun im Angesicht Gottes verantworten. Mein Karmel vor Gott, der bei uns ist. Ich hoffe, dass die Menschen das als befreiende Botschaft und nicht als eine einengende verstehen."

Im Stockwerk darunter sind Exerzitienräume eingerichtet, mit einem stimmungsvollen Meditationsraum im Zentrum. Die Augen werden vom Gekreuzigten angezogen, einer Zeichnung aus der Hand des Johannes vom Kreuz. Mit Teresa von Avila war er der Begründer des strengen Zweiges der unbeschuhten Karmeliten. Er gilt als Kirchenlehrer, keineswegs als Künstler. Trotzdem könnte seine für das 16. Jahrhundert völlig ungewohnte Sicht des Kreuzes, aus einer schrägen Perspektive von oben, Salvador Dali zur berühmten Darstellung des Gekreuzigten inspiriert haben. Für P. Antonio ist eine der Aussagen dieses Heiligen zum Maßstab für seine Arbeit mit den Menschen geworden: „Gott ist wie ein Brunnen, aus dem jeder Mensch Wasser schöpft, entsprechend seinem Schöpfgefäß. Das Ziel ist ein Leben in Fülle. Gott will nicht nur, dass der Mensch lebt, sondern ein Leben in Fülle hat."

Auf die Frage, woher er seine Ausbildung für die geistliche Betreuung habe, die von der Meditationsmusik über die Einrichtung der Räume bis zum Tagesprogramm perfekt durchgestylt ist, verweist er wieder auf die von ihm begleiteten Menschen: „Ich habe keine Trainerkurse oder Ähnliches besucht. Es ist die Erfahrung und die Bereitschaft, von den Menschen zu lernen."

In alter Ordenstradition erhält bei den Karmeliten auch der Leib Hilfe in allen seinen Wehwehchen. Ein Teelöffel Karmelitengeist, verdünnt mit Mineralwasser eingenommen oder einfach an der Schläfe eingerieben, erhöht schlagartig das Wohlbefinden. Fr. Stefan, ein burgenländischer Bauernsohn, weiß als einer der wenigen dessen wahre Zusammensetzung. Er hat darauf sogar einen Eid abgelegt und könnte bei Mißbrauch seines Wissens vom Orden verklagt werden. Zwanzig verschiedene Essenzen werden hochprozentig gebrannt. Das Rezept ist geheim, die Kräuter dafür werden sogar bei verschiedenen Lieferanten bestellt. Niemand soll die Mengen auch nur erahnen können. Angeblich kam das Rezept über einen Karmelitenbruder aus Italien nach Wien, dessen geistige Fähigkeiten man dort schlicht unterschätzt hatte.

Derzeit sind die Kessel außer Betrieb. Es gab Probleme mit der Abfüllung. Leider sind auch die Restbestände des „Echten Karmelitengeistes" ausverkauft.

Das Kloster selbst ist ein, verglichen mit anderen Ordenshäusern, sehr junger Bau. Die unbeschuhten

Das Mannersdorfer Jesulein wurde aus dem aufgelassenen Karmelitenkloster „St. Anna in der Wüste" nach Wien gebracht.

Karmeliten waren im Zuge der Gegenreformation nach Wien gekommen und im Prater, in der Leopoldstadt, angesiedelt worden. Unter Joseph II. wurde das Kloster aufgehoben. Aus dem staatlichen Religionsfonds wurde in den Jahren 1898 bis 1900 in Wien-Döbling das jetzige Kloster errichtet. Die Kirche ist ein kurioser, durchaus sehenswerter Stilmix der Jahrhundertwende. Bögen und Nischen erinnern an die byzantinische Bauweise, einige der Malereien, wie das Altarbild mit der Heiligen Familie, sind klar von den Nazarenern beeinflusst, die Heiligen an den Seitenaltären zeigen unübersehbare Merkmale des Jugendstils. Aus dunklen Säulengruppen tritt man in einen hellen, lichtdurchfluteten Kirchenraum hinaus, der vom Hochaltar mit einer wuchtigen Figurengruppe aus weißem Marmor beherrscht wird.

Die Bevölkerung dürfte an der Wiederansiedlung der Karmeliten einigen Anteil genommen haben; anders ist es nicht zu erklären, dass die erwähnte Figurengruppe von einem Dienstmädchen aus dessen Ersparnissen bezahlt wurde. Aus dem ehemaligen Kloster wurde dazu das Gnadenbild „Maria mit dem geneigten Haupt" nach Döbling gebracht. Es war 1610 vom Prior des Karmelitenklosters in Rom, Pater Dominicus a Jesu Maria, in einem Schutthaufen gefunden worden. Er hatte es vorläufig bei sich in der Zelle behalten. Nach seinem Tod gelangte es über Umwege zu Kaiser Ferdinand II. und wurde vermutlich in der Kammerkapelle der Wiener Hofburg von der kaiserlichen Familie verehrt. 1655 wurde es den Wiener Karmeliten geschenkt und in deren Hand das Ziel von Wallfahrten. Mit dem Bild wurden auch die sterblichen Überreste des Finders übersiedelt. Pater Dominicus war Zeit seines Lebens mit den katholischen Herrschern Europas und mit den Päpsten in engem Kontakt gestanden und hatte im Dreißigjährigen Krieg eine nicht unwesentliche Rolle gespielt.

Die Leute folgten dem Gnadenbild hinaus nach Döbling. Im Ersten Weltkrieg setzte man von höchster kirchlicher Stelle auf seine Wunderkraft. 1915 wurde es in einem feierlichen Zug in den Stephansdom zu einem Friedensgebet mit Kardinal Friedrich Gustav Piffl gebracht. 1935 erhielt der Kardinal von Papst Pius XI. den Auftrag, das Bild zu krönen, als „Akt der Dankbarkeit gegen unsere liebe himmlische Mutter Maria", wie Piffl in der Audienz sagte.

Vorne an der Seite streckt das Mannersdorfer Jesulein seinen rechten Arm in die Höhe. Im heutigen Naturpark bei Mannersdorf an der Leitha gab es das Kloster „St. Anna in der Wüste". Es war im 17. Jahrhundert gegründet worden. Nur wenig mehr als hun-

Dunkle Säulenhallen begrenzen rechts und links die Helligkeit des Altarraumes.

Ein Ehrenplatz für die Ordensheilige Teresa von Avila im Vorgarten des Karmels.

dert Jahre hatte die Eremitage der unbeschuhten Karmeliten als solche bestanden. 1654 wurde das Tor des Klosters geschlossen und innerhalb der stattlichen Mauer die strenge Klausur eingeführt. Wenig später mußte das Tor wieder geöffnet werden, als die Bewohner aus den Nachbarortschaften im Kloster Schutz suchten. Einige der Mönche flohen nach Wien und brachten Bücher, Paramente und Kirchengefäße in Sicherheit. Ausschlaggebend für den Abzug der Brüder war angeblich das Mannersdorfer Jesulein gewesen. Einer der Mönche hatte davor gebetet und das Jesuskind um Schutz für das Kloster angefleht. Dabei soll sich die Statue bewegt und in Richtung Wien gedeutet haben. Außerdem soll es noch die Worte „Ich werde diesen Ort immer beschirmen" gesprochen haben.

Vor einigen Jahren war die Statue gestohlen worden. Ein Wiener Antiquitätenhändler, dem es angeboten wurde, erkannte das Jesulein und konnte die Polizei einschalten. Seitdem ist es wieder daheim im Kloster.

Vom Kloster in Mannersdorf sind noch Ruinen der Eremitagen im Wald zu finden. Jeder der Mönche lebte dort für sich allein ganz im Sinne der ersten Einsiedler auf dem Berge Karmel. Die Möglichkeit, zumindest für ein paar Jahre als Einsiedler zu leben, gibt es noch heute in einigen Karmelitenklöstern in Spanien und in Italien.

P. Antonio: „Wie können die Leute eine solche Lebensweise verstehen? Ich könnte mir vorstellen, dass manche Menschen in der Konfrontation mit dem Ordensleben entdecken, welche Werte im Leben wichtig sind."

Dass er täglich an die drei Stunden im Gebet zubringen, dass er persönliche Erfahrungen aus dreißig Jahren im Kloster einbringen kann, sieht er als Geschenk: „Viele Menschen wären dankbar. Die Leute suchen denjenigen, der das macht, sie suchen Personen, die diesen Weg gehen. Die Ordensgemeinschaften sollten viel mehr davon weitergeben."

Wie aber kann ein Einsiedler, einer, der sich der menschlichen Gesellschaft hermetisch verschließt, diese Botschaft vermitteln?

„Wir Ordensleute müssen uns die Frage stellen, wie wir uns als Zeichen sichtbar machen können. Die Leute sollen sagen, dass sie unser Leben auf etwas aufmerksam macht. Der Eremit an sich will nur ein Zeichen sein, ein ganz konkretes Zeichen, damit die Menschen sehen, dass Gott Vorrang vor allem anderen hat." P. Antonio ist überzeugt, dass jemand, der aus der Eremitage in sein gewohntes Leben zurückkehrt, eine neue Tiefe gefunden hat.

LITERATUR

BEITRÄGE IN KARMEL-DÖBLING-AKTUELL-ZEITUNG für die Restaurierung der Karmelitenkirche (P. Antonio Sagardoy, Hg.), Jahrgänge 1999/3, 2000/1, 2000/2, 2000/3, 2000/4, 2001/1, 2001/3, 2001/4.

INFORMATION

Karmel Wien-Döbling,
Wallfahrtskirche Maria mit dem geneigten Haupt,
Silbergasse 35, A-1190 Wien,
Tel.: 01 / 320 33 40,
E-Mail: p.antonio@karmel.at

Hüter des köstlichen Schatzes

Kloster der Mechitaristen in Wien

Die Arche Noah landete auf dem Berge Ararat, mitten in Armenien. Perserkönige, Alexander der Große, die Römer, Araber, dazwischen immer wieder eigene Könige, das Osmanische Reich, Russland, Engländer, Deutsche, Franzosen, die Sowjetunion und die Türkei – seit den ersten Mythen und Inschriften bis zu den Zeitungsberichten unserer Tage ist die Geschichte Armeniens eine Abfolge von Unterworfensein und Selbständigkeit, Teilungen und Jahren der Einigkeit. Das Reich, einst ein mächtig breiter Streifen vom Schwarzen Meer bis zum Mittelmeer, ist zur Republik im Kaukasus geschrumpft. Die armenische Nation, das Volk, ist ständig unter die Räder gekommen, hat dennoch überlebt, verstreut in der ganzen Welt, in der Diaspora, immer auf dem Weg.

„Die Armenier treiben Handel", sagt Vater Nerses Sakayan, ein Mönch des Mechitaristenklosters in Wien. „Kaufleute sind immer friedlich, sie wollen ihre Geschäfte machen."

Der junge Geistliche, der in Jeans und Pulli so gar nicht dem Bild eines armenischen Priesters entspricht, ist eben aus einer der größten Armenierkolonien, aus Los Angeles, nach Wien zurück gekehrt.

„Ich bin gerne in Österreich, und die meisten Armenier, die hier nur einen kurzen Zwischenstopp auf ihrem Weg nach Amerika oder sonstwo in der Welt machen, bereuen es", beteuert er und verweist auf die stets guten Beziehungen Österreichs zu seinem Orden. „Als im Kloster umfangreiche Renovierungen angestanden sind, hat die Bundesregierung großzügig geholfen." Die Sympathie zwischen den Armeniern und Österreich ist weit älter als der Orden selbst. Man schätzte die Waren, die von armenischen Kaufleuten aus China und Indien herangeschafft wurden, und behielt ihre Dienste während der Türkenbelagerung 1683 in dankbarer Erinnerung. Die Armenier waren aufgrund ihrer Sprachkenntnisse als Spione eingesetzt worden, 600 armenische Soldaten hatten in der Armee von König Sobieski gedient, und ein Vater Nerses ist als Hofkaplan überliefert.

1701 hatte der damals 25jährige Mechitar (der Tröster) von Sebaste mit anderen jungen Männern eine Gemeinschaft in Konstantinopel gegründet, inmitten islamischer Umgebung. Der Orden wurde vertrieben, fand auf einer griechischen Insel kurzfristig eine Bleibe. 1714 brach zwischen dem Osmanischen Reich und der Republik Venedig ein Krieg aus. Mechitar floh mit seinen Ordensbrüdern nach Venedig in ein Kloster auf der Insel San Lazzaro. Er starb dort 1749 im Alter von vierundsiebzig Jahren. Ein Teil des Ordens zog weiter in das damals österreichische Triest. Maria Theresia sah sich umgehend bemüßigt, den exotischen Ankömmlingen ein Privileg zu erteilen, das sie als Untertanen ihres Reiches bezeichnete und das Recht enthielt, eine „Kaiserlich-

Hort des köstlichen Schatzes: Die Bibliothek der Mechitaristen mit dem Schrank (links), der 1873 auf der Weltausstellung gezeigt wurde.

privilegierte Buchdruckerei der Patres der Mechitaristen" zu betreiben.

„Eine kluge Entscheidung von ihr", meint Pater Nerses. „Durch die Schulen, die der Orden im Orient unterhielt, und durch die dortige Missionstätigkeit betrieben die armenischen Patres sozusagen Imagepflege für das Kaiserhaus."

Als durch den Friedensvertrag von Pressburg 1805 Triest an Napoleon fiel, wirkte sich das gutgemeinte Privileg auf den Orden negativ aus. Während die venezianischen Mönche als osmanische Untertanen galten und Napoleon sich zum „Schirmherrn der Armenier in Venedig" erklärte, ließ er deren Mitbrüder aus Triest vertreiben. Sie flüchteten nach Wien. Am Kaiserhof entsann man sich der Leistungen der Mechitaristen und nahm sie gnädig auf, schenkte ihnen das ehemalige Kapuzinerkloster und beließ der Kongregation ihre Privilegien. Die Wiener Bevölkerung öffnete ihr Herz für die armen „Padri Armeni" und half ihnen in den ersten Jahren mit Lebensmittelspenden über die größte Not hinweg. Das Kloster ist leicht zu finden, in der Mechitaristengasse im heutigen 7. Wiener Gemeindebezirk.

Die Privilegien der Mechitaristen wurden von Maria Theresia bestätigt.

1835 brannte es in der Vorstadt St. Ulrich. Das Mechitaristenkloster wurde in Mitleidenschaft gezogen. Kein Schaden, wenn er – wie in diesem Fall – auch erheblich war, der nicht sein Gutes hätte. Am Neubau und der Ausgestaltung von Kloster und Kirche beteiligten sich die bedeutendsten Baumeister der Ringstraßenzeit. Die langgestreckte Fassadenfront im Stil des Wiener Biedermeier stammt von Joseph Kornhäusel, die Kirche wurde von Franz Sitte in der Stilsprache des Trecento im Sinne der Florentinischen Gotik begonnen, in der Formensprache des Quattrocento, der Renaissance, von seinem Sohn Camillo Sitte vollendet. Dieser wiederum gewann für einen Seitenaltar Theophil Hansen und für den Hochaltar Heinrich Ferstel. Das Hochaltarbild, die Schutzmantelmadonna, fertigte er selber an. „Die Speisung der Fünftausend", ein Wandgemälde von Ludwig Ferdinand Schnorr von Carolsfeld, ziert eine Wand des Refektoriums.

„Wir sind gerade noch sechs Patres hier im Hause", bedauert Vater Nerses den Mangel an Personal. „Dreihundert sind es weltweit. Viel zu wenig. Vor hundert Jahren gab es Nachwuchs aus Osteuropa, aus dem Libanon und Syrien sowie aus Ost- und Westarmenien. Der Westen ist noch immer ein Teil der Türkei, der Osten das jetzige Armenien."

Die Ströme versiegten nach und nach, so P. Nerses: „Ab 1921 war Armenien kommunistisch, Teil der Sowjetunion. Nach dem Zweiten Weltkrieg wurde ganz Osteuropa kommunistisch. Seit 1971 tobte im Libanon der Bürgerkrieg. Der fürchterlichste Schlag gegen unsere Nation erfolgte aber 1915."

1896 wurden die Armenier Opfer eines vom osmanischen Sultan entfachten Massakers, eines von vielen, ist man beinahe versucht zu sagen. Der Sultan wurde jedoch 1909 entmachtet. Von den sogenannten „Jungtürken" wurde eine Konstitution erarbeitet. Die Armenier waren Feuer und Flamme für deren Ideale, die von der Französischen Revolution übernommen worden waren. Freiheit, Gleichheit, Brüderlichkeit sollten groß geschrieben sein.

P. Nerses: „Es gibt etliche Theorien, was dann passiert ist. Viele Armenier hatten in Istanbul sehr gute Positionen inne. Das mag den Briten nicht gepasst haben, sie wollten selber die Kontrolle im Osmanischen Reich ausüben, die mit wirtschaftlicher Macht verbunden war. Die Deutschen hatten militärische Interessen im Auge, sie wollten den Weg in den Osten frei haben. Was wirklich geschehen ist, weiß man nicht. Jedenfalls setzte 1915 ein schrecklicher Pogrom gegen das armenische Volk in der Türkei ein. In Istanbul und Westarmenien wurden die geistigen Führer systematisch getötet, eineinhalb Millionen Menschen starben."

Von Mustafa Kemal Pascha „Atatürk" wurden die Armenier eingeladen, Kilikien, einen Teil Westarmeniens, zu besiedeln. Sie kamen wieder.

„Er war sehr intelligent. Er hat erkannt, dass Russ-

Die Priesterkrone in der Sammlung sakraler Gegenstände und Gewänder im Museum.

land stärker wurde und dass möglicherweise die Armenier mit Hilfe der Russen ihr Land zurück erobern könnten. 1939 wurden aber die Franzosen und Briten von den Deutschen abgelöst. Wieder wurden viele Klöster zerstört und Bücher verbrannt."

In der Sowjetunion gab es ein namentlich so bezeichnetes Armenien, das mit dem Zerfall der UdSSR zur selbständigen Republik geworden ist. P. Nerses: „Ostarmenien! Nach Jahrhunderten können wir jetzt sagen, dass wir frei sind. Aber mit unserer Lage im Kaukasus kann ich mir schwer denken, dass Armenien wirklich unabhängig ist. Es ist umgeben von Staaten, die ihm gar nicht gut gesinnt sind: Türkei, Georgien, Aserbaidschan. Bei solch einer Nachbarschaft ist es gut, mit Russland befreundet zu sein. Die einzige Grenze, die wirklich offen ist, wo Handel getrieben wird, ist der Iran. Es ist so schon schwierig und keineswegs sicher, wie sich die Lage entwickeln wird, was, vor allem, von der amerikanischen Politik noch zu erwarten ist."

Eine Geschichte wie diese erklärt zur Genüge den Auftrag, dem sich die Mechitaristen verschrieben haben. Ihr Anliegen ist, das geistige und religiöse Leben der Armenier zu beleben und zu erneuern und das nationale Gedankengut als auch das kulturelle Erbe ihres Volkes zu erhalten.

„Wenn man ständig unter Kriegen und Plünderungen zu leiden hat, ist es nicht einfach, sich auf Kultur zu konzentrieren." Vater Nerses ist deswegen besonders stolz auf das Museum und die Bibliothek seines Klosters: „Wir sind die geistige Klammer des Volkes. Mit Schulen auf der ganzen Welt erhalten wir unsere Identität. Unser Ordensgründer wollte die Armenier das Christentum unterrichten, ihre eigene Religion, in ihrer eigenen Sprache. Es gab viele, die nicht mehr die Sprache konnten, Türkisch, Persisch, aber nicht mehr Armenisch."

Mechitar hat dafür armenische Bücher, Grammatiken und Katechismen herausgegeben.

Armenien ist christlich. 80 Prozent gehören zur armenisch-apostolischen Kirche, der Nationalkirche, die restlichen 20 Prozent sind katholisch oder evangelisch. Für P. Nerses stellt es kein Problem dar, dass sein katholischer Orden mit der Regel des hl. Benedikt damit zur Minderheit gehört: „Fast die gesamte armenische Literatur wurde von den Mechitaristen herausgegeben."

Deswegen wird das Kloster von der armenischen Gemeinde in Wien unterstützt. Die Schule und, zum großen Bedauern von P. Nerses, die Druckerei wurden eingestellt. Die Setzkästen, in denen sich Schriftsätze aus Ost und West befanden, wurden großteils verkauft.

Hirtenstab. Die Schlangen mit Augen aus Edelsteinen sind Symbole der Weisheit.

Anno 405 wurde von einem Mönch das armenische Alphabet entwickelt, in Anlehnung an die kyrillischen und lateinischen Zeichen mit 38 Buchstaben. In den Klöstern wurden Handschriften kopiert und neue Bücher geschrieben, auch wissenschaftliche Arbeiten.

„Dazu musste allerdings erst ein eigenes Vokabular geschaffen werden. Die Armenier hatten keine Gelegenheit, Naturwissenschaften im normalen Prozess zu betreiben."

Bücher bürgen für nationale Kontinuität. Demgemäß haben die Armenier ein besonders inniges Verhältnis zum Geschriebenen und Gedruckten. Keine Ausdrucksweise ist dafür zu blumig. Sie sind ihnen ein köstlicher und ein himmlischer Schatz. Geschrieben wurde nur auf feinstem Pergament aus den Häuten junger Kälber und Ziegen; je jünger die Tiere waren, um so feiner war das Pergament. Aus der Haut ungeborener Lämmer wurde das Jungfernpergament gewonnen. Die Handschriften waren daher in jedem Sinn wertvoll, wertvoller als alle anderen Schätze der Welt, behauptet eine Überlieferung aus dem 14. Jahrhundert. Ein Kloster sollte alles Gold an die Besatzer ausliefern. Dessen Bewohner ließen ausrichten, dass sie lieber sterben würden als dieses heraus zu geben. Der Eroberer wusste jedoch einen Trick, um an das Gold zu kommen. Er befahl, alle Bücher des Klosters zu verbrennen. Als die Flammen sie zu ergreifen drohten, heißt es in der Erzählung weiter, lenkten die Armenier ein, gaben all ihre Schätze und erretteten so ihre Handschriften.

In ihrer Bibliothek in Wien verwahren die Mechitaristen an die 3.000 Handschriften, mit Fragmenten, die bis in das 8. und 9. Jahrhundert zurück datieren. 200.000 Bücher zählt der Gesamtbestand, von denen ein kleiner Teil von den Kapuzinern ererbt wurde und in der Obhut der Mechitaristen bestens aufgehoben ist.

„Die größte Zeitschriftensammlung in armenischer Sprache befindet sich hier in Wien." P. Nerses öffnet einen der Jahrgangsbände. „Die erste armenische Zeitschrift aus 1794, ‚Astarer', was soviel wie ‚Ankünder' heißt. Wir bekommen Zeitschriften aus der ganzen Welt zugesandt."

In der Mitte des Raumes steht ein wuchtiger Schrank, ebenfalls voll mit Büchern. „Ein Erbe aus 1898, in armenischem Stil, er wurde uns zum Kaiserjubiläum geschenkt."

P. Nerses liest laut aus einer der Zeitschriften vor. Die Worte klingen fremd, wenngleich, wie er sagt, das Armenische eine indoeuropäische Sprache ist und etliche Wörter dem Deutschen ähnlich sind: „Tu ist du, Tur ist die Tür und Mair ist die Mutter."

Die Armenier wären keine so guten Kaufleute, hätten sie nicht zu durchaus handfesten Schätzen eine ebenso gute Beziehung. Das Kloster wurde demgemäß entsprechend reichlich ausgestattet. Den Anfang machten sakrale Gegenstände und wertvolle Paramente. Einer der hier ausgestellten Ornate wurde vom späteren Papst Johannes XXIII. getragen, der als apostolischer Delegat in Istanbul einer Maiandacht beiwohnte.

„Einige davon sind Hunderte Jahre alt, auch diese wunderschönen Vortragekreuze", sagt P. Nerses. „Das hier aus 1750, oder der Hirtenstab, den bei uns auch ein einfacher Priester trägt. Die Schlangen darauf mit ihren Augen aus Edelsteinen sind Symbole der Weisheit."

Der Ritus der Mechitaristen unterscheidet sich nur wenig von dem uns gewohnten. Die in der Ostkirche übliche Ikonostase ist hier ein Vorhang, der zu be-

Das Klostergeheimnis, die „Mechitarine", wird im Keller gelagert.

stimmten Teilen der Messe geschlossen wird. Die Priesterkrone ist freilich bei weitem prächtiger als ein Barett, und in unseren Breiten völlig fremd ist der Kschotz.

„Der Wegtreiber, ein Flabellum mit Glöckchen, das bei der Wandlung geschüttelt wird. Ursprünglich diente es zum Vertreiben der Fliegen."

In der Schatzkammer der Mechitaristen finden sich noch eine beachtliche Gemäldesammlung, dazu Ausstellungsstücke, die vom Wesen der armenischen Nation erzählen, wie der Musterkatalog eines Stoffhändlers oder eine historische Landkarte sowie eine Teppichsammlung.

„Die Patres haben alles, was sie gesammelt haben, nach Wien geschickt." P. Nerses zieht ein Schiebefach nach dem anderen auf. „Die typischen Drachenmuster, sehr viel Geometrie, die Hakenkreuze als altes Symbol. Kelims, unter dem Einfluss des Islam oder der Ikonoklasten, die wollten ja auch keine Bilder. Wir haben persische Teppiche mit Vögeln und Blumen, dort war es ja erlaubt." Er freut sich sichtlich über die faszinierten Gesichter seiner Besucher in dieser orientalischen Traumwelt: „Wenn ein Armenier einen Gast hatte, wurde vor diesem der Teppich ausgebreitet. Wenn die Leute dann drauf gesessen sind, waren sie vor den bösen Geistern beschützt. Ich glaub', daher kommt auch der rote Teppich bei Staatsbesuchen. Alle Teppiche sind Geschenke an das Kloster, wie der aus Berg Karabach, gut 90 Jahre alt. Ich hab's selbst erlebt, wie ein Wiener kommt und einen Teppich bringt. Er hat in einem Katalog gesehen, dass es ein armenischer Teppich ist, hat er gesagt, hat ihn hergelegt und ist gegangen. Wir wissen nicht einmal seinen Namen."

Auch wenn viele Wiener mit der Mechitaristen-Congregation nicht allzu viel anzufangen wissen – die „Mechitarine" ist ein Begriff. Im Keller des Klosters wird in riesigen Tonfässern Likör in sechs Varianten von süß bis bitter aus Früchten und Kräutern nach streng geheimem Rezept angesetzt.

„Es stammt aus einer Handschrift um 1680. Zweihundert Jahre später wurde hier die Produktion aufgenommen. Man war der Meinung, dass der Likör gegen Magenbeschwerden und ein schwaches Herz hilft, deswegen heißt eine Sorte ‚Cordiale'."

In diesem Punkt schlägt bei Pater Nerses das kaufmännische Talent der Armenier durch: „Die Mechitarine ist eine Wiener Spezialität, die von uns exportiert wird, überallhin in die Welt, wo wir Niederlassungen haben, nach Amerika und sogar nach Venedig, zum Sitz unseres Generalabtes."

LITERATUR

HEIDE BUSCHHAUSEN: Das Kloster der Mechitaristen-Congregation zu Wien. Die Sammlung mittelalterlicher Handschriften. In: Steine sprechen. Zeitschrift der österreichischen Gesellschaft für Denkmal- und Ortsbildpflege, Wien, August 1999, Nr. 114 (Jg. 38/3).

MARIO SCHWARZ: Zur Baugeschichte der Wiener Mechitaristenkirche. In: Steine sprechen, ebenda.

MARIA NEISSER: 175 Jahre Mechitaristen-Congregation in Wien. Wien 1988 (Verlagsbuchhandlung der Mechitaristen-Congregation).

DINE PETRIK: Jenseits von Anatolien. Wien 2002 (Promedia-Verlag).

INFORMATION

Mechitaristen-Congregation,
Mechitaristengasse 4, A-1070 Wien,
Tel.: 01 / 523 64 17
E-Mail: mechitaristenkloster@chello.at

Im Schutz der Freyung

Benediktinerabtei Zu Unsrer Lieben Frau zu den Schotten

„Vierhundert Schritt vor der Stadtmauer zu Favia, das von den Heutigen Wienna genannt wird, auf dem Steinfeld, ließ Heinrich Jasomirgott, der Babenbergerherzog, ein Kloster errichten“, erfahren wir im Buch über das Schottenstift von Cölestin R. Rapf. Aus dem Mutterkloster St. Jakob in Regensburg kamen 1155 die Mönche, durchwegs erfahrene irische (scotia maior) und schottische (scotia minor) Missionare. Das junge Kloster erhielt das für solche Häuser übliche Asylrecht, die Freyung. Der Name ist dem Platz davor geblieben.

Das Schottenstift als stimmungsvolle Kulisse des Weihnachtsmarktes auf der Freyung.

Eine gewaltige dreischiffige romanische Pfeilerbasilika wurde erbaut. In der heutigen „finsteren Sakristei“ und in der romanischen Kapelle sind Teile davon sichtbar, mit der originalen Bemalung an den Säulen. Eine Zwischendecke hat die Farben über fast 900 Jahre bewahrt .

Zumeist gilt der Besuch in dieser Abgeschiedenheit der Schottenmuttergottes. Das romanische Kunstwerk ist mit einer Krone aus späterer Zeit geschmückt und zeigt sich in der Fassung des 19. Jahrhunderts. Die Popularität anderer Gnadenbilder hat die Schottenmutter nie erreicht. Zwar wurde sie Ende des Dreißigjährigen Krieges auf Geheiß von Kaiser Ferdinand III. in einer feierlichen Prozession zur Verehrung in den Stephansdom gebracht. Acht Tage lang wurde sie angefleht, die Eroberung von Wien – Korneuburg war bereits in den Händen der Schweden – abzuwenden. Nach ihrer Rückkehr verblieb sie jedoch bis in die jüngere Zeit im Kreuzgang des Stiftes und war damit dem Volk weitgehend entrückt.

Wenig Verbindung zur Bevölkerung hatten auch die iroschottischen Mönche. Sie sprachen kaum Deutsch. Die Umgangssprache ihrer Kreise war ohnehin Latein. Um so inniger waren daher die Kontakte zur 1365 gegründeten Wiener Universität. 1383 war der Schottenabt Donaldus zugleich Rector magnificus. In seine Amtszeit fällt die Errichtung der Theologischen Fakultät.

Der Beginn der Schreibstube dürfte mit der Klostergründung zusammenfallen. Die Schreibkunst der Mönche kam dem Hof insofern zugute, als man sich eigene Schreiber ersparte und die herrschaftlichen Urkunden bei den Schotten anfertigen ließ.

Die Zeiten und damit die Sympathien seitens der Mächtigen haben sich gewandelt. 1418 zogen die iroschottischen Mönche aus Wien ab. Viele ihrer Handschriften haben sie mitgenommen. Der Personalstand war bedenklich geschrumpft. Dass die temperamentvollen Iren einheimischen Nachwuchs aufgrund befürchteter Unverträglichkeit abgelehnt hätten, ist Anekdote.

Das linke Seitenschiff der Stiftskirche mit ebenerdigem Durchgang.

Seitenaltar in der Schottenkirche mit Kreuzigungsbild von Joachim von Sandrart (1654).

Nachvollziehbar sind die Bemühungen von Maria Stuart um die Rehabilitierung der Schotten in Wien. Ihre Interventionen hatten ebenso wenig Erfolg wie die Proteste der Äbte von St. Jakob. Kaiser Ferdinand II. erklärte ihnen rüde, dass die Schotten das Kloster wegen der Unfähigkeit ihrer Vorfahren, die sich weder in der Wirtschaft noch in der Seelsorge als tauglich erwiesen hätten, nicht wiedererlangen könnten.

Das leerstehende Klostergebäude wurde mit Mönchen aus der Abtei Melk besiedelt. Vieles blieb dabei beim Alten. Die Mönche sind im Volksmund bis heute „die Schotten". Die Verbindung zur Universität wurde aufrecht erhalten, und im Scriptorium entstanden bis zum Ende des 15. Jahrhunderts viele der heute noch im Archiv des Stiftes erhaltenen Handschriften. Eine stattliche Bibliothek entstand, als Grundstock für den heutigen Bestand von gut 200.000 Bänden.

Zur Wissenschaft kam der soziale Einsatz einiger Mönche. Vor der Gründung des Allgemeinen Krankenhauses durch Joseph II. waren die Menschen auf Armenhäuser und Bürgerspitäler angewiesen. Zwei Priester des Schottenklosters betreuten um 1707 das uralte Siechenhaus zu „St. Lazar diesseits der Als", kurz „Lazareth" genannt. Dass später die Feldlager zur Betreuung der Verwundeten und die Militärkrankenhäuser als Lazarette bezeichnet wurden, geht jedoch auf das italienische Wort „lazzaro" für „aussätzig", „Aussätziger", eigentlich Lazarus, und auf ein Hospital für Aussätzige bei der venezianischen Kirche Santa Maria di Nazaret zurück.

Im Museum im ersten Stock des Klosters werden die erhalten gebliebenen Tafeln des „Schottenaltares" gezeigt, ein weltweit bekanntes Werk der Spätgotik. Kaum jemand denkt in diesen Räumen an das Jahr 1945. Genau hier fand die Gründung der Österreichischen Volkspartei (ÖVP) statt. Univ.-Prof. Dr. Herbert Braunsteiner war als Medizinstudent dabei: „Es waren diese Räume, nicht die Prälatur oder die Abtwohnung. Ich kann mich noch genau erinnern, ich habe immer runterg'schaut, was auf der Gasse vor sich geht."

Anfang April waren die russischen Truppen in Wien angekommen. Die Überlebenden der O5, der Widerstandsbewegung gegen den Nationalsozialismus, hatten sich damals im Palais Auersperg versammelt.

„Dort gab es eine Zwischendecke, wo man sich verstecken konnte", erinnert sich Prof. Braunsteiner. „Ich habe damals meine Verlobte, meine spätere Frau, im Auersperg untergebracht. Hunderte Leute waren dort. Es gab ja nix."

Auf den Straßen lagen die Toten. „Soldaten und Zivilisten – auf dem Heldenplatz besonders viele. Sie waren durch den Beschuss der Russen umgekommen. Die Granaten sind auf dem Pflaster zersplittert, haben Steinbrocken mitgerissen und die Leute getötet. Wir haben sie notdürftig begraben, es hätte ja sonst eine Choleraepidemie gegeben." Braunsteiner und die paar Helfer waren auf sich allein gestellt. So engagiert und energisch sich die Leute der O5 im Widerstand bewährt hatten, so planlos agierten sie jetzt.

„Es ging nix weiter, es wurde nur geredet", urteilt der Zeitzeuge Braunsteiner, der deswegen von sich

Das Gitter zum Schutz des Kircheninneren steht den Gläubigen bei Gottesdiensten weit offen.

aus Initiativen setzte: „Ich war in Kontakt mit Monsignore Pichler, meinem Religionslehrer, der in St. Rochus Pfarrer gewesen war und den Leuten im Keller des Pfarrhauses Unterschlupf gewährt hatte."

Dr. Felix Hurdes und Leopold Figl – sie wurden mit dem Attentat auf Hitler am 20. Juli 1944 in Verbindung gebracht – waren kurz zuvor aus der Todeszelle des Wiener Landesgerichtes entkommen. Die Entlassungsscheine hatte Figl selbst gestempelt. Ein solches Papier war notwendig, da sich trotz der Auflösung des NS-Regimes nach wie vor SS in den Straßen herumtrieb. Pichler stellte für Hurdes und Figl den Kontakt zu den Leuten im Palais Auersperg her.

Univ.-Prof. Dr. Herbert Braunsteiner, Zeitzeuge der Gründung der ÖVP.

Braunsteiner: „Am 6. April habe ich die ersten russischen Panzer gesehen. Durch den gegenseitigen Beschuss haben die Häuser zu brennen begonnen. Es gab damals nix zum Löschen, keine Feuerwehr. Ich bin von einem Rundgang ins Palais zurückgekommen, da sehe ich die rotweißrote Fahne am Eingang. Pichler und Hurdes sind zur Tür hereingekommen. Sie waren drauf aus, eine neue Partei zu gründen. Den Namen ‚Österreichische Volkspartei' hat Hurdes vorgeschlagen."

Die Frage war nur, wo es ein geeignetes Lokal gab. Das Landhaus war während laufender Verhandlungen von einem kommunistischen Stoßtrupp besetzt worden.

„Ein Freund wusste im Schottenstift eine freigewordene Wehrmachtsdienststelle. Hurdes und ich haben beim Abt Dr. Peichl vorgesprochen. Es waren noch die Schreibmaschinen der Wehrmacht da, und am zweiten Tag ist sogar eine Sekretärin wieder gekommen und hat für uns geschrieben."

Die romanische Schottenmuttergottes in der Fassung des 19. Jhdt.s.

Am 14. April fand der Einzug ins Kloster an der Freyung statt.

„Hurdes schlug vor, zu Kardinal Innitzer zu gehen und ihn zu unterrichten. Pichler kam nicht mit, weil er die Unterschrift im März 1938 dem Kardinal nie vergeben hat, und nach seiner Verhaftung hatte ihn dieser in das Nest Ebenfurth als Pfarrer geschickt."

Braunsteiner hatte die Aufgabe, einen Aufruf, also das erste Parteiprogramm, zu verfassen und die Parteizentrale zu organisieren. „Leider ist kein Exemplar erhalten geblieben. Es begann damit: ‚Nach siebenjähriger Zwangsherrschaft ist Österreich wieder frei.'"

Von der russischen Obrigkeit gab es den Stempel und die Bewilligung.

„Am 15. kam Johannes Eidlitz mit Mitarbeitern und übernahm das Organisationsreferat für die Wiener Partei. So begann schon am zweiten Tag das Problem der Volkspartei mit der Mitgliedschaft zur Gesamtpartei und zu den Bünden, das bis heute nicht gelöst ist."

Der 17. April 1945 wird als der eigentliche Gründungstag der ÖVP angenommen.

Mit dem Parteiprogramm, einem Empfehlungsschreiben des Kardinals und einem Rotkreuzausweis, den ihm französische Kriegsgefangene verschafft hatten, machte sich Braunsteiner nach Westen auf. Die anderen Bundesländer mussten so rasch wie möglich von der Parteigründung informiert werden. Seine Jugend und Sportlichkeit kamen ihm dabei zugute. Zu Fuß ging's von Aschbach über Waidhofen an der Ybbs bis zur Enns. Da die Brücke bei Weyer von den Russen besetzt war, durchschwamm er, die Papiere in einem wasserdichten Behälter, die reißende eiskalte Enns. Die Mission wurde ein Erfolg. Anfang Juni konnte er, zurück in Wien, vermelden, dass Oberösterreich, Salzburg und Tirol die Österreichische Volkspartei akzeptierten.

„Ich habe mein Studium fortgesetzt und als Arzt eine schöne Karriere gemacht", sagt Univ.-Prof. Dr. Braunsteiner, vielfacher Ehrendoktor, Pionier auf dem Gebiet der Untersuchung von Blutzellen mit dem Elektronenmikroskop, Ordinarius und Rektor der Universität Innsbruck sowie Preisträger der Österreichischen Gesellschaft für Innere Medizin.

Er erinnert sich, dass die Gründungsväter der ÖVP damals auf seine Anregung hin eine kleine Führung im Stift erhielten: „Später ist mir das nie mehr gelungen, dass ich dort hinunter komm', aber den größten Eindruck hat auf mich das Grab von Heinrich Jasomirgott gemacht."

Literatur

Martin Czernin: Die Schreibstube Wiens. Wien 2002 (Benediktinerabtei Schotten).

Robert Kriechbaumer, Franz Schausberger (Hg.): Volkspartei – Anspruch und Realität. Wien 1996 (Böhlau Verlag).

Cölestin Roman Rapf: Das Schottenstift. Wien – Hamburg 1974 (Zsolnay Verlag), aus: Peter Pötscher (Hg.) Wiener Geschichtsbücher, Bd. 13.

Information

Benediktinerabtei Schotten,
Freyung 6, A-1010 Wien,
Tel.: 01 / 534 98,
E-Mail: schotten@schottenstift.at,
Homepage: www.schottenstift.at

Ein Bilderzyklus im Kreuzgang erzählt die Geschichte des Ordens.

Wallfahrt der Fußmaroden

Servitenkloster in Wien

Im Nationalsozialismus wurden die Serviten brutaler als andere Orden verfolgt, behauptet Bruder Augustin Pötscher, und er weiß den Grund dafür: „Wir haben Zugriff auf die Herzen der Menschen. Das wollte man ausschalten." Erwähnenswerte Besitztümer gab und gibt es nicht, genauso wenig ist die Politik Sache der Serviten, und Geheimniskrämerei oder Verschlossenheit kann man ihnen schon gar nicht vorwerfen. Trotzdem war bereits ihre Ankunft in Wien nichts weniger als gern gesehen.

In Tirol hatte die durch und durch fromme Witwe von Erzherzog Ferdinand II., Anna Katharina Gonzaga, die Serviten ins Land geholt. Von Innsbruck aus, wo heute das Provinzkapitel seinen Sitz hat, wurden ihnen nach und nach Wallfahrtsorte zur Betreuung übertragen.

In der habsburgischen Verwandtschaft im Osten war man bald auf den Orden aufmerksam geworden. Die Gegenreformation wurde vom Herrscherhaus mit Vehemenz betrieben und benötigte dafür jede Menge verlässlicher Geistlichkeit. Der Ordo Servorum Mariae, die Diener Mariens, schien dafür ideal zu sein. Die Serviten stellten keine allzu großen materiellen Ansprüche und waren von ihrem marianischen Programm her über jeden Verdacht einer Sympathie zu den protestantischen Gegnern erhaben. Nur – wohin mit ihnen? Die Konkurrenz war beachtlich. Kapuziner, Barmherzige Brüder, die unbeschuhten Karmeliten, Barnabiten, Kamaldulenser, Paulaner und die unbeschuhten Augustiner Eremiten, sie alle waren Anfang des 17. Jahrhunderts gekommen und

Im plüschigen Kaiserchörl, der Loge beim Hauptaltar, wohnte den Gottesdiensten hoher Besuch bei.

hatten in Wien eine Bleibe gefunden. Um die Serviten, die sich ebenfalls darum bemühten, setzte zwischen den im Reich verstreuten Mitgliedern des Kaiserhauses, den Stadtgewaltigen von Wien und dem Generalreformator Kardinal Melchior Khlesl ein reger Briefwechsel ein. Verschiedenste Örtlichkeiten wurden in Erwägung gezogen, die Kirche Maria Stiegen, bei St. Peter in der Stadt oder im Prater. Zum Teil verzichteten die Serviten von sich aus darauf, zum Teil gab es bereits Klöster in nächster Nähe.

Als endlich ein Platz in der Rossau, vor den Toren der Stadt, gefunden war, legte sich das Ordinariat in der Person des Dompropstes quer. Es gäbe ohnehin schon genug Kirchen und Klöster und Priesterschaft, besonders viele Bettelorden, so „dass ein Orden dem anderen das tägliche Brot vom Maul abschneidet", hieß es von dort. Sogar der Kaiser wurde gebeten, in Wien keinen neuen Orden mehr einzuführen, „weil schon zu viele Religiosen hier sind". Ins selbe Horn stießen Bürgermeister und Magistrat. In einem Bericht an die Regierung weigerten sie sich, die Serviten in der Stadt aufzunehmen. Maßgebliche Stellen beteuerten, dass Wien ohnehin schon eine „altera Roma", ein zweites Rom, sei.

Letztlich fruchtete alles Intervenieren und Intrigieren nichts; die Serviten erhielten die kaiserliche Erlaubnis, sich in der Rossau, also in der Vorstadt, niederzulassen, jedoch ohne Collectura und Mendicatio, ohne Sammeln und Betteln. Die Ordensleute mussten aus eigenen Mitteln leben. Die Serviten selbst sehen sich ohnehin nicht als Bettelorden, obwohl sie per päpstlicher Bulle 1281 zu einem solchen erklärt worden waren.

Mit der Genehmigung war erst ein Teil des Vorhabens erledigt. Nach diversen finanziellen Desastern, die den Serviten unter anderen Unannehmlichkeiten eine saftige Klagedrohung seitens eines ungarischen Bischofs eintrugen, wurde nach einem geeigneten Platz für den Klosterbau gesucht. Hartnäckigkeit kann man den Serviten nicht absprechen. Sie wurden fündig und konnten ein Haus mit Garten erstehen. Im dazu gehörenden Stadel wurde eine Kapelle eingerichtet, die am 19. Mai 1639 im Beisein von Kaiser Ferdinand III. mit Gattin und großer Prominenz eingeweiht wurde. Der Sieg des Kaiserhauses über die Skeptiker wurde entsprechend gefeiert. In einem Officium, begleitet von den Hofmusikern, wurde ein großes Kreuz aufgerichtet, und die aus dem Stall umgebaute Kirche war den Serviten ihr „Bethlehem", im Volksmund „Krippe des Herrn".

Noch im selben Jahr traf ein Geschenk aus Tirol ein, eine Kopie des Mariä Verkündigungs-Bildes in der Servitenkirche zu Florenz. Bis Mitte des 19. Jahrhunderts diente es als Altarbild und wurde dann von einem Nazarenerbild abgelöst. Das Verkündigungsbild ist in die Peregrinikapelle abgewandert.

Pater Gregor, er ist Pfarrer in der Rossau, sieht in der Lage des Klosters außerhalb der Stadtmauern einen tieferen Sinn. Wie die sieben Väter des Ordens, Kaufleute aus Florenz, sich 1233 in ein kleines Haus außerhalb der Stadt zurückgezogen hatten, so haben auch die Serviten in der Vorstadt ihren verdienten Platz gefunden.

DDr. Mag. Augustin Pötscher ist Philosoph, Theologe und Psychologe. In Rom betreut er zwei Lehrstühle an der ordenseigenen Universität, einen für

Die Peregrinikapelle, eine Seitenkapelle, war und ist Anziehungspunkt zahlreicher Wallfahrten.

Einladendes Grün im Kreuzgang...
...und Korridor im ersten Stock des Klosters.

Moraltheologie und einen für Ordensgeschichte. Für ihn ist der Beginn des Kirchenbaues 1651 ein entscheidender Markstein in der Geschichte des Wiener Konvents: „Damit hat man sich endgültig sesshaft gemacht. 1677 war die Kirche vollendet, es konnte mit dem Ausbau des Klosters begonnen werden."

Wäre damals nicht Fürst Octavio Piccolomini, hochdekorierter Feldmarschall des Dreißigjährigen Krieges, als Wohltäter aufgetreten, wären all diese Unternehmungen wohl kaum möglich gewesen, trotz namhafter Zuwendungen von etlichen Seiten. Er stattete die Serviten mit den notwendigen Mitteln aus, mit dem Wunsch, in ihrer Kirche bestattet zu werden, ohne allen Pomp, wie er im Testament bestimmt hatte.

Pater Gregor zeigt sein Grab in der Kapelle der Schmerzhaften Muttergottes: „Er wollte, dass der Priester bei der Messfeier über ihm steht. Damit man dennoch weiß, dass er ein großer Feldherr war, sind die Halbsäulen vor seinem Grabmal mit Kriegsmotiven geschmückt."

Piccolominis Zuneigung zu den Serviten mag von seiner Geburtsstadt herrühren, von Florenz. Auf dem Monte Senario, 18 Kilometer nördlich der Stadt, steht das Gründungskloster des Ordens, das zweite Urkloster ist La Santissima Annunziata direkt in Florenz. Nirgendwo sonst erfährt die Mama Maria eine derart inbrünstige und temperamentvolle Verehrung als in Italien. Ein Orden, der überdies im schwarzen Habit auftritt, um an die Schmerzen der Muttergottes unter dem Kreuz zu gemahnen, der in jeder seiner Kirchen eine Pieta aufstellt, überhaupt Maria in das Zentrum seiner Spiritualität aufnimmt, muss einfach populär sein. Kein Wunder, dass die Serviten bald über die Toskana hinaus in Italien verbreitet waren. Der Sprung über die Alpen nach Norden war ihnen, abgesehen von einem kurzen Aufenthalt bald nach der Gründung im Osten Deutschlands, nur möglich, weil Leute wie Piccolomini oder Anna Katharina Gonzaga von Mantua, beide geborene Südländer, den Orden dabei tatkräftig unterstützten.

Pater Gregor stammt aus Maria Luggau im Lesachtal, aus einer Bauernfamilie. Seine Eltern haben ihm die Liebe zu den Menschen mitgegeben. Marienverehrung war in diesem von den Serviten betreuten Wallfahrtsort Teil des Alltags. Zwei Feste seien daraus hervorgehoben: Maria unter dem Kreuze am Freitag vor dem Karfreitag und das Fest der Schmerzen Mariens am 15. September. P. Gregor: „Das ganze Jahr über müssen wir jedoch, wie Maria, unter den vielen Kreuzen der Menschen stehen, die Menschen bei den vielen Kreuzen begleiten, in der Krankenseelsorge. Es war fast meine Sehnsucht, dorthin zu gehen."

Er kennt jeden Winkel im Kloster, zeigt die ehemalige Bibliothek und einen Bilderzyklus über das Leben des hl. Philippus Benitius im Kreuzgang. Erstaunlich großzügig ist die Kirche ausgestaltet. Die Fresken, der üppige Stuck und die sonstige Ausstat-

Pater Gregor, Pfarrer in der Rossau.

tung wie die Pieta, eines der bedeutendsten spätgotischen Kunstwerke Österreichs, ergeben gemeinsam ein stimmiges Gotteshaus. Es ist zwar vom Barock dominiert, aber im ovalen Grundriss des Gebäudes und im Licht aus der Kuppel löst sich alle Schwere in angenehme Helligkeit auf. Das Galgenkreuz – es stand ursprünglich auf der Hinrichtungsstätte auf dem Rabenstein in der Rossau – nimmt sich darin wie ein düsterer Kontrapunkt aus.

Im kurios plüschigen Kaiserchörl, der Loge beim Hauptaltar, wohnte hoher Besuch den Gottesdiensten bei, vielleicht auch Maria Theresia, die den Wiener Serviten, wie auch anderen Orden, ein Messgewand verehrt hat.

Joseph II. hatte weniger Einsehen mit den enthusiastischen Marienverehrern. Er verlangte von ihnen einen genauen Ausweis über Feste und Andachten wie auch über die Auslagen der Erzbruderschaft der Schmerzen Mariae und zog alles Vermögen ein, um es dem Religionsfonds zuzuführen. Er verbot die

Wallfahrten und, ganz Erzmesner des Reiches, ordnete an, die wächserne Statue des hl. Peregrinus in dessen Kapelle gegen eine hölzerne, offenbar weniger feueranfällige, auszutauschen.

Der Kaiser hätte es bestimmt auch zu verhindern gewusst, wäre ihm bekannt gewesen, dass sein hoher Gast, Papst Pius VI., sich anlässlich seines Wien-Besuches zu den Serviten in die Vorstadt gestohlen hatte, um in der Peregrinikapelle zu beten. Der Papst war 1782 nach Wien gekommen, um den Kaiser zur Zurücknahme seiner kirchenpolitischen Maßnahmen zu bewegen. Die Reise war bekanntlich umsonst gewesen. Der Kaiser empfing seinen Gast mit großer Freundlichkeit und allen ihm zustehenden Ehren, gewährte ihm Quartier bei Hof, schottete ihn jedoch hermetisch ab, um keine unrechte Stimmung in der Bevölkerung aufkeimen zu lassen. Zum Abschied begleitete er ihn noch bis Maria Brunn, schenkte ihm ein mit Diamanten besetztes Brustkreuz und nahm, als der Papst außer Sichtweite war, die Auflösung eines Klosters in Maria Brunn vor.

Dem Wiener Servitenkloster war die Aufhebung erspart geblieben. Es wurde Pfarre, aber erst, nachdem unerquickliche Auseinandersetzungen um die Einnahmen mit den bisherigen Pfarrherren, den Schotten, beigelegt waren. Die Wallfahrten zum hl. Peregrinus lebten wieder auf und bescherten dem Kloster bis in die dreißiger Jahre des 20. Jhdt.s soviel Opfergeld, dass ein Bruder scherzhaft meinte, er könne „die Schillinge nur mehr umschaufeln".

Auf der Website der Serviten (www.serviten.at) wird nach wie vor darauf hingewiesen: Der heilige Peregrin – er erhört noch immer.

Pater Gregor: „Peregrinus Laziosi war als junger Mensch in einer Auseinandersetzung seiner Heimatstadt Forli mit den Truppen des Papstes auf der papstfeindlichen Seite gestanden. Um den Unfrieden zu schlichten, wurde Philippus Benitius, einer unserer Ordensväter, als Friedensprediger hingeschickt. Damals wurde ja auch auf der Straße gepredigt, dabei hat ihm Peregrin eine Ohrfeige gegeben. Das sagen die Chronik und die Legende. Philippus hat es hingenommen. Daraufhin hat sich Peregrin von der Gruppe losgelöst, hat dann Philippus Benitius im Kloster aufgesucht und um Vergebung gebeten. Sie wurde ihm gewährt. Nach einiger Zeit bat er um Aufnahme und wurde als Servitenbruder aufgenommen, er war nicht Priester."

Es wird berichtet, dass er das Ordensleben besonders ernst genommen habe. Er hat sich keine Bequemlichkeit gegönnt, sich nicht einmal in ein Bett gelegt. Vom vielen Herumstehen und, noch mehr, vom Knien dürfte er sich ein schlimmes Beinleiden zugezogen haben. Der Heilige hatte mit der Krankheit sein Attribut; statt Lilie oder Buch sind es bei ihm ekelhaft eitrige Schwären, deren anschauliche Darstellungen einander in Natürlichkeit übertreffen.

„Vor Jahren war der Primarius für Hautkrankheiten aus dem Wilhelminenspital hier und hat sich an der Statue das Beinleiden genau angesehen. Er hat vermutet, dass es kein Krebs war, sondern, wie man sagt, ein offener Fuß", erzählt Pater Gregor. „Das Bein sollte amputiert werden. In der Nacht davor hatte Peregrinus eine Vision. Christus löst sich von einem großen Kreuz und steigt herab, berührt sein Bein – und dieses war tatsächlich geheilt."

Deswegen wird Peregrinus unter anderem als Patron der Krebskranken und Fußleidenden angerufen. Andere Zuständigkeiten betreffen die Wöchnerinnen, die Gebärenden, die Lohnkutscher und Fiaker, die zu seinen Ehren in der Rossau sogar eine Bruderschaft gegründet hatten. Ein vielfältiger Heiliger, der für regen Zustrom zum Peregrini-Kirtag in der Novene vor seinem Gedenktag am 4. Mai sorgt.

„Ich hab's noch erlebt, bin ja doch schon seit 1958 hier, wie während dieser ganzen Zeit die Standeln beim Kloster gestanden sind. So gute Peregrinikipferln wie seinerzeit gibt es leider nicht mehr", bedauert Pater Gregor. „Die sind auf der Zunge zergangen. Ich habe sie als Geschenk verteilt, an den Kardinal, aber auch in der Schule."

Prominente Hilfesuchende waren Joseph Haydn, der selber gerne Servit geworden wäre, und eine, deren Beine ihr Kapital waren: die Tänzerin Fanny Elßler. Pater Gregor gibt zu, dass er nicht besonders wundergläubig ist: „Aber es ist oft das große Vertrauen. Der Mensch hat dann weniger Angst, und die Angst ist etwas, was für den Menschen nicht gesund ist."

Zu seinem Leben als Servit befragt, kann Pater Gregor darin nichts Außergewöhnliches entdecken: „Wie Maria versuchen wir, in aller Einfachheit und Bescheidenheit für die Menschen da zu sein, auf sie zuzugehen. Wenn ich in der U-Bahn fahre, Sie glauben gar nicht, wieviele Leute mich kennen und grüßen."

Das ehemalige Altarbild „Mariä Verkündigung", eine Kopie aus der Servitenkirche zu Florenz, wird heute in der Peregrinikapelle aufbewahrt.

Für den Historiker ist das Wiener Kloster sehr wohl etwas Besonderes. Bruder Augustin: „Es war früher ein Schlüsselkloster für die gesamte österreichisch-ungarische Provinz, weil hier die Jungen ausgebildet wurden und noch werden. Es hat seit 1700 bis Joseph II. eine eigene Hausfakultät beherbergt, eine Lehranstalt, in der man die gesamte Theologie unterrichtet hat. Ein Prior musste auch Ungarisch können und offen sein für die pannonische Kultur."

Seit 1991, seit der Öffnung der Grenzen, ist es wieder ähnlich. Das Kloster ist das Tor zum Osten und spielt bei der Osterweiterung des Ordens wieder eine Schlüsselrolle. „Wir nehmen die historische Verantwortung auf; das heißt Dialog mit Tschechien, wo wir zwei Niederlassungen haben, Dialog mit Ungarn, und, was abzusehen ist, auch Rumänien wird ein Thema werden."

Literatur

Ohne Autorenangabe: Servitenkirche Wien. Salzburg 1986 (Verlag St. Peter).

Karl Lechner: Kirche und Kloster der Serviten in der Rossau in Geschichte und Kunst. Wien 1970 (Prior und Konvent, Servitenkloster Wien 9).

Augustin Pötscher: Peregrin Laziosi. Salzburg 2001 (Verlag St. Peter).

Augustin Pötscher, Robert Wahler: Der Servitenorden. Innsbruck 1984 (Selbstverlag der Serviten).

Richard Reifenscheid: Die Habsburger. Graz 1982 (Verlag Styria).

Information

Serviten, Ordo Servorum Mariae, Konvent,
Servitengasse 9, A-1090 Wien,
Tel.: 01 / 317 61 95–0,
Homepage: www.serviten.at

Bruder Hund, Schwester Katze

Franziskanerkloster Frauenkirchen

Paul Fürst Esterházy war ein verhinderter katholischer Geistlicher. Sein älterer Bruder war gegen die Türken gefallen, er musste das Familienerbe übernehmen – ein ungarischer Magnat, der den Habsburgern dennoch treu blieb. Sie wussten es ihm zu danken. Kaiser Leopold I. erhob ihn in den Fürstenstand und verlieh ihm den Orden des Goldenen Vlieses. Der so Geehrte verbeugte sich seinerseits gebührlich vor den Gönnern: Sein Wappen mit den vier kämpfenden Löwen zeigt in der Mitte ein großes L, für Leopold, seinen Förderer.

Märtyrer des Ordens in der Anbetungskapelle.

Der ausgeprägten Religiosität des Fürsten verdankt das nördliche Burgenland eine der eindrucksvollsten Barockkirchen. Große Teile von Westungarn waren protestantisch geworden. In Frauenkirchen im Seewinkel wurde ein Bollwerk dagegen errichtet.

Seit dem Mittelalter waren deutsche, ungarische und slawische Pilger zum uralten Gnadenbild in der „Kirche unserer lieben Frau" gekommen, jeweils in ihrer Sprache nach „Fraukira" oder „Boldogasszony", zur „glücklichen Frau" und zur „Svetica za Jezerom", heißt soviel wie „Die Heilige hinter dem See".

1520 haben Türkenscharen die Ortschaft so gründlich verwüstet, dass sie weit über hundert Jahre später noch als Wüstung (kein Baum, kein Haus, kein Stein) beschrieben wird. Auf die Wallfahrt wurde kein Wert gelegt, aus verschiedenen Gründen. Man war in dieser Gegend wie anderswo protestantisch geworden. Die fetten Weidegründe für die Ochsen, die nach Wien getrieben wurden, brachten genügend Einkünfte. Man war auf Opfergroschen nicht angewiesen. Für eine Siedlung war die flache Gegend ohnehin zu unsicher, ohne eine Möglichkeit zum Verstecken und Verteidigen, wenn sich marodierende Truppen im unruhigen Grenzland umhertrieben.

Erst mit der Ankunft von Paul Fürst Esterházy kam wieder Leben in die Pußta. Ein Schloss wurde errichtet, die Ortschaft wieder gegründet und die verfallene Kirche neu aufgebaut. 1659 wurde der erste Franziskaner geholt. Er blieb trotz massiver Anfeindungen und erhielt bald Verstärkung. Kaum war die Kirche fertig, kamen schon die ersten Wallfahrer, aber nur für wenige Jahre, denn 1683 wurden Kirche, Ortschaft und Kloster in einem Türkenangriff neuerlich zerstört.

Unverdrossen wurde wieder aufgebaut; größer, schöner denn je. Auf dem Heideboden entstand eine zweitürmige Kirche, die den rasant ansteigenden Pilgerstrom zu fassen vermochte und bis heute im Grunde unverändert geblieben ist. Votivbilder berichten von Wallfahrten aus Neusiedl am See und aus Purbach sowie von Verlobungen an Maria, die über

Das Refektorium, die ehemalige Winterkirche des Franziskanerklosters.

die Jahrhunderte immer wieder erneuert wurden und bis heute eingehalten werden.

Das auf Holz gemalte Gnadenbild hatte die Kirchenbrände auf wundersame Weise heil überstanden. Für die Kunstgeschichte stellt diese „Maria lactans", stillende Madonna, ein Rätsel dar. An der Unterseite trägt sie geheimnisvolle Schriftzeichen, die nicht mehr zu entziffern sind. Einige der Buchstaben gehören nicht unserem Alphabet an. Das Gesicht der

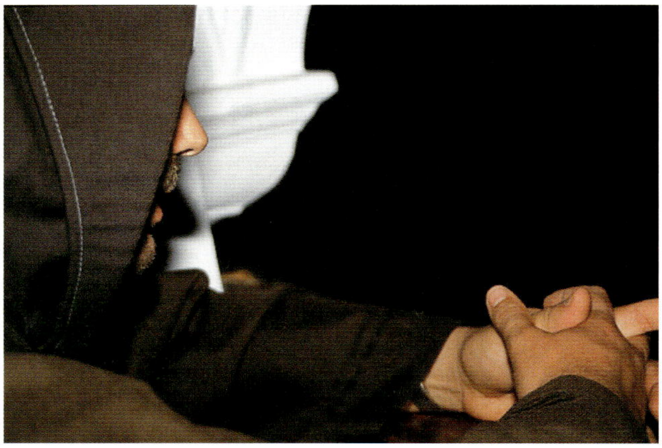

Guardian Bruder Norbert Pleschberger.

Frau zeigt keinen mitteleuropäischen Typus, sondern weist eher in den Osten. Verschiedene Details, wie der lange Zeigefinger von Maria, die Krallenfinger des Jesuskindes und die Blumen auf dem Kleid Marias, werden der Gotik zugeordnet.

Dem Fürsten war das eine Bild zu wenig, und er schaffte persönlich eine Gnadenstatue von Burg Forchtenstein heran. Die Aufschrift 1240 auf dem ursprünglichen Sockel der Statue ist das älteste verbindliche Datum. Sie hatte sich im Besitz der Mutter des Fürsten befunden, die einer Erzählung nach mit ihr gesprochen haben soll. Nach Vergleichen durch Kunsthistoriker könnte sie aus Spanien stammen. Die ersten Mattersdorfer Grafen kamen aus Katalanien, mit ihnen ihre unerschütterliche katholische Frömmigkeit.

Guardian Bruder Norbert Pleschberger erzählt: „Der Fürst hat die Statue selbst zu Fuß hierher getragen. An der Stelle, wo er sie auf seinem Marsch abgesetzt hat, befinden sich heute noch die Stationsäcker."

In den Franziskanern hat die marianische Kultstätte würdige Verwalter gefunden. Bruder Norbert ist Mesner und hat die ehrenvolle Aufgabe, die Statue zu Mariä Geburt am 8. September von ihrem Sockel herab zu nehmen: „Zwei und zwei stellen sich an, kommen nach vor und berühren die Muttergottes. Der Priester gibt dazu den Segen."

Seit jüngster Zeit ist die Frauenkirche kein gewöhnliches Gotteshaus mehr. Bruder Norbert: „Sie ist die erste Basilika des Burgenlandes, ein Ehrentitel, vom Papst verliehen. Bischof Stefan László suchte um Erhebung zur Basilika minor an. Drei Gründe gab es dafür: Erstens die lange Geschichte der Wallfahrt, zweitens die treue Verwaltung des Bußsakramentes – über dem Hochaltar steht „Refugium peccatorum", Zuflucht der Sünder. An großen Wallfahrtstagen, wie Mariä Himmelfahrt, dem Dreifaltigkeitssonntag und Mariä Geburt, gibt es mehr als tausend Beichten – und drittens die Größe und Schönheit der Kirche."

Die Ausstattung ist solider Barock, der Freskenschmuck von beachtlicher Qualität, das Programm der Darstellungen durchwegs vom Franziskanerorden mit seinen Heiligen und Legenden dominiert, wie der bedeutungsvoll ausgestreckte Arm an der Kanzel.

„Die Franziskaner haben immer mit dem Kreuz in der Hand gepredigt, als Statussymbol", so der Guardian. Er selber darf von dort oben nicht predigen, wäre aber ein schlechter Franziskaner, hätte er für sich keine Möglichkeit zur Verkündigung gefunden. Die Betreuung der Wallfahrer und der Gäste, die von der auffällig mächtigen Kirche inmitten der Ebene angezogen werden, ist seine Obliegenheit. Für die Leute sind sie ohnehin alle die „Pfarrern". Im Zuge von Führungen kann er in einfachen Worten – er ist gelernter Bäcker und hat kein Studium – ungemein viel von der Spiritualität dieses Ortes vermitteln. Auf die Pracht des Gotteshauses angesprochen, sagt er: „Zur Ehre Gottes darf nicht gespart werden. Als die Sünderin die Füße von Jesus mit teurem Öl gesalbt hat, haben sich die Jünger darüber aufgehalten, dass es Verschwendung sei. Jesus hat sie dafür gerügt. Auch der Fürst hat die Kirche nicht als Privathobby erbaut, auch nicht aus Überfluss an Geld, nur zu Ehre des Dreifaltigen Gottes und zum Lobpreis Mariens. Er hat damit ein Zeichen des Glaubens in einer Zeit des Unglaubens und ein Zeichen des Heils gesetzt – außerordentlich zeitlos."

Das Kloster lebt nach wie vor von den Spenden, die aus der Wallfahrt hereinkommen. Es läppert sich, aus dem Verkauf von Devotionalien und dem Klos-

Gepredigt wurde mit dem Kreuz in der Hand (Detail der Kanzel).

terweinbrand (zehn Jahre Holzfasslagerung), den freien Spenden bei der jährlich neugestalteten Ausstellung und dem Erlagschein in einer Zeitung an die Freunde von Frauenkirchen. Ein überaus freundliches Buch wurde von Pater Michael Schlatzer OFM beigesteuert: „Die gute Klostersuppe". Mit viel Humor und Wissen um klösterliche Kochtraditionen bekennt sich darin der geistliche Autor als dem irdischen Genuss des Essens zugeneigt.

Wie überall, gibt es eine Menge an Bausubstanz und Kunstschätzen zu erhalten. Ein großer Brocken war die Anbetungskapelle. Das Halbrund der niedrigen Decke ist mit kuriosem Stuck verziert. In hohen Reliefs heben sich im halbdunklen Raum die ersten Märtyrer des Ordens gespenstisch von der Decke ab. Ursprünglich sahen sie den Patres beim Essen zu, bis das Refektorium in einen anderen Raum verlegt wurde. Bruder Guardian: „Der jetzige Speisesaal war lange Zeit ein Abstellraum für die Sakristei. Dann war die Kapelle die Winterkirche. Vor zehn Jahren wurde sie renoviert. Die schönen Intarsientische wurden herein gestellt und das Bild dort an der Front aufgehängt: das letzte Abendmahl. Wir haben es auf dem Dachboden zusammengerollt gefunden. Jetzt werden hier bei festlichen Anlässen hohe Gäste bewirtet."

Der fröhliche Franziskus, der Ordensgründer, hätte seine wahre Freude an den Frauenkirchener Brüdern. Er hat die Kirche auf wunderschöne Weise mit der Natur versöhnt, in seinem Sonnengesang: „Gelobt seist Du, Herr, mit allen Wesen, die Du geschaffen." Bruder Norbert: „Wir sind ein tierliebender Konvent. Der Pfarrer und der Kaplan haben Hunde. Außerdem ist es gut, wenn man bei einem so großen Haus Katzen hat." Dazu kommen Ziervögel, Hühner und die Gänse, die schon einige Martinitage überlebt haben – das heißt was im Burgenland! Auf dem Gang weist ein Schild darauf hin: „Sollten Ihnen in den Räumen des Klosters Kätzchen oder Hunde begegnen, bitten wir Sie sehr herzlich, die Tiere nicht zu vertreiben. Sie sind Mitbewohner unseres Klosters."

LITERATUR

MICHAEL SCHLATZER: Basilika Frauenkirchen. 2. Auflage Salzburg 2003 (Verlag St. Peter).

INFORMATION

Franziskanerkloster Frauenkirchen,
Kirchenplatz 2, A-7132 Frauenkirchen,
Tel.: 02172 / 2224

Fiat! Es geschehe!

Benediktinerstift Admont

Es werde ein Kloster! Und es *ward* ein Kloster. Und was für eines! „Admont war immer etwas mehr als andere“, weiß Dr. Johann Tomaschek, Archivar und Bibliothekar, zu berichten. 1074 wurde das Benediktinerstift vom Salzburger Erzbischof gegründet und ist damit eines der ältesten Klöster Österreichs. Der Umfang der wirtschaftlichen Ausstattung findet kaum einen Vergleich; das Kloster selbst war eine Kaderschmiede für den Orden, seine Mönche pflegten Kontakte zu den wissenschaftlichen Zentren Europas. Man wusste, wo was gebraucht wurde, und deckte den wachsenden Bedarf an Büchern in einer der produktivsten Schreibstuben ihrer Zeit. „Admont war niemals abgelegen.“

Wen wundert's noch, dass Admont über einen enormen Bestand an mittelalterlichen Handschriften verfügt? Man kennt ja die Bibliothek mit dem weltgrößten Saal und einer der spätesten barocken klösterlichen Bibliotheksräume (1774), mit starken Anklängen ans Rokoko und deutlichen Vorgriffen auf das Empire. Weiß und Gold beherrschen den Raum. Man war mutig genug, einer durchaus transreligiösen Offenbarung einen Tempel zu bauen, ihr die Theologie im gleichen Rang mit anderen Wissenschaften und Künsten als Flügeladjutanten zuzuteilen, unter ihrer Obhut Bücher in die Regale zu stellen, die wegen ihres aufklärerischen Inhaltes auf dem Index standen. Keine Spur mehr von der diffusen Angst, zwischen Himmel und Hölle hilflos hin und her geworfen zu sein. Im Denken und Sprechen wird der

Die moderne Panoramastiege des Museums bietet eine prächtige Aussicht.

Mensch seiner bewusst und schreitet voran bis zur Technik und den Künsten.

Bartolomeo Altomonte legte dem Abt die kühnen Entwürfe vor, und dieser sagte „fiat!" Und die Fresken entstanden. Dr. Tomaschek: „Es muss eine Reihe von intellektuellen Patres gegeben haben, denn eine qualifizierte Mehrheit hat dieses Programm gutgeheißen."

Einer der ersten Besucher schrieb von einem „gar prächtigen Saal mit einem Überfluss an Lichte". Dr. Tomaschek: „Damit hat er nicht nur die Fenster gemeint, sondern auch die Bücher und Fresken. Diese Zeit hat Licht ins Denken gebracht."

Eingefügt wurden die Schnitzereien von Josef Thaddäus Stammel, einem begnadeten Bildhauer in Diensten des Stiftes. Sein Universum des menschlichen Geistes, eine Monumentalarbeit, stand in der Mitte der Bibliothek. Anfang des 19. Jahrhunderts wurde es sicherheitshalber, wie man meinte, in das Museum gebracht. Beim großen Brand 1865 wurde es vernichtet, mit ihm der größte Teil des Klosters. Nur die Bibliothek wurde gerettet und mit ihr Stammels „Die vier Letzten Dinge", die Darstellung von Tod, Gericht, Himmel und Hölle. Die prominenteste Gestalt dieser Figurengruppe ist ausgerechnet der „Admonter Bibliotheksteufel". Mit dem Zwicker auf der Nase berichtet er als Vertreter der Anklage über die Verfehlungen der Menschen, über die er genau Buch geführt hat.

Baumeister des Bibliotheksaales war Joseph Hueber – als Einspringer. Sein Vorgänger Gotthard Hayberger hatte beeindruckende Pläne für den Umbau vorgelegt. Der Abt, dem eine umfassende Neugestaltung im Stilempfinden des Spätbarock vorgeschwebt war, hatte „fiat!" gesagt, und es war gebaut worden. An Referenzen konnte Hayberger Arbeiten in St. Florian und Seitenstetten vorweisen. Dr. Tomaschek: „Man hat dabei nicht durchschaut, dass er dort zwar ganz gut gearbeitet hatte, aber Pläne von so qualifizierten Architekten wie Jakob Prandtauer und dessen Schülern vorgelegen waren."

Laut Haybergers Idealplan hätte sich das Stift links und rechts der Kirche gleich weit nach Norden und Süden erstreckt. Das zur Enns hin abschüssige Gelände hätte ungeahnte Erdbewegungen notwendig gemacht. Aber dazu kam es nicht. Hayberger begann mit dem Nordtrakt an einer Stelle, wo bisher nur eine Mauer gestanden war. Man hatte aus gutem Grund

Architektur der Gegenwart als Ergänzung des Barock.

dort kein Gebäude hingestellt, denn der Boden erwies sich als geologische Problemzone. Kaum war der viergeschossige Trakt hochgezogen, senkte er sich, musste abgerissen werden und wurde wieder neu aufgebaut.

„Da hat man zehn, fünfzehn Jahre gebaut. Das hat wahnsinnig viel Geld gekostet", weiß der Archivar. „Die Leute spotteten bereits, dass die Äbte ihre Goldschätze dort eingemauert hätten, was ja stimmte, da stecken ja wirklich Hunderttausende Gulden drinnen. Die anderen haben gesagt, dass der Teufel dort drin sein müsse." – Was im 19. Jahrhundert eini-

Dieses Pluviale, eine Stickarbeit von Bruder Benno Haan, blieb vom Brand 1865 verschont.

ge junge Patres veranlasst hat, alte Heiligenfiguren schwarz anzustreichen. Sie stellten sie zur Ortschaft hin in die Fensternischen. Der Leibhaftige! Endlich hatten die Leute den Beweis für ihre Vermutung.

Jedes große Bauvorhaben in jedem Kloster ward und wird stets mit der Verherrlichung Gottes legitimiert, unabhängig von der jeweiligen Person, die sich damit ein Denkmal schaffen will. Wenn es, wie in diesem Fall, nicht als unsinnige Geldverschwendung gilt, sollte man nicht vom Gegenteil sprechen? Nur, was ist das Gegenteil von herrlich? Nichts anderes als dämlich. Unter diesen Vorzeichen ist es vor allem einem Männerkloster angeraten, mit abgenutzten Begriffen wie der Verherrlichung sparsam umzugehen. Auch Klöster haben sich eine moderne Sprache verdient.

Wie in jeder Schaubibliothek, steht man auch in Admont vor stummen Bücherrücken. Der künstlerische Leiter des Stiftes, Dr. Michael Braunsteiner, vergleicht sie mit einer vollen Festplatte. Wer darf, kann sie auch anzapfen, wie Dr. Josef Hasitschka. Als ein Kräutergarten angelegt wurde, vertiefte er sich in die reiche medizinische Literatur des Stiftes und erstellte aus alten Kräuterbüchern und Rezepten das Admonter Herbarium. Kräutlein für Kräutlein wird in diesem Buch zuerst im Holzschnitt gezeigt, im alten Druck wird seine überlieferte Wirkung beschrieben und mit modernem Kommentar ergänzt. Gegen alles ist ein Kraut gewachsen, „gegen das blöde Gesicht, gegen stinckenden Athem und gegen Schlangen und Scorpione Gift“.

Das Naturhistorische Museum wurde im Mai 2004 wieder eröffnet, ganz im Stil der klösterlichen Sammlung von 1906, ein Museum im Museum. Das erste naturkundliche Kabinett war 1865 im Stiftsbrand verloren gegangen. Kaum ein Jahr später hatte sich ein Novize beim Abt vorgestellt. Er wolle sich um die naturwissenschaftliche Sammlung kümmern, meinte der kaum Zwanzigjährige. Der Abt mag ob dieses Ansinnens angenehm überrascht gewesen sein und erteilte ihm den Auftrag „fiat!“ Und Gabriel Strobl machte sich an die Arbeit.

Die Stiftskirche wurde im 19. Jahrhundert als einer der ersten Kirchenbauten des Landes in neugotischem Stil wieder errichtet.

„Es wird für mich immer ein unlösbares Rätsel bleiben", sagt Dr. Jürgen Götze, Kustos des Naturhistorischen Museums am Benediktinerstift zu Admont. „Dieser Bursch kommt in den Kreis wesentlich älterer Mitbrüder, absolviert seine klerikale Ausbildung, danach das Studium der Naturwissenschaften, unternimmt in der Zwischenzeit Reisen nach Italien und erstellt dabei eine unglaubliche Sammlung zur Flora der Apenninenhalbinsel. Der ganze Dachboden ist voll mit Herbarien, die praktisch noch nicht geöffnet worden sind."

Eine Schatulle nach der anderen wurde zur Vorbereitung des neuen Museums bearbeitet, ausgeräumt, die Blumen vorsichtig aufgeklebt und dazu das von Strobl geschriebene Namensschild.

P. Gabriel Strobl war Gymnasiallehrer, ein Umstand, der das Phänomen Strobl für Dr. Götze noch unbegreiflicher macht: „Er muss mit einem Engagement, mit einer Intensität gesammelt haben, die ich einfach nicht verstehe. Er hat Pflanzen gesammelt, hat kreuz und quer durch Europa getauscht, war geschäftstüchtig und sparsam bis zum letzten Heller. Sein ganzes Geld hat er immer in das Museum reingesteckt, in die Vogelsammlung, in die Botanik, die Zoologie, und vor allem in die Entomologie, die Insektenkunde – das ist eine Fundgrube, wohin man greift."

Dr. Jürgen Götze, Kustos des Naturhistorischen Museums von Stift Admont, hat die Insektensammlung eingehend bearbeitet.

An die 252.000 Insekten wurden von Strobl säuberlich aufgespießt und beschriftet, davon 123.000 Käfer, 48.000 Fliegen, 33.000 Schmetterlinge, 30.000 Wespen, 13.000 Wanzen und einige Tausend Gerad- und Netzflügler.

„Wie kann ein Mensch in einem Leben das alles schaffen?"

Auf dem Gang vor dem Museum hängt ein Bild von Charles Darwin, für Dr. Götze der Beweis für die Aufgeschlossenheit der damaligen Äbte. „Die Kirche hatte zu den Naturwissenschaften nicht immer die glorreichste Verknüpfung. Die Entstehung des Lebens und seine Entwicklung kann für einige bis zum heutigen Tag ein Problem werden."

Admont besitzt die zweitgrößte naturkundliche Sammlung Österreichs, nur das Naturhistorische Museum in Wien ist größer. Der Grund für diese Sammelleidenschaft liegt für Dr. Götze im Wesen des Benediktinerordens: „Wenn man sich mit den künstlerischen, wissenschaftlichen und literarischen Ambitionen im Benediktinertum befasst, stolpert man ja sehr schnell darüber, dass in allen Klöstern unterschiedlich der Zeiten und des Engagements der Äbte und des zeitlichen Umfeldes in jedem Benediktinerkloster berühmte Sammlungen zusammengetragen wurden."

Nach dem großen Brand war Admont wieder aufgebaut worden, mit einer der ersten neugotischen Kirchen des Landes. Nur wenige Kunstschätze waren vom Feuer verschont geblieben. Um so aufmerksamer und vorsichtiger werden diese wenigen Kostbarkeiten behandelt. Ein überzeugendes Beispiel dafür sind die Paramente aus der Hand des Mitbruders Benno Haan.

„Ein begnadeter Künstler", sagt Dr. Tomaschek. „Er stammte aus Kopenhagen und kam um 1630 nach Admont. Als Sticker ist er in seiner Art unerreicht. Wo er es gelernt hat, wissen wir nicht. Er ist gekommen und hat angefangen zu sticken und gleich Meisterwerke geschaffen. Bis zum letzten Tag hat er gestickt; er ist über dem Wandbehang für die Kirche gestorben. Jedes Stück, das ausgestellt ist, stammt aus seiner Hand. So ein Ornat ist ja ein Riesenwerk, besteht aus der Kasel für den Priester, zwei Dalmatiken für die Diakone, aus dem Pluviale für den Zeremoniär, dem Himmel und der Mitra für den Prälaten, dem Manipel und der Stola."

In sechzig Jahren Arbeit sind fünf Ornate für Admont und einer für St. Lambrecht entstanden. „Diese Messgewänder werden natürlich nicht mehr getragen", will Dr. Braunsteiner festgehalten haben. „Gemeinsam mit der Restauratorin konnte das erwirkt werden. Bei stärkerem Licht fangen sie schon an, sich aufzulösen. An ein Tragen im Freien, womöglich im Regen, ist gar nicht zu denken. Jedes Manipulieren wäre eine Katastrophe. Unwiederbringliches Kulturgut würde vernichtet."

„Fiat!" sagt der künstlerische Leiter des Museums, und man hält sich dran und schließt langsam mit der Linie des neuen Museums Freundschaft.

„Variatio delectat", ist das Motto für Dr. Braunsteiner. „Vielfalt erfreut. Sie ist in Admont gegeben, im kontrastreichsten Museum Österreichs."

Ganz bewusst weist das Museum ein Zeitloch auf, zwischen 1800 und der Gegenwart: „Aus dieser Zeit ist nahezu nichts vorhanden. Davor ist die Bibliothek, wegen ihr werden die Bustouristen immer kommen, aber wir wollen ihnen mehr bieten."

Das Kloster war vor die Wahl gestellt, alte Kunst aufzukaufen und sich mit fremden Federn zu schmücken oder einen völlig neuen Weg zu gehen. Der Entschluss zum Neuen fiel gemeinsam, versichert Dr. Braunsteiner. „Klöster haben zu jeder Zeit aktuelle Kunst erworben und dadurch gefördert. Die Steiermark ist außerdem ein fruchtbarer Boden für zeitgenössische Kunst." Deswegen lag es nahe, sich in diesen Bereich hineinzuarbeiten.

„Ein ganz wesentlicher Teil ist auf die Gegenwartskunst aufgebaut. Sie ist nicht leicht verdaulich, aber das Echo nach den Führungen, bei denen alles gut erklärt wird, ist durchwegs positiv."

Dr. Braunsteiner hat aus dem Leben „vor dem Kloster" bereits einiges an Erfahrung im Kunstbetrieb mitgebracht; der Lernprozess ist aber noch lange nicht abgeschlossen. Das Selbstvertrauen, bei moderner Kunst ein ganz wesentlicher Faktor, ist vorhanden, und dazu Experten, die bei der Auswahl behilflich sind. Wichtig sind dem künstlerischen Leiter

Der Tod aus den „Vier Letzten Dingen" von Josef Th. Stammel.

die persönlichen Kontakte zu den Künstlern wie zu Hannes Schwarz (* 1926), dem ein Teil des Museums für eine ständige Ausstellung zur Verfügung gestellt wurde.

„Innenreise" nennt der Künstler sein Werk. Im Gespräch erweist er sich als glühender Vertreter der europäischen Idee und knüpft damit an die Tradition

Geheime Türen verbergen sich hinter Bücherrücken.

der Benediktiner an, die als Orden schon im Mittelalter über den gesamten Kontinent hinweg verstreut waren.

„Europa hat Jahrhunderte lang den Wahnsinn vorexerziert", sagt er zum Stichwort „Nationalitäten". „Nur die geistige Elite stand darüber."

Hannes Schwarz sieht sich als religiöser Mensch, jedoch nicht unbedingt im Sinne der Kirche: „Religionen sind grausam, weil sie sich eingebildet haben, die Wahrheit zu besitzen. Die Fähigkeit zur Toleranz ist eine menschliche Eigenschaft. Wo das Denken an Grenzen stößt, taucht die Sinnfrage auf, der Schritt zur Religion. Ludwig Wittgenstein hat gemeint, wo Worte versagen, beginnt das Zeigen. Meine Bilder sind ein solches Zeigen."

Er will sie nicht für den Augenblick geschaffen haben, und sie sollen für alle verständlich sein, für den Spezialisten genauso wie für den ganz einfachen Menschen.

Sein Anliegen zieht sich wie ein roter Faden durch die gesamte Ausstellung. Werner Reiterer macht Kunst für Blinde begreiflich, Lois Renner hebt in einem staffeleiartigen Fotoatelier das Problem der Tiefenschärfe auf und verknüpft die scheinbare Wirklichkeit der Bibliothek mit dem realen Schein unwirklich kleiner Alltagsgegenstände, Erwin Wurm hat in „Brothers & Sisters" zwei Admonter Mönche in durchaus ungewohnten Posen abgelichtet.

„Da zu sagen, es gäb' keine Offenheit, wird hier widerlegt, man kann mit allen alles reden. Ich könnte sonst nicht hier arbeiten", sagt Dr. Braunsteiner. „Der Besucher sieht die Ausstellung, die Klausur selbst kann er nicht betreten. Er soll aber hinausgehen und sagen, er war im Kloster und nicht in irgend einem Schloss. Deswegen vermitteln wir über die Kulturschiene die Spiritualität des Stiftes."

Als die einzelnen Stockwerke des Museums mit einer Außentreppe verbunden werden sollten, mussten die Stiftsherren erst überzeugt werden, dass sie als Gegenwartsmönche diese Einstellung auch nach außen hin zu zeigen haben. Mit einer Stimme Mehrheit wurde die Panoramastiege genehmigt, „fiat!" Sie wurde angelegt, mit einem eindrucksvollen Blick zum Nationalpark Gesäuse mit den mächtigen Bergrücken, die ihrerseits recht herablassend auf Stift Admont herunter schauen.

Literatur

Josef Hasitschka: Admonter Herbarium. Regensburg 2001 (Verlag Schnell & Steiner).

Bruno Hubl, Michael Braunsteiner: Innenreise. Admont 2002 (Benediktinerstift Admont).

Günter Morge: Das Naturhistorische Museum des Stiftes Admont (ohne weitere Angaben).

Johann Tomaschek: Stiftsbibliothek Admont. Ried im Innkreis 2003 (Kunstverlag Hofstetter).

Information

Stift Admont,
A-8911 Admont 1,
Tel.: 03613 / 2312-601,
E-Mail: kultur@stiftadmont.at,
Homepage: www.stiftadmont.at

Ein' feste Burg ist unser Gott...

Augustiner-Chorherrenstift Vorau

Die Kirchtürme als zwei hochgestellte Quader, trutzige Bastionen und Zinnen – das alles spiegelt das wehrhafte Wesen von Stift Vorau wider. Das Gründungsdatum 1163 selbst ist ein deutlicher Hinweis auf den Zweck, der mit dieser Anlage verbunden war. Ein nach Osten expandierendes Reich brauchte einen Vorposten, der den ausgesetzten Siedlern all das bieten konnte, was mit der Idee dieses Reiches verbunden war: Sie sollten einen Herrn haben, der ihnen Schutz gewährte, sie sollten in der Wildnis dieser kaum besiedelten Wälder ihres kulturellen Standes nicht verlustig gehen und, vor allem, sollten sie in der Religion ihrer Herren unterwiesen werden.

Markgraf Otakar III. von Traungau war der zuständige Verantwortliche des Reiches. Er war mit dessen Ausdehnung beauftragt, ließ dazu in der Gegend südlich des Wechsels (der Berg bekam diesen Namen erst viel später, aus damaliger Zeit ist keine allgemein gebräuchliche Bezeichnung überliefert) tüchtig roden und holte aus Salzburg und Seckau Augustiner-Chorherren, bewährte Seelsorger, zur Besiedlung seines Stiftes.

Propst Mag. Gerhard Rechberger zeigt auf ein Gemälde. Stift Vorau ist darauf unverkennbar als Burg ausgewiesen: „Dieser Teil der Steiermark war seit jeher Grenzraum", und führt mit diesem Satz in die Gegenwart. „Ein Bollwerk sind wir noch immer", sagt der Propst feierlich. „Aber ein Bollwerk oder, besser, ein Zentrum des Glaubens, des religiösen Lebens, der Seelsorge – mit dreizehn Pfarren, die von uns betreut werden. Mit unserer geographischen Nä-

Das mächtige Vorgebäude von 1619 empfängt die Besucher des Stiftes.

he zu den Nachbarn im Osten sind wir gleichzeitig eine Brücke; eine Funktion, die wir in der Zeit der europäischen Ostöffnung nicht genug herausstreichen können."

Die Kontakte, die das Stift vor allem mit den ungarischen Nachbarn verbinden, sind vielfältig.

„Wir waren bereits zu Einkehrtagen in Szombathely; die ungarischen Bischöfe haben in Vorau einen Kurs besucht. Der Wallfahrerweg von Ungarn nach Mariazell geht hier vorbei. Wir wollen darin eine Station sein. In unser Schigebiet in St. Jakob im Walde kommen immer mehr Gäste aus Ungarn. Um die Sprachbarrieren abzubauen, bietet unsere Handelsschule Ungarisch als Fremdsprache an."

Was diese Öffnung für das Stift bedeutet, lässt sich erst nach einem Blick in seine Geschichte einigermaßen einschätzen. In den bald 900 Jahren klopften beileibe nicht nur Freunde an das Tor. Die spätmittelalterliche Klosterburg war mit fünfzehn Türmen und einem Wassergraben befestigt; mit gutem Grund. Konstantinopel war gefallen, das Pendel schlug auf die andere Seite aus – mit dem Osmanischen Reich, das waffenklirrend gen Westen drängte.

Brunnen mit eiserner Laube aus dem Jahr 1635.

In den Ortsgeschichten der Gegend finden sich Türken- und Kuruzensagen mit mehr oder weniger günstigem Ausgang für die Bevölkerung. Stift Vorau hat standgehalten, bis in die jüngste Vergangenheit. In den Tagen des Zweiten Weltkrieges – das Stift war aufgehoben und enteignet – wurde es von den Nationalsozialisten in „Burg Vorau" umbenannt. In den Kampfhandlungen der letzten Kriegstage, unter denen das Wechselgebiet äußerst schwer zu leiden hatte, brannte es zur Hälfte nieder. Doch schon im Mai 1945 zogen die ersten Chorherren wieder im Stift ein und begannen mit dem friedlichen Auf- und Ausbau des Klosters, nicht nur von der Bausubstanz, sondern auch von der Spiritualität her.

Durch das offene Tor tritt man in den weiten Hof, geradeaus im Blick die Stiftskirche. Ihre nahezu schmucklose Front lässt kaum vermuten, dass sich dahinter Barock in einer kaum zu übertreffenden Fülle entfaltet. Jedes Fleckerl an den Wänden wurde bemalt, jedes Stück Holz – abgesehen von den Kirchenbänken – ist mit Blattgold überzogen, in der Apsis türmt sich ein riesiger Altar, auf dem es nur so von flatternden Putti (106 Stück!) wimmelt. Im ersten Moment scheint alles zuviel, zu überladen. Es braucht eine Weile, bis sich die Augen an einem der Details festsehen und sich von dort Blick für Blick weitertasten, bis zur Kanzel, die keinen braucht, der oben steht und herunter donnert. Ihr Bildprogramm allein ist schon eine Predigt ohne Worte, mit der Dreifaltigkeit, mit den beiden Frauen als Altes und Neues Testament und mit Szenen der Predigten Jesu, in Abwandlung von Markus 7,16: Wer Augen hat, um zu sehen, der sehe!

Dr. Ferdinand Hutz, Bibliothekar und für historische Belange im Stift zuständig, greift helfend in die Verwirrung ein und zeigt auf eine Wandschrift: „Zu keinem anderen Zweck als zur Ehre Gottes, so steht's dort, ist diese Pracht geschaffen worden. Eine Darstellung des Glaubens, nicht nur mystische Erfassung des Glaubens, sondern durch die Pracht symbolisiert."

Die Engelscharen sind das sichtbare Zeichen der Freude über die Aufnahme Mariens in den Himmel. Empfangen wird sie von der Dreifaltigkeit. Päpste,

In der Bibliothek des Stiftes Vorau sind tausend Jahre Buchgeschichte vertreten.

Sakristei der Stiftskirche: himmlische (oben) und höllische (unten) Gestalten von Cyriak Hackhofer.

Hochaltar: Engel tragen die Hüte der kirchlichen Würdenträger.

Kardinäle und Bischöfe, sauber ihrem Rang entsprechend angeordnet, flankieren das frohe Ereignis.

„Es ist ein großes, bis heute ungelöstes Rätsel der Kunstgeschichte." Dr. Hutz weist mit weiter Geste in den Altarraum: „Wie konnte man den berühmtesten Architekten seiner Zeit – Matthias Steinl hat hauptsächlich am Hof in Wien gearbeitet – dazu bewegen, in dieser Einschicht, man findet gar nicht leicht hierher, diesen Altar zu übernehmen? Wahrscheinlich war es das Glück des Tüchtigen. Die Türkennot war vorbei, der Kaiser hat nicht mehr so viele Steuern verlangt, dadurch sind die einzelnen Grundherrschaften entlastet worden. Also war Geld da und auch die Bauwut, die damit ausgelebt werden konnte, und weil zusätzlich Leute wie ein Prinz Eugen oder unser damaliger Propst die Liebe zu solchen Bauwerken hatten.

In Vorau, man muss es den Prälaten zugute halten, wurde diese Liebe primär in das Gotteshaus umgesetzt. Nichts anderes als das Gotteshaus, vorrangig! Alles zusätzliche Geld wurde für die Ausstattung der Kirche verwendet."

Parabolschale als „Sprechanlage" in der Bibliothek.

Die Innenhöfe im Prälaten- und im Klausurtrakt, der Lebensbereich der Chorherren, sind tatsächlich um vieles schlichter als die Kirche in ihrer Mitte.

Geklärt sind die Umstände, die den Maler Johann Cyriak Hackhofer nach Vorau geführt haben. In der Sakristei gab es noch leere Wand- und Deckenflächen. Die in der Kirche beschäftigten Maler hatten gehört, dass einer ihrer Kollegen in Wien gerade keine Beschäftigung habe, und empfohlen ihn dem Propst. Ab 1708 war er für das Stift und dessen Pfarren tätig. Er gilt als der bedeutendste Vertreter barocker Monumentalmalerei in der Steiermark.

In Hackhofers Hauptwerk an der Decke der Sakristei thront in sanften Farbtönen Christus auf dem Regenbogen, umgeben von Gestalten des Alten und Neuen Bundes. Doch unter seinen Füßen hält ein (ausnehmend hübscher) Engel das Buch, auf dem die gnadenlosen Worte „Hinweg, ihr Verdammten" stehen. Zur Seitenwand hin verdunkelt sich der Himmel, Blitze zucken auf, bis das Inferno in brennender Farbgewalt losbricht. Abschreckend sollten sie sein, abstoßend, die Gestalten der Todsünden, wie Mord, Spielsucht, Falschheit und Unkeuschheit. Eitle Frauen mit Perlen um die Nacken werden ebenso ins höllische Feuer gerafft wie der liederliche Musikant und das tratschsüchtige Weib.

Von Hackhofers Schüler Ignaz-Gottlieb Kröll stammen die Fresken in der Bibliothek. Bis heute, so wird versichert, wurde dieser Raum nicht renoviert und lässt dennoch keinerlei Spuren einer Alterung erkennen. Die Malereien und die architektonische Gestaltung werden in ihrer Qualität durchaus den Schätzen in den Regalen gerecht. Tausend Jahre Buchgeschichte sind hier vertreten, 415 Handschriften, zum Teil aus der eigenen Schreibschule, haben sich trotz des Brandes anno 1237 erhalten. Propst Bernhard II. hat die Bücher aus den Flammen gerettet, ist dabei aber selber umgekommen.

Eine Anregung für andere Bibliotheken könnten die beiden Parabolschalen sein, die an den Schmalseiten der Bibliothek einander gegenüber stehen – eine akustische Spielerei. Flüstert man genau in die Mitte einer dieser Schalen, versteht man an der anderen Schale gegenüber jedes Wort – aber kein anderer im Raum hört etwas, und niemand wird gestört.

„Die Vorauer Schreibschule ist insofern bemerkenswert, als der byzantische Stil mit jenem der Salzburger Schule, wo unsere Buchmaler ausgebildet worden sind, vermischt wurde", erklärt Dr. Hutz. „Das ‚Vorauer Evangeliar' zeigt es deutlich auf: traumhafte Farbharmonie hat sich seit dem 12. Jahrhundert bis heute in unglaublicher Leuchtkraft erhalten. Dazu kommt eine regionale Eigenständigkeit, in der die Farben weitaus intensiver gestaltet sind als in der Salzburger Buchmalerei, die blasser ist."

Die Seite mit dem Bild des Evangelisten Johannes zeigt dennoch deutliche Spuren der Abnützung. Schuld daran sind Chorherren selber. Wenn einer von ihnen die ewigen Gelübde ablegt, leistet er seinen Schwur auf den Johannesprolog. Beim Sprechen der Professformel legt er den Schwurfinger auf das Bild des Johannes, und zwar auf die Oberschenkel. Propst Mag. Gerhard Rechberger verweist auf Genesis 24,2, wo Abraham den Ältesten seines Hauses auffordert: Leg deine Hand unter meine Hüfte! „Ein Eid, der eigentlich bei den Genitalien erfolgt, dem Sitz der Zeugungs- und Lebenskraft." In der Aufregung dieses feierlichen Momentes kann es passieren, dass die Hand vom Schweiß feucht ist und damit die Farbe angegriffen wird.

Die Vorauer „Volksbibel" stammt aus 1467. Dr. Hutz schlägt dazu ein Faksimile auf: „Von den noch rund hundert erhaltenen deutschsprachigen Historienbibeln ist sie diejenige, die mit dem reichsten Buchschmuck ausgestattet ist. Sie enthält nicht den übersetzten Bibeltext nach der Vulgata. In dieser Volksbibel sind Historien eingearbeitet. So wird der Kampf der Amazonen geschildert; es wird erzählt, wie die Ägypter den aus dem Nil emporsteigenden Apis-Stier anbeten, und im Buch Genesis wird die Gründung Roms mit hinein verarbeitet. Heute wäre es unvorstellbar, dass in einer normalen Bibelausgabe plötzlich diese Geschichten auftauchen. Aber der Autor zeigt damit, dass er sich in der mittelalterlichen Literatur ausgekannt hat."

Dr. Hutz begeistert sich an der bunten Vielfalt von gezählten 599 sorgfältig kolorierten Federzeichnungen: „Sie stellen den eigentlichen unschätzbaren Wert dieses Buches dar. Diese Bilder vermitteln uns eine anschauliche Vorstellung von der Glaubenswelt der Menschen des ausgehenden Mittelalters, von ihren Lebensgewohnheiten bis zur Mode."

Beide Bücher, das „Evangeliar" und die „Volksbibel", sind weltbekannt, genauso wie die „Vorauer Handschrift", die älteste frühmittelhochdeutsche Sammelhandschrift geistlicher und weltlicher Dichtungen, geschrieben um 1190 von Propst Bernhard I. Neben einer poetischen Kaisergeschichte von Julius Caesar bis zum zweiten Kreuzzug, der sogenannten „Kaiserchronik", enthält die Handschrift eine literarische Kostbarkeit: drei Gedichte von Frau Ava, der ersten namentlich bekannten Dichterin deutscher Sprache.

Weniger bekannt ist ein Spezifikum der Vorauer Handschriftensammlung: „Lumen animae – Licht der Seele", Codex 130, mit den ältesten ikonografischen Darstellungen der sieben Laster und sieben Tugenden. „1332 geschrieben, vom Vorauer Chorherrn Gottfried." Dr. Hutz macht eine kurze Pause, um das Gesagte mit einem Nachsatz zu unterstreichen: „Keine andere Bibliothek der Welt kann eine solche Buchmalerei vorweisen."

In der Liebe der Vorauer Chorherren zu den Büchern und zur Gelehrsamkeit allgemein sieht Dr. Hutz auch den Grund, dass das Stift nicht von Joseph II. aufgehoben wurde: „Im Bildungswesen hatte es eine führende Stellung. Das Stift hatte in ganz Innerösterreich die am besten eingerichtete Schule. In Vorau, in Graz und in Admont wurden die Lehrer für die Pfarrschulen ausgebildet. Wir hatten damit nach heutigem Begriff also eine Lehrerakademie. Joseph II. hat es als so großartig empfunden, dass das Stift für die Allgemeinheit etwas tut, dass er es bestehen ließ. Deswegen habe ich ihn in meinem Arbeitszimmer im Stift hängen – er ist mein Freund."

Ein anderes Argument für das Bestehenbleiben des Stiftes dürfte die zu jener Zeit offenbar auch bei Hof bekannte Mittellosigkeit gewesen sein.

„Vorau hat damals wissenschaftlich geblüht. Materiell war es nicht reich", stellt Dr. Hutz fest, denn ein Untergymnasium, das man dem Stift 1802 aufzwang, musste wegen Geldmangels bald darauf wieder geschlossen werden.

Mit dem Bildungshaus, das ein breites Programm zur spirituellen, aber auch gesundheitlichen Weiterbildung anbietet, wird der Lehrauftrag im Heute fortgesetzt.

Von all den Vorauer Chorherren, die wissenschaftlich oder künstlerisch tätig waren, ist Ottokar Kernstock wohl eine der bekanntesten, jedoch auch umstrittensten Erscheinungen. An nahezu jeder Aussichtswarte im Wechselgebiet findet sich eines seiner

Festenburg: Fegefeuer und Geißelung; Details aus der eindringlichen Leidensgeschichte des Herrn.

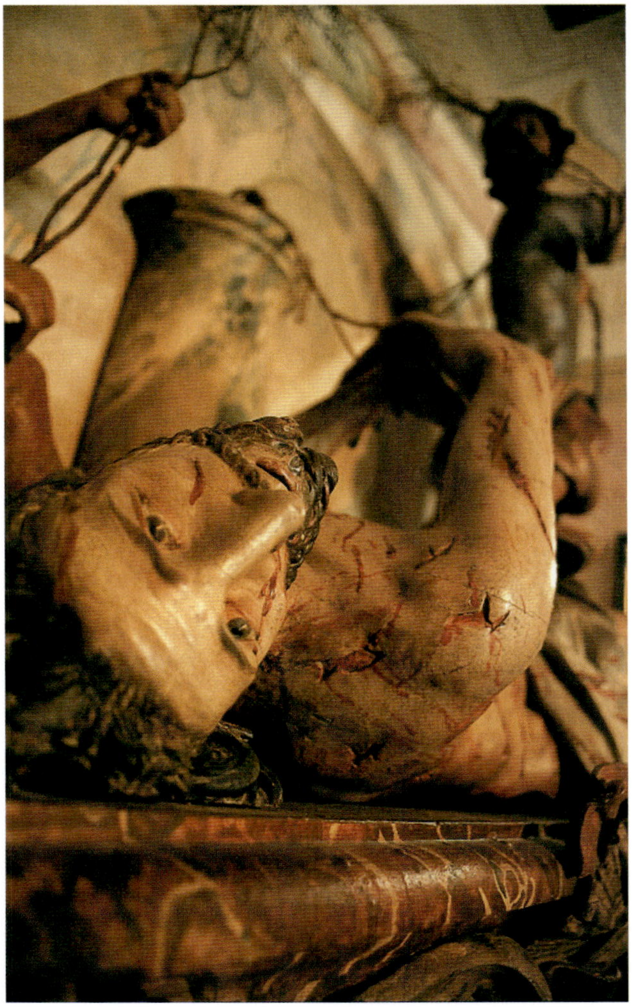

pathetischen Gedichte. Er ist Verfasser eines „Kaiserliedes" und der ersten österreichischen Bundeshymne, aber auch des berüchtigten „Hakenkreuzliedes", dessen Verwendung er sich später verbeten hat. Nach seinem Tod im Jahre 1928 wurde es jedoch von der nationalsozialistischen Propaganda in Beschlag genommen.

Kernstock war Pfarrer in Festenburg, einer kleinen Ortschaft am Wechsel. Sein Nachfolger ist Sighard Schreiner, ein Geistlicher, der redet, wie ihm der steirische Schnabel gewachsen ist:

„Haben Sie die Kugeln am Eingang bemerkt? Nein? Nur die geköpfte Dame? Nichts davon darf man übersehen!"

Die Kugeln erinnern an zwei Türkenbelagerungen. Der Pfarrer lacht: „Sie haben vor der Burg gezeltet. Aber dazu ist es hier ein wenig zu ungemütlich. Wenn's vom Wechsel kalt herabweht, beißt's in der Nacht auch im Sommer ordentlich. Und der Winter, der dauert da heroben schon ein wenig länger als unten. Die Festung war notwendig, weil die Türken die Leute zu den Janitscharen zwangsrekrutiert oder für den Sklavenmarkt gefangen haben. Sie hat gehalten."

Die Dame ohne Haupt ist die Patronin der Pfarre, die hl. Katharina von Alexandrien. Ihr gegenüber

Memento mori! Verblüffende Scheinarchitektur in der Ölbergkapelle.

steht die Figur des Heilands, der das Kreuz umfasst. Beide bilden den Auftakt zu einer mehr als ungewöhnlichen, streckenweise makabren Leidensgeschichte des Herrn. In einem Kranz von Kapellen wird von der Geburt an bis zur Auferstehung in eindringlichen Malereien (Johann Cyriak Hackhofer) den Pilgern die innere Umkehr nahegelegt. Nicht gespart wurde dabei an Blut, Totengerippen und erbaulichen Sprüchen, mit denen die hl. Katharina den Rundgang begleitet: „Wann traurig schon allhier, wann sonne untergehet, ganz glorreich sie danach vom Toten auferstehet, *oder:* Der Weg zum Freiden ist Greiz und Leiden, *oder*: Vill glickh! ihr gehet nun zum todt den Sigerkranz zeiget euch than Gott!"

Verblüffend plastisch wirkt die allgegenwärtige Scheinarchitektur. Die illusionistische Malerei reicht von der an die Wand gemalten Tür mit echtem Eisenring bis zum Himmel, den man von jeder Kapelle aus sehen kann.

„Aber immer auf eine andere Art, zum Beispiel in der Rauchkuchl mit Mariä Verkündigung", der Pfarrer zeigt auf das – natürlich nur gemalte – Loch in den zerbrochenen Brettern an der Decke. Nobler wird der himmlische Durchlass im nächsten Raum: „Für das Deckenfresko in der Krippenkapelle mit den Fußwärmern." Er meint damit die Engel, die sich zu Füßen von Gott Vater tummeln.

Die Geißelung mit einem bleichen gemarterten Leib Jesu ist ein Seitenhieb auf die damals (nach 1709) noch lebendige Erinnerung an die streifenden Türkenscharen in der Gegend. „Statt der Römer hauen türkische Soldaten auf ihn ein."

Seit 1616 gehört Festenburg zu Stift Vorau und war ein vielbesuchter Wallfahrtsort und Alterssitz der Vorauer Chorherren. Im Sommer wohnt der jetzige Pfarrer ebenfalls heroben; im Winter zieht es ihn aber doch zurück in die große, etwas komfortablere Festung von Stift Vorau.

LITERATUR

ERNST BRUCKMÜLLER (HG.): Personenlexikon Österreich. Verlagsgemeinschaft Österreich-Lexikon. Wien 2001.

FERDINAND HUTZ: Einführung in die Vorauer Volksbibel. Graz 2003 (Akademische Druck- und Verlagsanstalt).

OHNE AUTORENANGABE: Augustiner-Chorherrenstift Vorau. Augustiner-Chorherrenstift Vorau (Hg.).

OHNE AUTORENANGABE: Festenburg. Propst Rupert Kronleitner (Hg.), Vorau.

INFORMATION

Augustiner-Chorherrenstift Vorau,
A-8250 Vorau, Tel.: 03337 / 2351–0,
E-Mail: info@stift-vorau.at,
Homepage: www.stift-vorau.at

„Weil er g'wonnen hat!"

Benediktinerabtei Seckau

Selten triumphiert die Romanik so spürbar über jeden Versuch, das besinnliche Dunkel eines Kirchenraumes aufzuhellen. Die Gotik entfaltet sich erst im Nebenraum, in der Bischofskapelle. Renaissance und Barock begnügen sich mit dem düster grauen Marmor eines vergitterten Mausoleums. Ob es mangelndes Geld war oder guter Wille der Bauherren, wird nicht entschieden. Den barocken Hochaltar gibt es nicht mehr. Dem Chorraum wurde seine ruhige Würde zurückgegeben. Nach den Anweisungen des Architekten Clemens Holzmeister wurde 1964 die Kreuzigungsgruppe aus 1160/1200 installiert, hoch oben im weichen, gebrochenen Licht des schmalen Fensters in der Apsis.

Schmerz sucht man in den sparsamen Linien der Figuren vergeblich. Der Gekreuzigte weiß, weshalb er da oben hängt, weshalb er den Tod auf sich genommen hat. Maria und Johannes haben es begriffen. Sie schauen zu ihm auf, fast gelassen, ohne große Gebärden. Die Botschaft dieses Kreuzes ist Gewissheit, Verlässlichkeit. „Du bist durch mich erlöst!" Wovon? „Von dieser ewigen Ungewissheit, was mit dir passiert, jetzt und nachher." Was nachher? „Nach dem Tod, den ich hier für alle gestorben bin." Geschichten! Alles nur Geschichten vom Weiterleben! Nach dem Tod ist der Tod! „Mir kannst du trotzdem glauben!" Wenn nicht? Bleibt sich egal. Ich will das Leben hier auf Erden und nicht erst später. So, wie es jetzt läuft, macht es mir Angst! Hast du dort oben überhaupt eine Ahnung vom Leben? „Schau ganz

Die gotische Margareten- oder Bischofskapelle mit dem Mariä-Krönungsaltar aus der Zeit um 1507.

„Maria mit der Nelke". Detail der Predella des Mariä-Krönungsaltars.

„Der Judaskuss", graues Barock im Habsburger-Mausoleum in der Stiftskirche.

einfach herauf! Mehr als sterben kann man nicht. Glaub an die Kraft der Niederlage! In meiner Niederlage habe ich für euch alle gesiegt!"

Der ehemalige Bischofssitz leiht seinen Namen noch heute dem Bistum Graz-Seckau. Mit der Wichtigkeit der Augustiner Chorherren, die in diesem Kloster residiert haben, können sich die Benediktiner nicht vergleichen. 1883 wurden heimatlose Mönche des Stiftes Beuron in die Steiermark geholt und ihnen mit dem aufgelassenen Stift zumindest ein Dach über dem Kopf gegeben. Die Bücher und wertvollen Archivalien befinden sich bis auf wenige Ausnahmen in Graz. Auf die eminente Bedeutung der mittelalterlichen Schreibstube, in der vor allem die Damen des angeschlossenen Chorfrauenstiftes gearbeitet haben, und auf die Zeugnisse früher deutscher Literatur wie

Im Kreuzgarten darf sich die Natur entfalten.

Aufgang zur Engelkapelle, dem Schauplatz der „Apokalypse“ von Herbert Böckl.

die „Seckauer Mariensequenz“ kann man nur bei der Führung verweisen.

Man kämpft sich durch. Eine junge Mannschaft weltlicher Angestellter besorgt die Wirtschaft und sucht nach Möglichkeiten, Seckau für Besucher interessant zu machen. Geboten werden feines Handwerk aus der klostereigenen Tischlerei und Goldschmiedearbeiten des kunstfertigen Paters Bernward Schmid – er hat Bischofsstäbe gefertigt, unter anderem für Kardinal Christoph Schönborn, und arbeitet nach wie vor, trotz seiner 80 Jahre, an Entwürfen. Der Klosterladen wurde umgekrempelt: statt Kitsch und Kram werden Vollwertsachen, wie Zwieback, Kräutertees und Klosterapfelbrand, als Souvenirs angeboten. Die Menschen sind eingeladen, nach Geschmack und Willen in die Welt der Mönche einzutauchen, für ein paar Stunden, für ein paar Tage genauso wie für einige Wochen.

Nach wie vor gilt eine Ausstellung als sicherer Magnet. Wo es aber an Kunstschätzen mangelt, müssen Ideen her. Ein besinnliches Motto kostet nichts und lässt sich mit dem wenigen Vorhandenen zu einem sehenswerten Rundgang verbinden. Pater Severin Schneider stellt dafür gerne seine private Sammlung teils historischer Fotoapparate zur Verfügung.

Seit 1950 ist er Mönch in Seckau. Man sieht ihm die Jahre nicht an, wenn er behende unterwegs ist und mit einer winzigen alten Kamera auf einem riesigen Stativ in der Kirche Probeaufnahmen macht.

„Leider, damals habe ich noch nicht fotografiert“, sagt er, wenn die Rede auf Herbert Böckl kommt. „Er hat immer wieder Gemaltes heruntergeschlagen, verändert. Vom Entwurf ist nicht viel übrig geblieben. Am Schluss gab es nur mehr Skizzen, und die hat er weggeworfen.“

Von 1952 bis 1960 hat Prof. Herbert Böckl an der „Apokalypse“ in der Engelkapelle gearbeitet. Es wird ihm nachgesagt, dass er damit das Schulgeld für seine Kinder abgedient hätte.

„Er hat nicht viel verdient und eine Menge Kinder gehabt“, bestätigt P. Severin das Gerücht. „Angeblich hat er so lange daran gearbeitet, bis die Kinder mit der Schule fertig waren.“

Über solcherlei Belanglosigkeiten wurde offenbar selten gesprochen, viel eher über die Deutung des entstehenden Werkes.

Böckl: „Man kann die Apokalypse nicht illustrieren, man muss sie auswendig lernen, weglegen und malen.“

Severin: „Ich glaub', er hat sie wirklich auswendig gekonnt. Und das zweite, was er in einem Brief geschrieben hat…“

Böckl: „Es muss verhüllt sein, damit es sein kann. Ich kann Dankbarkeit nicht direkt zeigen, ich kann Auferstehung nicht direkt zeigen, Gnade, Vergebung oder Schuld nicht direkt zeigen, man muss irgend eine Hülle dafür verwenden.“

Severin: „Guten Kontakt hatte er zu Pater Benno Roth, der eine Deutung seines Werkes geschrieben hat.“

Böckl: „Sie können mit der Sprache umgehen, ich kann mit Sprache nicht umgehen, ich male.“

Severin: „Für ihn war es die einzig legitime Art, etwas zu erklären.“

„Apokalypse", Ausschnitt der Szene der Bekehrung des Äthiopiers durch Philippus aus der Apostelgeschichte.

Was Böckl mit den vielen abgeschnittenen Köpfen und mit den Fesselungen gemeint haben könnte, bleibt eine offene Frage. Für die Heuschreckenplage hat P. Severin seine persönliche Antwort gefunden: „Als Student habe ich die Bombardierung von Wien miterlebt. Die Leute haben zu den Flugzeugen gesagt, das sind die gepanzerten Heuschrecken."

Die Apokalypse ist bei oberflächlichem Hinsehen ein Buch voller Katastrophen, ein sich steigerndes Inferno. Schreckliche Ereignisse werden allzugern als eine dieser Erscheinungen gedeutet. P. Severin: „Gift wird verspritzt, die Flüsse färben sich blutig, und die Fische und Bäume sterben. Das heißt, wir sind in einer apokalyptischen Zeit. Wir sind es immer! Man kann die Plagen nicht abhaken, eine nach der anderen. Jede Zeit hat ihre Schrecken. Die Apokalypse ist vielmehr ein Trostbuch. Es wurde für die frühen Christen geschrieben. In einer Zeit der Verfolgung hat man ihnen damit gesagt, es könnte noch schlimmer kommen. Die Katastrophe jetzt ist noch nicht alles. Die Erlösung, sagen Theologen, die Rettung ist transhistorisch, unabhängig von der Geschichte, ob jetzt mehr oder weniger Leute in die Kirche gehen, ob Bischöfe oder Päpste gute Figur machen, das möchte die Apokalypse sagen: Wenn es noch so schlecht steht, die Möglichkeit für die Erlösung, für die Errettung, für das ewige Leben ist davon nicht abhängig."

Deswegen hat Böckl helle Farben verwendet. Der Kunsthistoriker und erste Direktor des Museums des 20. Jahrhunderts, Werner Hofmann, schreibt schon 1954 von einer „fremdartigen Erscheinung. Fremdartig, weil der Besucher verblüfft ist von so viel starker, mediterraner Farbensinnlichkeit." Das Lamm tanzt, König David ist ein Harlekin, und der eigene Kopf, den der enthauptete Dionysius in Händen hält, schaut beinahe pfiffig an seinem Körper hoch.

P. Severin: „Wir bleiben stehen bei den Schauergeschichten. Das beeindruckt die Leute. Die eigentliche Botschaft ist: Es kann passieren! Darauf müsst ihr euch gefasst machen!"

Böckl hat mit dem gängigen Pathos gebrochen und reicht, wie Hofmann schreibt, an die Ursprünge der abendländischen Wandmalerei, in die romanische Formenwelt des mittelmeerischen Kunstraumes zurück. Romanik, wie sie von Holzmeister neu zur Geltung gebracht wurde, und Gegenwartskunst haben zueinander gefunden.

Severin: „Wenn man Böckl gefragt hat, warum sein Weltenrichter lächelt, dann hat er in einem Satz die ganze Apokalypse zusammengefasst."

Böckl: „Weil er g'wonnen hat! Das Gute, die Auferstehung siegt, nicht die Gauner und Falotten setzen sich durch, das Böse wird nicht am Schluss sein. Es gibt eine Auferstehung."

Literatur

Werner Hofmann: Herbert Böckl, Seckauer Fresko. In: Herbert Böckl, Die Apokalypse, Wien 1983 (Verlag Christian Brandstätter).

Othmar Stary: Benediktinerabtei Seckau. Seckau 1999 (Benediktinerabtei Seckau).

Information

Benediktinerabtei Seckau,
A-8732 Seckau 1, Tel.: 03514 / 5234-0,
E-Mail: verwaltung@abtei-seckau.at,
Homepage: www.abtei-seckau.at

„Papier ohne Wert…“

Zisterzienserstift Rein

„Bücher sind Papier ohne Wert“, behauptet provokant Pater August Janisch, Kulturreferent von Stift Rein. „Unsere dreihundert Handschriften bringen nur Ausgaben, horrende Kosten für die Erhaltung, für die Lagerung im Tresor und für die wissenschaftliche Bearbeitung.“

Verkaufen kommt selbstverständlich nicht in Frage. Die Handschriften müssen im eigenen Haus versilbert werden. P. August: „Wir machen die Leute darauf neugierig.“

Stift Rein hat die Landeshauptstadt der Steiermark vor der Tür, die Kulturhauptstadt Graz, in der ein guter Teil des Potenzials steckt, aus dem sich die Besucher des Stiftes rekrutieren. „Die schönsten Seiten des Mittelalters“, lautet der Slogan, der zur Wertschöpfung beitragen wird. Die Schreibstube, die Methoden des Büchermachens, die Materialien und die Mühseligkeit, mit der eine solche Handschrift entstanden ist, jeder Punkt für sich steht in spannendem Gegensatz zum Heute, kann nur aus der Gesamtheit eines Klosters verstanden werden. Das Stift war ein in sich geschlossener Wirtschaftsraum, abseits von den großen Städten und doch nicht zu weit entfernt von den Menschen. Im Kloster wurde alles selber hergestellt, die Buchdeckel aus Buchenholz (das Wort „Buch“ leitet sich zwar vom Buchenholz ab, gemeint waren aber die gebundenen Holzplatten, auf denen geschrieben wurde), die Tinte wurde an Ort und Stelle kreiert, das Vieh für das Pergament hat man im eigenen Betrieb gezüchtet und die Häute für das Leder der Einbände gegerbt – nicht zu vergessen die

„Bücher sind Papier ohne Wert…“ – Das „Musterbuch“ aus der Schreibstube des Stiftes Rein.

Die Bücher sind oft mehr als achthundert Jahre alt (oben). – Schwungvolles Barock in der Stiftsbibliothek (rechts).

Gänse, die man wegen der Federn gerupft hat. Für all das war schon eine Menge Handwerker und Gesindeleut' notwendig, dann die Schreiber, die nicht unbedingt lesen konnten, die deswegen Aufpasser brauchten, die Korrektoren, dazu die Illuminatoren, schließlich die Buchbinder. Man begegnet ihnen allen auf dem Weg durch die Bibliothek des Stiftes.

„Aber zahlt uns was dafür, dann haben die Sachen auch ihren Wert!" sagt P. August und hat den nötigen Anreiz dafür geschaffen: „Weil wir natürlich niemanden in unseren Handschriften blättern lassen, haben wir die beiden bedeutendsten Bücher digitalisiert. Man kann im Computer eine Seite nach der anderen aufschlagen, hört dazu die Erklärung und kann sie gegen Einwurf von drei Euro ausdrucken. Was sind drei Euro für eine Seite mittelalterlicher Buchkunst? Ein heutiges Buch wird nach ein paar Jahren verramscht oder eingestampft. Unsere Bücher sind achthundert Jahre alt und noch älter."

Pater August Janisch war Pfarrer in Hartberg, bekannt für seinen kompromisslosen Einsatz für Flüchtlinge. Er wurde eines der Opfer der Briefbombenserie des Franz Fuchs am 3. Dezember 1993. Seit einigen Jahren ist er Zisterziensermönch des Stiftes Rein.

Sein Kloster wurde 1129 von Markgraf Leopold I., dem Starken, gegründet, als 38. Zisterze und Mutterkloster unter anderen von Stift Wilhering und Stift Neukloster in Wiener Neustadt. Nach der Tradition dieses Reformordens wurde das Stift in ein Seitental der Mur gesetzt, wo es Bäche gab, die für Mühlen und Schmieden genutzt werden konnten. Deren Wasser dürfte aber für die vielen Betriebe zu wenig gewesen sein. Die Zisterzienser wussten sich zu helfen, in einer für anno 1200 gewaltigen Ingenieurleistung. Sie haben das Wasser aus einem Nebental in einem Tunnel durch den Ulrichsberg auf ihre Seite herüber geleitet. Den Tunnel gibt es noch, P. August Janisch hat ihn begangen. Die Idee, den Wasserlauf zu aktivieren und Fischteiche anzulegen, ist geboren und wäre letztlich ein weiterer gewinnbringender Rückgriff auf die Ordenstradition. Wasserwirtschaft spielt bei den Zisterziensern seit jeher eine große Rolle.

Wallfahrtsorte waren eine weitere Einnahmequelle. Wie weit dies in unserer Zeit für Straßengel zutrifft, mag offen bleiben. Für den Pfarrer, Zisterzienserpater Paulus Baumann, liegt der Gewinn auf einer ganz anderen Ebene: „Die Leut' kommen von weit und breit, sehr viele. Und wenn der eine oder andere zu mir sagt, dass er sich wieder Kraft g'holt hat, dann war's es."

Am Eingang liegt ein Heftchen auf, das ausführlich dieses Kleinod der Gotik vorstellt. Man sollte sich Zeit nehmen für die vielen bau- und kunsthistorischen Sensationen, die sich in der Kirche und vor allem im Turm finden, wie das Tympanon am Westportal mit der „Verkündigung an Maria", am Turm die Konsolenköpfe, die lebensgroßen Steinfiguren „Maria und die sieben Engel" aus der Apokalypse und die tiergestaltigen Wasserspeier, die Unheil abwehren sollen. Stolz ist der Pfarrer auf die neue Orgel, mit der seit 1995 seine Pfarr- und Wallfahrtsgottesdienste umrahmt werden. Und das Lied „Das Kirchlein am Berg von Straßengel", ein Schlager aus den fünfziger Jahren, freilich kennt er es: „Der Komponist war ein ganz einfacher Mensch, der nicht einmal

In der Wallfahrtskirche Straßengel, einem Kleinod der Gotik.

die Noten gekannt hat. Der Franz – ich muss kurz nachdenken – Gspurning, ja, so hat er geheißen, hat das immer gesungen, bis es einer aufgeschrieben hat. Die Noten kriegen Sie beim Organisten." Er summt den Refrain: „Oh, du Kirchlein am Berg von Straßengel, deine Glocken sind ein Stück von deinem Glück."

Das vielbesuchte Gnadenbild ist „Maria im Ährenkleid". Das um 1430/40 gemalte Tafelbild wurde jedoch 1976 gestohlen und 1978 durch eine von Gottfried Höfler gemalte Kopie ersetzt.

Genauso viel Verehrung erfährt das Wurzelkreuz. Im Jahr 1255 soll es ein Hirte in einer Tanne vor der Straßengler Kapelle gefunden haben.

„Nix wurde dran geschnitzt, keine Holzfaser ist durchschnitten", behauptet Pater Paulus. „Ein Künstler hat es untersucht, und er hat g'sagt, dass er bald was g'funden hätt', nämlich den Glauben seiner Mut-

Susi, die Kirchenkatze.

Das Wurzelkreuz von Straßengel.

Pieta im Tympanon des Südportals.

ter. ‚Leich mir's noch einen Tag', hat er g'sagt, ‚und ich find' ihn ganz.'“

Das Wurzelkreuz, das tatsächlich verblüffend wie eine Darstellung des Gekreuzigten aussieht, hat sich selber ein Mysterium geschaffen.

„Es war in den siebziger Jahren g'stohlen. Eines Tages läutet es, schau' ich runter, steht einer unten von der Kripo. ‚Paulus, kumm owa, ich hab Sprengstoff für di', sagt er. I saus' owi, schau' in die Taschn, liegt wirkli' der Sprengstoff drin, des Wurzelkreuz. Hat einer ang'rufen bei der Forstverwaltung, wenn's Lust habt's, könnt's des Kreuz wieder hobm. Mei Chef kann's net braucha, hätt er g'sagt. Das Kreuz is' wieder z'rückkommen, es kommt immer wieder z'rück, ob's da g'wesen ist oder da.“

Es steht am Volksaltar, frei sichtbar für jeden Wallfahrer. An diesem Nachmittag wurden jedoch zwei Reihen von Kerzen davor gestellt. Der Pfarrer hat noch ein Begräbnis zu zelebrieren: „Die alten Leute sterben aus unserer Pfarre weg. Straßengel ist beinah' schon ein Übernachtungsquartier von Graz. Den Pfarrer brauchen's aber trotzdem, vielleicht so viel mehr.“

Bevor er in die Sakristei geht, um sich für den Gottesdienst umzuziehen, muss er mit streng erhobenem Zeigefinger einer ungewöhnlichen Kirchenbesucherin noch gut zureden, dass sie während der Messe hinaus gehe.

„Der Nachbar hätt' die Katze einfach daheim eingesperrt. Bei aller Liebe, das geht nicht. Also hat er sie raus gelassen, seitdem ist Susi eben unsere Kirchenkatze.“

Literatur

Marianne Gerstenberger: Die Wallfahrtskirche Maria Straßengel bei Graz. Salzburg 1997 (Verlag St. Peter).

Paulus Rappold (Hg.): Stift Rein 1129–1979. 850 Jahre Kultur und Glaube. Festschrift zum Jubiläum. Rein 1979.

Information

Zisterzienserstift Rein,
A-8103 Rein, Tel.: 03124 / 516 21-0,
E-Mail: info@stift-rein.at,
Homepage: www.stift-rein.at

Ecclesia in silva

Benediktinerabtei St. Lambrecht

Von Murau nach St. Lambrecht herein behauptet sich links und rechts der Straße selbstbewusst der Forst gegen die schüchtern anmutenden Versuche, ihm mühsam Ackerland und zumindest ein paar Flecken Wiesen fürs Viehfutter abzuringen. Zwar liegt das Stift nicht hinterm Wald, ist aber davon umgeben und hat das Beste daraus gemacht: eine Kulturlandschaft, die mit Fug und Recht als eigene Schöpfung bezeichnet werden kann.

„Nach damaligen Vorstellungen war ein abgelegenes Waldgebiet für eine Klostergründung ideal", begründet Pater Benedikt Plank OSB, der Archivar des Stiftes, die versteckte Lage. „Aus den Reformbewegungen jener Jahre heraus war die Abgeschiedenheit eines Klosters erwünscht. Möglich war es, weil trotz der Höhenlage die Gegend klimatisch begünstigt ist."

Kein Kloster kann so abgelegen sein, dass es nicht über die Jahrhunderte im Brennpunkt des historischen Geschehens stünde wie eben St. Lambrecht. Dessen Umgang damit ist überaus erzählenswert; es geht darin so herrlich menschlich zu, so verständlich irdisch, in einer Umgebung, die sich in erster Linie als Botschaftssitz des Himmelreiches versteht.

Bis zum offiziellen Beginn des Stiftes, der kaiserlichen Bestätigung 1096, hatte es an dieser Stelle eine „ecclesia sancti Lamperti in silva" (Kirche des hl. Lambert im Walde) gegeben, erwähnt in einer Urkunde, die um 1060/1063 datiert wird, in der es unter anderem um den Tausch von Zehentrechten und Gütern zwischen dem Erzbischof von Salzburg und dem Herzogssohn Markward dem Eppensteiner geht.

Mit der Ausbreitung des Heiligen Römischen Reiches Anfang des zweiten Jahrtausends wurde auch der

Ruhe finden in der Natur um St. Lambrecht…

Die mächtige Bastei von 1764.

Weingarten Gottes bis in den letzten Winkel aufgeteilt. Kirchen zu besitzen, war eine durchaus einträgliche Sache. Zu einem mächtigen Dynastengeschlecht wie dem der Eppensteiner gehörten überdies ein religiös-geistiges Zentrum und eine würdige Grablege, kurz gesagt: ein Kloster, das exemt war, also vom Bischof unabhängig und dem Papst direkt unterstellt. Um ein solches Vorhaben durchzusetzen, bedurfte es außergewöhnlichen politischen Einflusses. Über diesen scheinen erst die Söhne des erwähnten Markward verfügt zu haben, als sie für ihre Familie den Kärntner Herzogshut, der mit ihrem Vorfahren Adalbero verloren gegangen war, zurück erlangten.

Die Markwarde – sie wurden später nach der von ihnen erbauten Burg Eppenstein benannt – hatten ihren Beitrag zum Ausbau des Reiches in der südöstlichen Mark geleistet und waren dafür von Kaiser Otto III. auf Intervention des damaligen Bayernherzogs Heinrich, später Kaiser Heinrich II., mit 100 Hufen Landes beschenkt worden. Das über diese Schenkung ausgestellte Diplom aus dem Jahr 1000 ist die älteste im Stiftsarchiv erhaltene Urkunde.

Ungünstige Umstände, die in erster Linie von der Person des deutschen Kaisers Konrad II. ausgingen, hatten zum kurzzeitigen Abstieg ihres Geschlechts geführt. Zum einen war es Vergeltung, da bei der Verleihung der Herzogswürde an den Markwarden Adalbero ausgerechnet der Vetter des nunmehrigen Kaisers übergangen worden war. Zum anderen stellten beide, Adalbero und der Kaiser, Ansprüche auf das Erbe des gemeinsamen Schwiegervaters. Der Kaiser war mächtiger. Adalbero wurde des Hochverrats beschuldigt, abgesetzt und samt seinen Söhnen verbannt. Er leistete bewaffneten Widerstand und dürfte im Zuge dessen auch den Gemahl der heutigen Landesheiligen von Kärnten, Hemma von Gurk, erschlagen haben.

Herzog Heinrich III., einer der beiden Söhne Markwards, ließ sein Hauskloster per Diplom durch den römisch-deutschen Kaiser Heinrich IV. bestätigen, stellte es unter dessen Schutz und übergab es an den apostolischen Stuhl. Was so einfach klingt, birgt eine Menge Konfliktstoff. Zwischen Kaiser und Papst war der Investiturstreit aufgeflammt. Der Herzog stand auf Seiten des Kaisers. Dessen Gegner, der Papst, hätte ein kaiserlich bestätigtes Stift kaum exemt gestellt. Als Lösung bot sich ein in Ravenna residierender Gegenpapst an. Ihm wurde St. Lambrecht in aller Form übergeben – was in der Urkunde wohlweislich verschwiegen wird. Dieser an sich schon schmerzlichen Spitze gegen den Salzburger Erzbischof, der mit diesem Trick seiner Hoheitsrechte verlustig erklärt worden war, wurde noch eine weitere nachgeschoben: Den Mönchen wurde gemäß der Regel des heiligen Benedikt beim Tod des Abtes die freie Abtwahl zugesichert.

100 Hufen waren gewiss ein stattliches Stück Land, die dem Herzog seinen Mönchen gegenüber wahrhaft fürstliche Schenkungen erlaubten. Es wird angenommen, dass er aus diesen Ländereien das Stift St. Lambrecht großzügig mit Besitzungen und Pfarren ausgestattet hat. Im Ausdruck jener Zeit legte 1103 der Herzog Güter und Untertanen auf den Altar des hl. Lambert, unter anderem das Aflenztal mit der dortigen Kirche, Dienstmannen, Wäldern, den Wildbann, Fischwasser, Weiden, Wiesen, Salzquellen und Erzgruben, Marder und Biber.

Heinrich III. war kinderlos geblieben, wollte mit dieser Stiftung wohl seiner vom Aussterben bedrohten Familie ein bleibendes Denkmal setzen und hinterließ der Nachwelt mit Stift St. Lambrecht ein nicht gänzlich uneigennütziges Vermächtnis. Er hatte eine Stätte geschaffen, an der für seine Familie gebetet wurde, das Gedächtnis an die Gründer und Stifter gewahrt blieb und wo, vor allem, ein stattlicher Teil ihres Erbes verwaltet wurde.

Die etwas anrüchige Tradierung an den Gegenpapst, wie es P. Benedikt Plank in seiner „Geschichte der Abtei St. Lambrecht“ formuliert, wurde 1109 von Papst Paschalis II. durch ein Privileg in ihren Mängeln geheilt und die Rechtsstellung des Klosters verbrieft. Es blieb beim Recht auf freie Abtwahl, und der Erwählte hatte Anspruch auf Benediktion, auf den Segen durch den Papst. Dem Salzburger Kirchenfürsten verblieben sonstige bischöfliche Weihehandlungen.

Herzog Heinrich III. starb 1122 und wurde in der Abteikirche beigesetzt. Seine Brüder waren alle vor ihm gestorben, es gab keine leiblichen Nachkommen. Einzig Sophie, Witwe des Herzogs aus dritter Ehe, stellte Ansprüche auf die stiftischen Besitzungen im Gebiet von Aflenz, im Mürztal und in Piber. Der Streit wurde 1151 zu Dürnstein durch den Erzbischof von Salzburg mit einer Abfindung an die Witwe beigelegt. Friede den Gebeinen Herzog Heinrichs III., die heute in der Stiftergruft vor dem Hochaltar ruhen!

In den folgenden Jahren wurde gebaut und erweitert. 1160 wurde die romanische Stiftskirche, eine dreischiffige Basilika, konsekriert. Nur wenig davon ist geblieben. In den beiden Türmen, in Resten eines Rundbogenfrieses unter dem heutigen Dachstuhl und am Hauptportal sind Spuren davon versteckt. Ein Seitenportal war glücklicherweise hinter einer dicken Mauer bis 1974 verborgen gewesen. Damit sind die Palmetten, Rosetten und symbolischen Figuren an den Kapitellen und das als Relief in das Tympanonfeld hinein komponierte Lamm Gottes in ihrer ursprünglichen berührend klaren Form erhalten geblieben. Romanisch ist auch der Karner, der 1148 als „Kaltenkirchen“ erwähnt wird. Seine archaisch anmutende Aura hat im kahlen steinernen Rundbau mit schmalen, hoch oben liegenden Fenstern überlebt.

Das Kloster erlebte eine erste Hochblüte, die weit über das Bauliche hinaus ging. So verfügte die Bibliothek über wahre Schätze. Bücher waren mitgebracht worden, wurden angeschafft oder im Haus selbst geschrieben und illuminiert. Was davon erhalten ist, zählt heute zum wertvollsten Bestand der Grazer Universitätsbibliothek, als Folge der Aufhebung durch Joseph II.

Um die Ausgaben des Aufschwungs decken zu können, wurde fleißig kolonisiert, was mit umfangreicher Rodungstätigkeit verbunden war. Der Eifer der geistlichen Herren war dem Babenberger Herzog Friedrich dem Streitbaren ein Dorn im Auge. Er fühlte sich in seinem Jagdvergnügen gestört und untersagte dem Stift kurzer Hand weitere Rodungen in bestimmten Gebieten. Das Stift legte Beschwerde ein und erhielt Recht. Der Herzog musste sein Verbot widerrufen. Mit dem flotten Voranschreiten der Forstarbeiten geriet man sogar mit den geistlichen Nachbarn im Norden, mit Stift Admont und Lilienfeld, in Streitigkeiten, die jedoch beigelegt werden konnten.

Ein Blick auf das damalige Leben von Mönchen lässt unsereins heute schaudern. Die Gebäude waren kaum beheizt, ohne Rücksicht auf die Winter dieser Gegend, das Essen war frugal, der Schlaf durch Gebetszeiten unterbrochen, und die Kutte kratzte be-

1421 war der Bau der gotischen Kirche abgeschlossen.

stimmt ordentlich an der Haut. Trotzdem gab es keinen Personalmangel. Verständlich, wenn man genauer hinschaut. Das Klosterleben war immer noch weit komfortabler und sicherer als das Dasein eines großen Teiles der übrigen Bevölkerung. Wie lebten die Menschen draußen, die Bauern und Keuschler vor dem Kloster? Die Verpflegung war kaum reichlicher, zumindest weniger sicher. Das Stift war allein aufgrund seiner verstreuten Besitzungen auch in kargen Jahren in der Lage, seine Leute einigermaßen zu ernähren, anders als der kleine Bauer, dem ein Hagelstreif die dürftige Ernte vernichtet oder eine Seuche die paar mageren Kühe hinweggerafft hatte. Die Hütten mit ihren abgewitterten Strohdächern konnten sich mit den soliden Stiftsgebäuden nicht messen, und die kalte Jahreszeit war in den zugigen Kammern und miefigen Viehställen kaum behaglicher als innerhalb dicker Steinmauern. Im Dormitorium, dem gemeinsamen Schlafraum der Mönche, sollte nach der Regel des heiligen Benedikt Bettzeug für jeden Bruder bereitgestellt sein und die ganze Nacht über eine Lampe brennen – unvorstellbar in den Bauernkeuschen, wo aus Angst vor dem Abbrennen jedes Feuer vor dem Einschlafen sorgsam gelöscht wurde.

Ein weiterer Grund für den klösterlichen Zulauf war sicherlich gesellschaftspolitisch bedingt. Der Älteste erbte das väterliche Anwesen, eine Tochter konnte gerade noch verheiratet werden. Den anderen, wenn sie den Kopf dafür hatten, bot das Kloster und der damit verbundene geistliche Stand ein passables Auskommen. Überzähligen adligen Abkömmlingen standen zudem Aufstiegschancen offen. War einer nicht für das Studium des Lateinischen geschaffen, konnte er immer noch als Bediensteter des Klosters aufgenommen werden.

„Mit den zahlreichen Pfarren war stets ein großer Bedarf an Geistlichen gegeben", sagt P. Gerwig Romirer, gebürtiger St. Lambrechter, verantwortlich für Tourismus und Kultur, und spannt den Bogen über die Jahrhunderte ins Heute. „Zum Vergleich: Derzeit besteht der Konvent aus 14 Mitbrüdern. Im Kloster sind ständig sechs Mann, ein Teil lebt auf den uns inkorporierten Pfarren, zwei davon in Mariazell, und einen haben wir nach Linz ausgeliehen"; dabei lächelt er stolz: „Bischof Maximilian Aichern, der durch die Stabilitas loci noch immer ein St. Lambrechter ist." Zwei Mitbrüder befinden sich noch im Studium.

„Der Altersschnitt ist erfreulich niedrig, aber wir hätten noch Platz", meint P. Gerwig, denn die Aufgaben sind nicht weniger geworden: „Ein gewaltiges historisches Erbe ist zu erhalten. Bauliche Tätigkeit gibt es nur in eingeschränktem Umfang, weil's einfach nicht geht momentan. Zur Finanzierung von über hundert Gebäuden und 22 Kirchen stehen 5.000 ha Grundbesitz zur Verfügung, mit Einkünften aus Vermietungen und Verpachtungen. Für eine einzelne Landwirtschaft scheint es viel zu sein. In der Relation, wir haben allein auf dem Klostergebäude selbst 1,6 ha Dachfläche, leuchtet es aber ein."

Dennoch bleibt der geistliche Auftrag die Hauptaufgabe des Konvents: „Hier im Haus werden Gäste, die Ruhe suchen und geistliche Begleitung in Anspruch nehmen, im Sinne der außerordentlichen Seelsorge betreut."

Die Abgeschiedenheit der Abtei wird zum überzeugenden Argument für eine Fastenwoche, für Exerzitien, für meditatives Arbeiten mit Ton oder von Abt Otto Strohmaier persönlich geleitete Ikonenmalkurse.

Bleibt noch die „ordentliche" Seelsorge, die mit den wachsenden Wallfahrerzahlen vor allem in Mariazell von Jahr zu Jahr mehr in Anspruch genommen wird.

1157 wurde der Mönch Magnus vom Abt mit einer Marienstatue in die Wildnis entsandt. Er sollte dort das Evangelium predigen. Die Wildnis war unwegsam, und Mönch Magnus mit der Statue im Arm irrte tagelang darin umher. Am Ziel, das ihm durch die wundersame Spaltung eines Felsens angezeigt worden war, errichtete er eine hölzerne Kapelle, Mariazell. Die Gründung des größten Wallfahrtsortes Österreichs stützt sich allerdings nicht auf eine Urkunde, sondern – um vieles passender – auf eine Legende. Was führte nun zum gewaltigen Pilgersturm in diese Wildnis, der bis in unsere Tage ungebrochen anhält?

Die Gründe sind vielschichtig und, wie bei allen Wallfahrtsorten, nicht rational zu erfassen. Die Habsburger in ihrer staatstragenden Frömmigkeit leisteten einen nicht unbeträchtlichen Anteil, dass die unscheinbare Marienstatue zur unmittelbaren Ansprechstation der Magna Mater Austriae geadelt wurde. Ihre regelmäßigen Wallfahrten waren Vorbild für die Untertanen, es ihnen gleich zu tun, und sie legten damit den Grundstein für eine Tradition, die in unseren Tagen die Menschen wie ehedem zu beschwerli-

Maria mit dem Jesuskind als Gliederpuppe.

chen Fußmärschen nach Mariazell animiert. Ein mährischer Markgraf namens Heinrich wurde, um bei der Legende als erbaulicher Grundlage zu verbleiben, geheilt und veranlasste den Bau einer steinernen Kirche. Damit wäre die Bedeutung von Mariazell für die slawischen Pilger erklärt. Die tiefe Bindung der Ungarn zu diesem Wallfahrtsort begründet sich auf einem Geschehnis, von dem eines der bedeutendsten Werke der spätgotischen Malerei, die „Votivtafel von St. Lambrecht", erzählt. Geschildert wird eine Schlacht König Ludwig des Großen von Ungarn, der aus Dankbarkeit für den Sieg eine Wallfahrt nach Mariazell unternahm und das „Schatzkammer-Bild" stiftete.

Bis allerdings die Gotik in St. Lambrecht Einzug hielt, waren veritable Krisenzeiten zu bewältigen. Deren Chronologie wurde von P. Benedikt Plank in all ihren Einzelheiten aufgearbeitet und soll kurz gefasst wiedergegeben werden.

Die Auseinandersetzungen begannen damit, dass sich Anfang des 13. Jahrhunderts die Lambrechter Mönche nicht auf eine Person als Abt einigen konnten und es zu einer Doppelwahl kam. Es gab zwei Kandidaten, und beide durften sich nach damaligem Recht als gewählt betrachten. Es genügte, dass sich der pars sanior, der kleinere, aber besonnenere und damit gewichtigere Teil des Konvents, für ihn entschied. Wer aber stellte den pars sanior? Allein diese Entscheidung führte unweigerlich zu Streitereien. Wer lässt sich schon gerne nachsagen, dass er zum unbesonnenen Teil gehört?! Waltfried, einer der beiden Gewählten, war Vorsteher des Klosters Mariahof, einem Priorat. Wolfker, der Gegenkandidat, war Mönch im Stift selbst. Waltfried wandte sich an die Kurie, sein Gegner an den Salzburger Erzbischof Eberhard II. Von päpstlicher Seite wurden Schiedsrichter zur Untersuchung der sonderbaren Wahl eingesetzt. Der andere fand in Salzburg ein überaus geneigtes Ohr. Der Erzbischof, dem die Sonderrechte des Klosters ohnehin ein Dorn im Auge waren, ergriff augenblicklich Gelegenheit, in dessen Belange einzugreifen und verhängte über Waltfried die Exkommunikation. Kirche und Kloster Mariahof wurden mit dem Interdikt belegt. Waltfried unterwarf sich natürlich nicht, zumal sich sein Priorat päpstlichen Schutzes erfreute. Diese Weigerung ließ den Erzbischof handfeste Maßnahmen ergreifen. Er zog vor Mariahof, um Gehorsam einzufordern. Im Kloster war man für den hohen Besuch gerüstet. Der Kirchenfürst wurde mit einem Pfeilhagel empfangen. Dieser wiederum dürfte Ähnliches erwartet haben. Seine Begleitung bestand aus schlagkräftigen Burschen. In jenen Tagen hatten Kirchenfürsten Erfahrung im Schlagen von Schlachten. Das Kloster wurde gestürmt, der verletzte Waltfried gefangen genommen und das Kloster von den bischöflichen Mannen gründlich geplündert. Auf einer Provinzialsynode 1216 wurde Waltfried abgesetzt und sein dort anwesender Vertreter, der Protest einlegen wollte, von den Dienern des Bischofs schmählich behandelt und vom Erzbischof selbst exkommuniziert. Wolfker wurde zum Abt geweiht.

Beide Seiten waren überzeugt, hervorragende Besonnenheit bewiesen zu haben. Der Streit fand seine Fortsetzung. Der Papst erteilte dem Erzbischof einen Verweis für dessen Verhalten. Eberhard wies diesen zurück, legte auch gegen den strikten päpstlichen Befehl zur Aufhebung der Sanktionen Berufung ein mit der Begründung, dass ihn Waltfried nicht mit den ihm gebührenden Ehren, sondern mit Pfeilen empfangen habe. Dieses Argument schien auch den Papst zu überzeugen; er erließ den Auftrag, Waltfried an einem ehrenhaften Ort Buße tun zu lassen. Der so Gescholtene begab sich nun persönlich zum Papst. Er stellte erfolgreich die Geschehnisse aus seiner Sicht dar. Der Papst forderte vom Bischof erneut die Absetzung Wolfkers und die Rehabilitation Waltfrieds. Als Eberhard wiederum stur blieb, zitierte der Papst beide Parteien zu sich, ohne jedoch ein Ergebnis zu erreichen.

Über den weiteren Verlauf des Streites haben sich keine Akten erhalten, stellt P. Benedikt fest. Jedenfalls gewann Waltfried die Oberhand und wurde in Rom vom Papst persönlich zum Abt geweiht. Eberhard entschädigte 1220 die Mariahofer Kirche für den Schaden, den sein Überfall angerichtet hatte. Trotzdem war es keine vollständige Niederlage für den Bischof. Er gewann die päpstliche Zusicherung, dass mit dieser Abtweihe kein Präjudiz geschaffen werden sollte, und er hatte in einem klugen Schachzug in das Gebiet des neu gegründeten Bistums Seckau einige St. Lambrechter Pfarren und Kirchen einbezogen, die Waltfried widerstandslos abtreten musste.

Zufriedengestellt war der Erzbischof damit nicht. Er wollte und konnte sich nicht damit abfinden, dass St. Lambrecht exemt war, und schickte einen Visitator, den Waltfried aus dem Kloster hinauswerfen ließ. Es folgten erneut Bann und Interdikt von Seiten Eberhards, die vom Abt wiederum nur ignoriert werden konnten. Als die Kurie neuerlich kein gütliches Übereinkommen erzielte, griff Leopold VI. als Landesfürst und Vogt der Abtei in den Streit ein. 1224 gelang ihm dessen Beilegung und ein Konkordat, in dem die gegenseitigen Rechte abgegrenzt und zumindest ein halbwegs friedliches Auskommen mit dem Salzburger Erzbischof ermöglicht wurden.

Waltfried blieb vorläufig Abt, dürfte aber später resigniert haben. Im Nekrolog ist lediglich ein Mönch Waltfried eingetragen. 1231 tritt ein Wolfker als Abt auf, der 1233 stirbt und im Kapitelsaal beigesetzt wird – mit großer Wahrscheinlichkeit der andere Kandidat dieses Streites.

Erzbischof Eberhard II. überlebte beide Kontrahenten. Er taucht 1245 wieder auf, wenn er dem Abt von St. Lambrecht den Gebrauch der bischöflichen Insignien gestattet.

Jahrzehnte später gab es die nächste Doppelwahl, deren Entscheidung jedoch gleich dem Ordinarius in Salzburg übertragen wurde. Dieser setzte seinerseits einen dritten Kandidaten ein – und durch –, ohne auf entscheidenden Widerstand zu stoßen.

Das romanische Münster war im Laufe der Jahre baufällig geworden. 1327 stürzte es ein. Abt Otto, ein bei Hof angesehener Diplomat, versuchte Mittel für die Wiederherstellung aufzubringen und ersuchte um die Einverleibung einer Pfarre aus dem Gebiet des Bischofs von Seckau. Der jedoch machte gleiche Armut geltend, spielte einen alten Trumpf aus – dadurch werde die Pfarre lediglich der Gewalt des Bischofs entzogen – und behielt Recht.

Die neue gotische Kirche wurde dennoch gebaut und 1421 mit der Weihe des Hochaltars abgeschlossen. Den Lettner (Schranken zwischen Chor und Langhaus) in der Mitte der Kirche gibt es nicht mehr,

Figur auf der Bastei von Johann M. Leitner.

Im Karner, einem Denkmal romanischer Baukunst.

erhalten ist lediglich die Sitzfigur des hl. Lambert, die dort angebracht war. Zwei gotische Fresken, das eine stellt den Thron Salomons dar, das andere einen riesigen Christophorus, wurden 1974 freigelegt. Die Darstellung der hl. Agnes ist das Relikt einer verloren gegangenen Freskenfolge.

Diese Reste sind zwar nicht üppig, aber von hervorragender künstlerischer Qualität, und überdies sind sie frühe Mosaiksteine im Gesamtbild, das St. Lambrecht in unseren Tagen zu einem der bedeutendsten gotischen Zentren unseres Landes erhebt. Gedämpftes Licht – die Fenster der Kirche liegen an der Nordseite – und der Säulenwald lassen die späteren, zumeist barockisierenden Eingriffe übersehen und lenken dennoch den Blick darauf, heben aber deren Üppigkeit in angenehmer Weise auf.

Ihre Ergänzung findet die Architektur durch Tafelbilder, Glasmalereien, die Brunnenmadonna, eine Schnitzerei um 1450, und die Madonna im Strahlenkranz, welche im Stiftsmuseum gezeigt werden. Den gotischen Schätzen folgen dort zunehmend jüngere Exponate, bis zum barocken Tragaltar der Rosenkranzbruderschaft mit Maria und dem Jesuskind als Gliederpuppe, der bei Prozessionen mitgetragen wurde.

Zu besichtigen ist das Museum nur mit Führung, ebenso wie die Peterskirche. Bis zur Aufhebung durch Joseph II. war der gotische Bau auf der mächtigen Bastei die Pfarrkirche von St. Lambrecht.

„1898 wurde sie mit vorhandenen gotischen Stücken wieder eingerichtet", sagt P. Gerwig. Einige Schritte oberhalb der Peterskirche gibt es noch die Schlosskapelle. Sie ist der 1842-1848 wieder hergestellte Rest eines einstigen Schlosses. Eine ehemalige Festung an dieser Stelle kann nicht ausgeschlossen werden. Als gesichert gilt, dass das Schloss in frühen Zeiten Residenz des Abtes war und danach Sitz der philosophisch-theologischen Hauslehranstalt. Mit der Aufhebung des Stiftes wurde es demoliert. Pläne zum Wiederaufbau scheiterten aus Kostengründen. An seiner Stelle wurde ein Park mit allen in der Gegend vorkommenden Sträuchern und Bäumen angelegt.

Naturwissenschaft oder, besser gesagt, Wissenschaft an und für sich war im Stift groß geschrieben. An einer zeitgemäßen Präsentation der zwar veralteten, aber dennoch beeindruckenden vogelkundlichen Sammlung von P. Blasius Hanf wird gearbeitet. Der Klostergeistliche war Pfarrer in Mariahof. Seine Leidenschaft galt der Erforschung der in dieser Umgebung lebenden Vögel. Die von ihm angewandte Methode entsprach den Möglichkeiten Mitte des 19. Jahrhunderts: Mit einem Gewehr mit feinem Schrot erlegte er die Objekte seiner Beobachtung, ließ sie kunstvoll präparieren und konnte damit über 250 (!) Vogelarten nachweisen sowie als Jahres-, Brut- und Zugvögel oder als Irrgäste beschreiben.

„Wissenschaften werden in eingeschränktem Maß noch heute gepflogen", beteuert P. Gerwig. „Aber damals war einfach mehr Zeit dafür vorhanden. Pater Blasius hatte es um einiges leichter – was sein Verdienst nicht schmälern soll. Er hat vierzig Jahre über Tag für Tag aufgeschrieben, welche Vögel er gesehen hat, hat akribisch Jahresnachweise angelegt, mit deutschen und lateinischen Namen, muss dafür stundenlang auf der Lauer gelegen sein – die Arbeit in der Pfarre haben für ihn die beiden Kapläne erledigt. Heute ist der Pfarrer allein und betreut noch zwei Pfarren dazu."

P. Cölestin Kodermann war Entomologe (Insektenforscher), P. Alexander Schaffer Ornithologe und P. Raimund Steyrer Botaniker, alle mit einer Reihe wissenschaftlicher Publikationen. Als Gelehrter der Theologie ist Abt Johann I. überliefert. Er war 1325 an der Universität in Bologna inskribiert und schrieb unter anderem einen Traktat über das Leiden des Herrn und eine Abhandlung über das Predigtrecht der Mönche, eine damals sicher auch wirtschaftlich nicht uninteressante Arbeit. Gewiss gab es unter den Mitgliedern des Konvents auch später bemerkenswerte Theologen. In seine Zeit fällt jedoch eine Reform der monastischen Gepflogenheiten mit genauen Anweisungen für die Feier des Gottesdienstes und den Ablauf der Gebräuche.

An die Äbte von St. Lambrecht wurden in jener Zeit immer wieder päpstliche Delegationen erteilt. So wurde der gelehrte und angesehene Abt Johann I. in eine Kommission berufen, um als Experte in heiklen theologischen Fragen die Ehe von Margarete Maultasch zu untersuchen und zu sanieren.

Die gute Tiroler Gräfin – ihr haben wir Tirol als Teil Österreichs zu verdanken – war mit zwei Männern gleichzeitig verheiratet; ursprünglich mit Johann Heinrich, Sohn König Johanns des Blinden von Böhmen. Die Ehe scheiterte, und die resolute Dame jagte ihren Gemahl 1341 außer Landes. Ohne kirchliche Trennung heiratete die von der Geschichte als nicht gerade reizvoll beschriebene Gräfin 1342 ein zweites Mal. Erwählter war Markgraf Ludwig von Brandenburg. Um diesen doch sündhaften Zustand zu bereinigen, wurden namhafte Theologen bemüht, unter anderen Marsilius von Padua und Wilhelm von Ockham. 1359 wurde die bis dahin ungültige zweite Ehe getrennt und nach Dispensation der Hindernisse erneut in gültiger Weise geschlossen. Abt Johann I. war bereits verstorben.

P. Romuald Pramberger war in seiner wissenschaftlichen Methode bis zu einem gewissen Grad der Zeit

Ein barockes Eisengitter trennt Drinnen und Draußen.

voraus. Als geborener Pöchlarner (NÖ) war ihm in der Obersteiermark, wie er selber schreibt, „das eine oder andere Gerät auf meiner Wanderschaft durch die Bauernhöfe fremd". Die Anfänge seiner Sammlertätigkeit ab 1906 bezeichnet er nur als „dilettantisches Naschen in den Süßigkeiten des Volkstums". Seine Sammlung wuchs bald zu einem Museum an, zu einem Lehrmuseum, wie er es betrachtet wissen wollte, als Antwort auf die stänkernden Fragen, was er denn mit alten Häfen und Pfannen und dem alten Gerümpel anfangen wolle. Er gibt selber zu, dass man den Kopf schüttelte und „an der Richtigkeit in seinem oberen Stockwerke zweifelte". Für die Leut' war er nur der „Graffelpater". Für die Volkskunde leistete er mit seiner praktischen Feldforschung und Sammlerei einen unschätzbaren Beitrag, bestehend unter anderem aus 45 handschriftlichen Bänden mit Liedern und Sagen. Im Kloster ließ man ihn gewähren. Mit den aufziehenden Wirren der NS-Zeit und dem damit verbundenen völkischen Gedankengut geriet P. Romualds volkskundliches Bemühen in ein ungutes Licht. Er lebte seit 1938 außerhalb des Klosters, ist aber im Stift begraben. Seine Sammlung wollte er ursprünglich dem „Führer", Adolf Hitler, höchstpersönlich übereignen – wahrscheinlich zu deren Schutz. Die Nationalsozialisten hatten aber wenig Interesse. Als das Stift im Mai 1938 durch die Gestapo zugunsten des Reichsgaues Steiermark beschlagnahmt wurde, wurden vom kommissarischen Verwalter, einem SS-Sturmbannführer, in Teilen des Gebäudes Privatwohnungen eingerichtet. Das „wertlose Graffel", die Sammlung P. Romualds, wurde einfach ausgeräumt. Was davon übrig geblieben ist, wird im Rahmen der Museumsführung gezeigt. „Seit 2003 in neuer, übersichtlicher und ansprechender Aufstellung", ergänzt P. Gerwig.

Aufgang zur gotischen Peterskirche.

Wie auch nach der Aufhebung durch Joseph II. (von 1786 bis 1802), wurde in der Abtei St. Lambrecht nach dem Zweiten Weltkrieg das klösterliche Leben wieder aufgenommen. Ein kühler nüchterner Gang empfängt den Gast; schmuckloses Weiß der Wände in (früh-)barocker Architektur. „Der Horror vacui ist eine Erscheinung unserer Zeit", meint P. Gerwig. „Man muss nicht auf jedes freie Platzerl etwas hinhängen."

Domenico Sciassia war der Baumeister, der die Idee eines Gebäudes mit drei Innenhöfen selbst änderte und den vorhandenen Bau mit dem doppelten Kreuzgang errichtete, weiß P. Gerwig und erklärt die Vorzüge des Kreuzganges: „Man ist hier gleichzeitig drinnen und draußen. Der Kreuzgang ist die Drehscheibe des Klosters, aus der man die wichtigsten Räumlichkeiten, wie Kirche, Sakristei, Kapitelsaal, Refektorium und Dormitorium, erreicht."

Dieser Teil ist für Gäste nicht zugänglich. Ein prächtiges barockes Eisengitter mit der Aufschrift „Clausura" versperrt freundlich, aber bestimmt den Zugang zu einer Welt, in die einzutreten eine für die meisten von uns zugegebenermaßen schwer nachvollziehbare Lebensentscheidung darstellt.

Literatur

Karl Mecenovic: Führer durch die vogelkundliche Sammlung des Naturwissenschaftlichen Museums im Benediktinerstifte St. Lambrecht in der Steiermark. St. Lambrecht 1975 (Selbstverlag des Benediktinerstiftes St. Lambrecht in Steiermark).

P. Benedikt Plank: Geschichte der Abtei St. Lambrecht. Festschrift zur 900. Wiederkehr des Todestages des Gründers Markward von Eppenstein 1076–1976, St. Lambrecht 1978.

P. Benedikt Plank: Abtei St. Lambrecht. 4., neubearbeitete Auflage 1991, München – Zürich (Verlag Schnell & Steiner).

P. Benedikt Plank, P. Gerwig Romirer: Benediktinerabtei St. Lambrecht. St. Lambrecht 2002 (Kunstverlag Hofstetter).

P. Romuald Pramberger: Das Volkskundemuseum in St. Lambrecht. Graz 1921 (Verlag der Benediktinerabtei St. Lambrecht).

Information

Benediktinerabtei St. Lambrecht,
Hauptstraße 1, A-8813 St. Lambrecht,
Tel.: 03585 / 2305,
Homepage: www.stift-stlambrecht.at

Mittelalter in der Gegenwart

Dominikaner in Friesach

„Außer einem Dominikanerkloster, dessen Bewohner die fröhlichsten und fettesten Leute im ganzen Land sind, und außer einer angelegt gewesenen Wollenspinnerey, wovon nur das Gebäude noch übrig ist, habe ich hier nichts weiter anzumerken." Die rührigen Friesacher hätten heutzutag' keine Freude mit einer solchen Beschreibung. Ob sie 1780 zutreffend war, als diese Zeilen in Benedikt Franz Hermanns „Reisen durch Österreich, Steiermark, Kärnten..." erschienen sind, mag dahin gestellt bleiben. Pater Fulko Hilgefort, Prior des Klosters, lässt sie trotzdem nicht unerwähnt, wenngleich mit einem Lächeln und dem Hinweis auf den heutigen Zustand des Klosters.

Es liegt am Rand der Stadt, außerhalb des Wassergrabens, hinter der Mauer des heutigen Stadtparks. Empfangen wird man von der Klosterkirche. Deren schmaler Dachreiter mutet wie der vergebliche Versuch an, dem wuchtigen Klotz ein wenig Harmonie zu verleihen, und ist doch nichts anderes als der Ausdruck des Programmes, das den Stil dieses Ordens, eines Bettelordens, geformt hat: Einfachheit und wieder Einfachheit, die in ihrer äußerlichen Schroffheit abweisend wirken mag und damit wie die Predigt eines Dominikaners die Botschaft der Armut kantig und ohne alle Schnörkel verkündet.

Das Tor der Kirche steht offen und ist dennoch die scharfe Grenze zwischen dem gleißenden Licht eines Sommertages und dem einladenden Dunkel ihres Inneren. Die Sehenswürdigkeiten sind rasch aufgezählt. Gegen Einwurf einer Münze werden sie extra be-

Die Dominikanerkirche in Friesach: schlichte Architektur als Ausdruck des Ordensprogrammes.

„Mariä Himmelfahrt", Tafel auf dem Johannesaltar.

leuchtet: die gotische Sandsteinmadonna aus 1300, eine Stiftung des Salzburger Erzbischofs, das Astkreuz aus 1320, möglicherweise ein Geschenk der Benediktinerinnen vom Salzburger Nonnberg, die neugotische Rosenkranzapsis und eine Pieta aus 1694 auf einem Seitenaltar.

Der Johannesaltar sonnt sich im Licht des hellen Chores. Unter all seinen Tafeln fällt ein Relief auf. In einer für die Gotik ungewöhnlich ergreifenden Weise zeigt es den Tod Mariens. Sie stirbt im Kreis der Apostel an der Seite von Johannes; gleichzeitig ist ihr Körper ein zweites Mal kindlich klein in den Armen Gottes zu erkennen.

„Dass dieser Flügelaltar aus dem 16. Jahrhundert wieder so vollständig ist, verdanken wir dem Bild mit dem Ölkessel", erinnert sich P. Fulko. „Der Legende nach wurde der Apostel Johannes während der Domitianischen Verfolgung ergriffen und nach Rom gebracht. An der Porta Latina sollte er das Martyrium im Ölkessel erleiden, aber das Öl verwandelte sich in ein erfrischendes Bad; er entstieg unversehrt. Dieser auffällige Ölkessel hatte das Interesse eines italienischen Kunsthistorikers erregt, allerdings auf Fahndungsbildern. Die Tafeln dieses Altars waren geraubt worden, brutal aus dem Rahmen gebrochen, und verschwunden gewesen. Dieses Bild tauchte in Italien auf, wurde von dem Kunstexperten wieder erkannt und lieferte den Fahndern entscheidende Hinweise auf den Verbleib der anderen."

Ob Thomas von Aquin tatsächlich auf dem Stein gestanden ist, der vor dem Volksaltar in den Kirchenboden eingelassen ist und eben dieses verkündet, darf bezweifelt werden. Man nimmt eher an, dass die Inschrift als dominikanisches Bekenntnis zu diesem in der Kirche umstrittenen Ordensheiligen aufzufassen ist, wenngleich nicht ausgeschlossen werden kann, dass ein Umweg durch die Alpen den heiligen Thomas hierher geführt haben könnte.

„Licht und Dunkel" ist ein Werk unseres Jahrhunderts, 2001 von Mag. Erich Schuschnig geschaffen. P. Fulko verbindet mit dem Kärntner Künstler eine persönliche Freundschaft, und das Bild wurde, wie er gerne erzählt, ihm zuliebe gemalt: „Im Grunde sind es zwei Gesichter, die einander zuwenden. Ich und du, Gott und die Seele, mein eigenes Wort zu Gottes Wort, Begegnung und Dialog, das Kleingespräch, echte Wertschätzung des Zuhörenden – all das sagt dieses Bild, die Erinnerung an die Mystik als die Tatsache, dass das Wort Gottes vernommen wurde und er unser Wort, unser Gespräch mit ihm will. Deshalb auch die strenge Verpflichtung zum Chorgebet, von der nur der Prior einen Dispens erteilen kann – eine Einrichtung, die uns von anderen ähnlichen Gemeinschaften unterscheidet."

Das wichtigste Werkzeug der Dominikaner, des Ordo Fratrum Praedicatorum – die Kanzel –, ist laut P. Fulko an einem ungünstigen Punkt angebracht: „Sie befand sich ursprünglich nicht im vorderen Teil, sondern hinten an der dritten linken Säule vom Hochaltar aus gesehen, an einem der Sprechpunkte. Die anderen Punkte sind der Hochaltar, die Orgel und die dritte Säule rechts. Von dort aus kann der leiseste Ton überall in der Kirche gehört werden und hält sich bis zu sieben Minuten."

Was unglaublich scheint, wurde nachvollziehbar vermessen, ebenso wie die erstaunlich hohe galvani-

Doppeltabernakel in der Sakristeikapelle.

sche Spannung im Triumphbogen, dem Übergang vom Volksraum zum Chor.

Beim Hauptaltar führt eine kleine Tür in die spätgotische Sakristeikapelle. Der bescheidene Raum lässt sich leichter heizen. So werden im Winter die Messen hier herinnen gelesen, vor einem der seltenen Doppeltabernakel aus der Renaissance. P. Fulko: „Vom Gründonnerstag bis zur Auferstehung wird das Allerheiligste aufgehoben, also vom Tabernakel des Hochaltars weggebracht. Aus Platzmangel hat man es bei diesem Altar einfach in den Tabernakel auf der Rückseite gestellt."

P. Fulko Hilgefort, Prior der Dominikaner in Friesach.

Auf beiden Seiten ist die Gestalt von Jesus zu sehen. Dazu wurde die Figur aus einer flachen Eisenplatte wie mit einer Laubsäge ausgeschnitten und bemalt. Vorne schaut Jesus auf den Altar herab, auf das Planum, die Fläche, auf der vom Priester die Messe zelebriert wird, hinten geht sein Blick darüber hinweg.

Die Kirche war während ihrer Erbauung im 13. Jahrhundert (lt. Urkunde Beginn 1252, Ende 1258 bis 1260) bereits etlichen wesentlichen Änderungen unterworfen worden. Ursprünglich hatte sie eine flache Decke, erhielt später ein gotisches Gewölbe, ebenso den Langchor anstelle einer kleinen Apsis. Die beiden Apsiden links und rechts haben sich aus der ersten Bauphase erhalten.

Friesach war eine reiche Stadt. Man erinnert sich gerne daran zurück. Schauplatz Erlebnis Mittelalter, Spectaculum zu Friesach als Kärntens größtes Mittelalterfest und die Spur des Einhorns sind nur drei von vielen Aktivitäten, durch die sich die große Vergangenheit zumindest ein wenig in der Gegenwart bezahlt machen soll.

Ein wichtiger Handelsweg, der „schräge Durchgang" von den Donauländern nach Venedig, und der Eisenbergbau hatten für Wohlstand gesorgt. Man konnte sich also einen Bettelorden leisten. Ein solches Kloster gehörte einfach dazu, wollte man im Kreis der aufstrebenden Städte mitreden. Zusätzlich dürfte Erzbischof Eberhard von Salzburg, zu dessen Diözese Friesach gehörte, an einen Kontrapunkt zum Ortsklerus gedacht haben. P. Fulko vermutet, dass die Dominikaner gerufen wurden, da in den Seitentälern eigenwillige Herrschaften ihre Sitze gehabt hätten, die den ansässigen Geistlichen nicht zugetan waren. Außerdem war den Bischöfen in Salzburg klar, dass der vorhandene Klerus mit den Häretikern kaum fertig werden konnte, dass dafür also Spezialisten vom Schlag eines Dominikus gebraucht wurden. Der geistlichen Überzeugungskraft seiner Predigerbrüder dürfte es zu verdanken sein, dass aus Friesach kein einziger Fall einer Inquisition, einer Verurteilung eines Ketzers oder eines Hexenprozesses überliefert ist.

Schon bei der Gründung des Ordens 1216 soll von Friesach das Interesse an einer Niederlassung bekundet worden sein, und bereits ein Jahr später wurde am Tag des heiligen Johannes des Täufers das erste Dominikanerkloster auf deutschem Boden gegründet, wie es in seltener Klarheit in den „Annales Frisacenses" geschrieben steht und dennoch nicht vollkommen gesichert ist. Es gibt mehrere Überlieferungen, eine dänische, eine polnische und eine ungarische; die Jahreszahlen sind keineswegs einheitlich. Als einigermaßen gesichert kann jedoch angenommen werden, dass die Gründung von Bologna, dem Sitz des Generalkapitels, aus erfolgt ist. Der Legende nach hat der heilige Hyazinth, einer der Mitstreiter von Dominikus, auf seiner Heimreise nach Polen das Kloster gegründet. Möglicherweise war er einige Jahre später nur mit dem Auftrag unterwegs, in Friesach nach dem Rechten zu sehen und das Kloster zu reanimieren. Ein bereits bestehender Konvent sei in großen Schwierigkeiten gewesen, berichtet eine der Quellen. Der Prior und Priester wäre vom Teufel ergriffen worden und hätte eine verwirrte Gemeinschaft hinterlassen. Laut P. Fulko war er schlicht mit der Kasse des Konvents durchgebrannt.

Wo der erste Sitz des Konvents war, weiß man nicht mehr, überliefert ist lediglich eine Heiliggeistkirche, die den Brüdern zugewiesen war. Der Kirchenhistoriker Dr. Karl Tschiggerl, der in seiner Dissertation die Geschichte des Friesacher Dominikanerklosters aufgearbeitet hat, sieht darin ein wesentliches Merkmal dieses Ordens: „Die Bescheidenheit ihrer (der Ordensbrüder) Behausungen sollte dem Grundsatz der Armut entsprechen. Daher wurden ihnen bei ihrer Ankunft öfters aufgelassene Kapellen und Häuser zur Verfügung gestellt, deren Bestand durch die Dominikaner vorübergehend gesichert wurde."

Das Grundstück und die Gebäude im Friesacher Sack waren bei Bränden einige Jahre zuvor arg in Mitleidenschaft gezogen worden. Sie dürften in schlechtem Zustand gewesen sein und befanden sich damals außerhalb der Stadt, eine der wesentlichen Grundbedingungen für die Ansiedlung eines Dominikanerklosters. Die Voraussetzungen für den ersten nachgewiesenen Standort waren damit erfüllt. Zu sehen sind von diesem Kloster noch einige romantisch verwucherte Mauerreste in einem kleinen Park hinter der Heiligen Blut-Kirche.

Dominikus lehnte jeglichen Reliquienkult ab. Er selbst ließ sich im – für Außenstehende unzugänglichen – Kreuzgang des Klosters in Bologna begraben, um solcher Verehrung zu entgehen. In Friesach ereignete sich ausgerechnet in der Kirche der Dominikaner ein Blutwunder. Der Messwein oder, wie die „Annales Sancti Ruperti Salisburgensis" berichten, das Wasser hatte sich nicht nur im liturgischen Sinn, sondern angeblich ganz real in Blut verwandelt und wurde in feierlichen Prozessionen unter großem Zulauf der Gläubigen durch die Stadt getragen.

Hatte man nach dem Einzug in den Sack mit dem Gedanken gespielt, das bestehende Haus eventuell zu vergrößern, musste man unter diesen Umständen an einen Umzug denken. Mit 1252 ist die Urkunde datiert, in der ein Neubau am heutigen Standort festgelegt wurde.

Die folgenden Jahrhunderte waren von einem regen Ordensleben, von Lehrtätigkeit, Studium und Seelsorge geprägt. P. Fulko spricht von kreuzbraven Dominikanern, die als Professoren und Lektoren in Salzburg tätig gewesen waren und nach ihrer Emeritierung in Friesach den eigenen Ordensnachwuchs unterrichteten – bis zur Reform um 1500. Sie spaltete den Orden in einen konservanten und einen observanten Zweig. Die Observanten hatten es sich zur Aufgabe gemacht, die Klöster im Österreich der Habsburger einer Erneuerung zu unterziehen. Friesach gehörte zu Salzburg und verweigerte sich diesen Bestrebungen. Damit unterblieb der Austausch von Studenten und Mitbrüdern aus anderen Ordensniederlassungen. 1502 wurde das Kloster, das zu einem Auffangbecken der Reformverweigerer verkommen

Orgelempore der Dominikanerkirche in Friesach.

Rosenkranztympanon über dem Hauptportal der Klosterkirche.

war, schließlich reformiert, hatte aber seine Bedeutung verloren.

„Es gibt Schwierigkeiten mit der Quellenlage", erklärt Dr. Tschiggerl. „Aber aus verschiedenen Randbemerkungen scheint erwiesen, dass es sich um eine Art Auffangkonvent gehandelt hat. So weiß man zum Beispiel vom Lapsus carni, einem Ausrutscher des Fleisches, eines Bruders eines anderen Hauses, der nach Friesach versetzt wurde."

„Strafkonvent" wäre treffender, wie P. Fulko ergänzt: „Schwer disziplinierbare Geistliche wurden hier interniert, wenn die Weltgeistlichkeit angenommen hatte, sie seien in einem Kloster besser aufgehoben – was aus mühsam zu entziffernden Briefen an den Generalvikar und den Fürsterzbischof hervorgeht."

Die Lebensfreude, die offensichtlich bis ins 18. Jahrhundert angehalten hat, dürfte durch diese Vorgänge kaum beeinträchtigt worden sein. Aus säuberlich geführten „Prokuraturheften" Anfang des 16. Jahrhunderts lassen sich Ankäufe von Wein und Bier, teuren Gewürzen, wie Pfeffer und Ingwer, Mandeln und Feigen sowie genügend Krebsen, wohl als Fastenspeise, nachweisen.

Gut in dieses Bild passt auch der prächtige Barocksaal, der heute als Stadtsaal für Theateraufführungen genutzt wird, nachdem er während des Zweiten Weltkrieges als Schlosserei und Schmiede missbraucht worden war.

Es sind ihrer nur mehr zwei, die den Ordensstandort Friesach am spirituellen Leben erhalten: P. Adalbert von Papius und eben P. Fulko, gemeinsam mit Schwester Katharina. Dem Prior, der in Wien Studentenseelsorger war, obliegt die Erhaltung des Hauses. Wie er selbst sagt, wurde er nach Friesach gerufen, weil jemand gesucht wurde, der predigen kann, von Verwaltungsarbeit was versteht und trocken ist. Unter den Bedingungen, dass das Kloster schuldenfrei sei und er einmal im Monat ersetzt werde, hat er 1986 das Amt übernommen.

„Ich arbeite die Erbsünde auf", sagt er, und man weiß mit einem Blick auf das renovierungsbedürftige Gebäude sofort, was damit gemeint ist. „Es ist das Vermächtnis unseres Ordensgründers auf dem Sterbebett. Er wollte, dass wir immer ordentlich leben und arbeiten und nicht zu reich werden. Wenn der eine Prior das Vermögen hinaus schmeißt, ist verlässlich dafür gesorgt, dass seine Nachfolger wieder fleißig zupacken müssen."

Ein guter Teil des Kreuzganges und der Kapitelsaal sind Produktions- und Lagerräume einer Trachtenfirma. Die in den sechziger Jahren festgelegte lächerlich kleine Miete konnte durch geschicktes, aber letztlich unnachgiebiges Agieren mit Hilfe des Gerichtes zu einem Betrag angehoben werden, die einem modernen Vertrag entspricht. Die Stadt trägt für die Benutzung des Saales ebenfalls ihr Scherflein in Form eines Erhaltungsbeitrages bei. Die dem Kloster verbliebenen Bilder werden nach und nach von Mag. Schuschnig als Freundschaftsdienst renoviert.

P. Fulko kann, wirtschaftlich gesehen, zumindest atmen: „Zuerst die Existenz sichern, erst dann ans Verschönern denken", lautet seine Devise, mit der es möglich ist, den ältesten Standort der Dominikaner in Österreich beziehungsweise im gesamten deutschen Sprachraum weiter am Leben zu erhalten.

Literatur

Monika Oberhammer: Pustets Klosterführer. Salzburg 1998 (Verlag Anton Pustet).

Karl Maximilian Tschiggerl: Die Bedeutung des Predigerklosters Friesach für das theologisch-religiöse Leben in seinem Umfeld von seiner Gründung bis zu den neuzeitlichen Reformbemühungen (Dissertation).

Information

Dominikanerkloster Friesach,
Stadtgrabengasse 5, A-9360 Friesach,
Tel.: 04268 / 3801

Schätze aus dem Schwarzwald

Benediktinerstift St. Paul im Lavanttal

„Paulus ist eher der Verschrobene, der Strenge, zu dogmatisch, zu unerbittlich, zu wenig herzlich. Seine Einstellung gegenüber den Frauen gefällt mir persönlich überhaupt nicht." Harte Worte, ausgerechnet aus dem Mund von P. Gerfried Sitar, dem Direktor der Museen, des Archivs und der Bibliotheken im Stift St. Paul im Lavanttal. Er kann mit Heiligen der Gegenwart, wie mit der selig gesprochenen Mutter Teresa, wesentlich mehr anfangen: „Man darf die soziale Komponente nicht vergessen. G'scheiter ist es, in der Welt aktiv zu sein, nicht nur zu reden, sondern auch was zu tun", womit auch seine persönliche Einstellung zu einem Leben im Kloster gemeint ist. „Wir versuchen, unsere Spiritualität nach außen zu kehren. Wir schreiben Bücher, der Altabt und ich. In regelmäßigen Radiosendungen kann ich meine eigene Sicht der Klöster deutlich machen."

Sein Haus soll offen und in absehbarer Zeit das kulturelle Zentrum Kärntens sein. Die Voraussetzungen sind gegeben. 1809 kamen die aus St. Blasien im Schwarzwald vertriebenen Mönche in das leer stehende Kloster St. Paul im Lavanttal. Sie hatten schweres Gepäck bei sich. Darin befanden sich nahezu der gesamte heutige Bücherbestand, nach der Na-

Mächtige Pfeiler tragen die Gewölbe.

Das frühgotische Westportal der Stiftskirche.

tionalbibliothek der bedeutendste in Österreich, Kunstschätze wie das Adelheidkreuz mit einem Versicherungswert von 350 Millionen Euro, eine numismatische Sammlung, Gemälde und Graphiken und der Inhalt ihrer Kunst- und Wunderkammer. Die geistlichen Herren selbst brachten beachtliches geistiges Potenzial mit.

„St. Paul ist der eigentliche Gründer der Klagenfurter Universität", ergänzt P. Gerfried. „Der Stiftungsauftrag enthielt die Verpflichtung, in Klagenfurt das Gymnasium und das Lyzeum, die heutige Uni, zu übernehmen."

Die zwölf Mitbrüder, die heute im Kloster leben, wären damit überfordert. Vier Priester sind mit den angeschlossenen Pfarren betraut, die übrigen großteils noch mit ihrer Ausbildung beschäftigt. Doch gerade darin liegt auch die Stärke des Klosters. P. Gerfried: „Wir sind der jüngste Konvent in Österreich, mit einem Altersschnitt von vierzig."

Das Erbe der Väter aus St. Blasien erlaubt jährlich eine neue Ausstellung. Im Jahr der Bibel 2003 zeigte man in diesem Rahmen das älteste Buch Österreichs, „De fide catholica", aus dem 5. Jahrhundert sowie das erste Erzeugnis Gutenbergs, die Inkunabel „Missale speciale abbreviatum" aus der Mitte des 15. Jahrhunderts.

Die Fliege auf dem Glas des Abtes.

Die Vorräte des Schatzhauses Kärntens scheinen zwar nahezu unerschöpflich; P. Gerfried will sich jedoch nicht darauf beschränken und hat ein Fünfjahresprogramm entwickelt: „Das Stift soll in eine Gesamtkonzeption einfließen."

Dahinter stecken durchaus profane, aber absolut notwendige Anschaffungen. Es müssen weitere Gästezimmer eingerichtet werden, man braucht mehr Parkplätze, der Stiftskeller muss für Veranstaltungen adaptiert werden. Das Stiftscafé im ehemaligen Kotter wurde gegen manche interne Einwände durchgesetzt. Wo einst ungehorsame Mönche eingesperrt waren, werden nun Besucher bewirtet. Die ursprünglich skeptischen Mitbrüder haben diesen zwanglosen Schnittpunkt von Drinnen und Draußen durchaus zu schätzen gelernt.

„Wir sind kein armes Stift, auch nicht superreich. Es geht uns wirtschaftlich gut, so kann man es sagen", umreißt P. Gerfried die derzeitige Lage. „Wenn wir in Slowenien wieder unsere verloren gegangenen Güter zurück bekommen, wird auch der Wein ein Thema werden. Unsere Besitzungen reichten früher bis zur Adria. Bei Venedig hatte St. Paul ein Priorat."

Derzeit gibt es für St. Paul noch den Administrator des Wiener Schottenstiftes. In naher Zukunft wird es, wohl als Frucht dieses Aufschwungs, wieder einen eigenen, vom Konvent gewählten Abt geben.

In der Stiftskirche trifft man auf Geschichte vor der Aufhebung durch Joseph II. Hinter der verstaubten barocken Ausstattung, die P. Gerfried so gar keine Freude bereitet, hat sich ein guter Teil Romanik erhalten. Um die Fresken aus 1260 in der Hauptapsis überhaupt zu finden, muss man um den Hochaltar herum gehen. Sie werden wieder zur Geltung gebracht werden, wenn es der Fünfjahresplan vorsieht und die Finanzen es zulassen. Alles auf einmal geht eben nicht.

Dass in der Gruft auch Habsburger, die Frauen von Rudolf I., Albrecht I. und Herzog Leopold III., begraben sind, mag überraschen. Die Mönche aus St. Blasien, die in den Schutz der Habsburger geflohen sind, haben sich bei den neuen Schutzherren auf ihre

Versteckte Romanik in der Apsis.

Frater Mauritius mit dem legendären Löffel.

Weise erkenntlich gezeigt. P. Gerfried: „Gertrud Anna, Gräfin von Hohenberg, die erste Frau König Rudolfs, war ursprünglich im Münster zu Basel bestattet gewesen. Nachdem die Schweiz abtrünnig geworden war, wurde sie exhumiert und nach St. Blasien überführt. Von dort haben sie die Mönche bei ihrem Umzug nach Kärnten mitgebracht."

Auch der mittelalterliche Lettner hat auf kuriose Weise überlebt. Das Stift war durch Abt Ulrich von Pfinzing und dessen verschwenderischen Lebensstil heillos verschuldet. Es wird berichtet, dass dieser Abt, ein Günstling von Maximilian I. und dessen Schatzmeister, am Hof seines Herrn in Innsbruck alles verspielt und versoffen hätte. Nur mit Unterwäsche bekleidet, sei er nach St. Paul heimgereist. Erst gut hundert Jahre später erholte sich das Stift unter Abt Hieronymus Marchstaller, einem sparsamen Schwaben. Er brachte es nicht einmal übers Herz, den abgerissenen Lettner zu entsorgen und ließ damit stimmig zur romanischen Gesamterscheinung der Basilika das Südportal gestalten.

Aus der ersten Zeit des Klosters stammt der Brauch, dass die Mönche im wahrsten Sinn des Wortes den Löffel abgegeben haben. Bei ihrer Einkleidung erhielten sie als Zeichen ihrer wirtschaftlichen und sozialen Absicherung einen Löffel, der bei ihrem Tod vom Zeremonienmeister wieder dem Abt zurückgegeben wurde.

Abgesehen von der Bausubstanz, hat sich vom ursprünglichen Kloster nicht viel erhalten. Nahezu alles, was nicht niet- und nagelfest war, wurde nach der Aufhebung weggetragen. Einiges davon gelangte nach Wien und befindet sich im Kunsthistorischen Museum. Ein paar unwesentliche Kleinigkeiten wurden übersehen, wie das Trinkglas eines Abtes. Drauf sitzt eine Fliege. Man möchte sie verscheuchen, bevor man daraus trinkt, bis man bemerkt, dass dieses Insekt, so unappetitlich natürlich es aussieht, nur gemalt ist. Der Abt wollte damit verhindern, so wird erzählt, dass die Mitbrüder sein Trinkglas benutzten.

Der Verlust der Aufhebung wurde, wenn so etwas überhaupt möglich ist, durch den neuen Konvent mehr als wett gemacht. Der Ehrentitel, den sich das Stift, inspiriert durch einen Film, zugelegt hat, zeigt keine Spur von Bescheidenheit. Warum auch? „Die Abtei im Paradies", gemeint ist das Lavanttal. P. Gerfried Sitar kennt das Rezept, um diesem Ruf gerecht zu bleiben: „Wer keine Visionen hat, kann nicht träumen, und wer nicht träumt, der ist arm. Ein Kloster, das keine Visionen hat, ist tot. St. Paul lebt!"

Literatur

Gerfried Sitar: Schatzhaus Kärntens. St. Michael (der wolf verlag).

Gerfried Sitar: Die Abtei im Paradies. Wien 2000 (Pichler Verlag).

Gerfried Sitar: Magie und Macht des Schreibens. Wien 2002 (Pichler Verlag).

Information

Benediktinerstift St. Paul,
Hauptstraße 1, A-9470 St. Paul im Lavanttal,
Tel.: 04357 / 2019,
E-Mail: stiftspfarre.stpaul@carinthia.com oder mail@kuso-stpaul.at,
Homepage: www.stift-stpaul.at oder kuso-stpaul.at

Im Dienst der Hoffnungen

Servitenklöster in Maria Luggau, Volders und Gutenstein

„Heu ist leichter als Mist" – eine Selbstverständlichkeit für jeden Bauern, die dennoch gesagt sein muss. Schließlich war sie bestimmend für den Standort der Wallfahrtskirche Maria Luggau. Die ehemalige Dorflehrerin, Brigitte Lugger, erzählt gern die Gründungslegende: „Oberhalb der heutigen Wallfahrtskirche war ein Weiler, in dem eine arme Witwe, die Helena Unterluggauer, wohnte. Es war im Jahr 1513. Während der Mittagsrast hatte sie eine Vision: Sie solle unterhalb der Häuser eine Marienkapelle errichten."

Die Bauern hielten davon nicht allzu viel. Guter Boden ist im Oberen Lesachtal an und für sich ein knappes Gut, noch dazu, wenn er für die Bearbeitung günstig liegt. Die gute Frau war überzeugt von der Dringlichkeit des Auftrages und stellte eine brennende Kerze an die besagte Stelle. Tagelang soll sie bei Wind und Wetter gebrannt haben. Aber statt das Wunder als solches fromm und gläubig anzunehmen, bezichtigten die Bauern die alte Frau der Hexerei. In einem Protokoll, das etwa achtzig Jahre später anlässlich des Klosterbaues unter Beisein des letzten Zeit-

Garten des Servitenklosters Maria Luggau.

Himmlisches Strahlen über Maria Luggau.

Die Luggauer Gnadenmutter.

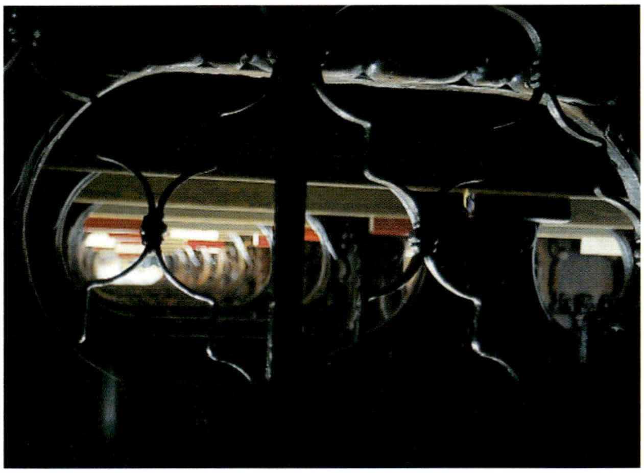

Überraschender Durchblick unter den Kirchenbänken.

zeugen angelegt wurde, heißt es, sie hätten sie „übl geschmäht, in die Gefänkhnis geworfen, und für ein Zauberin, da sy solch narrenwerkh angefangen, gehalten". Sie kam wieder frei, überredete schließlich die Nachbarn zum Bau einer Holzkapelle, besorgte aus Osttirol eine Statue der Schmerzhaften Muttergottes und leitete einen Reigen voll wundersamer Geschehnisse ein. Das erste von Hunderten Mirakeln ereignete sich an einem Irrsinnigen, dem „widerum seine rechte Vernunft verliehen" wurde.

So unwegsam und abgelegen kann eine Gegend nicht sein, dass sich die Mär von solch einem Wunder nicht wie ein Lauffeuer verbreitet. Luggau im Oberen Lesachtal war damals kaum erreichbar. Straßen gab es nicht, die Menschen ließen es sich trotzdem nicht nehmen, meist nur mit einem Stückel Hoffnung bepackt, auf Saumpfaden übers Gebirge zur Gnadenmutter zu pilgern. Sie kamen in solchen Mengen, dass bald von einem Kirchenbau die Rede war.

Das hätte den Bauern gerade noch gefehlt, auf der „schönsten Wiesen" eine Kirche! Sie wollten sich nicht breitschlagen lassen, nicht einmal vom Pfleger des Grundherrn, einem gewissen Hansen Manndorfer. Grantig über die Absage, trieb er sein Pferd zu ungestüm an und fiel aus dem Sattel. Der Fuß blieb im Steigbügel hängen. Während Manndorfer nachgeschleift wurde, flehte er Maria um Hilfe an und blieb unverletzt. Schon wieder ein Wunder! Er kehrte um und überredete die Bauern zum Bau der Kirche. Prior Eugen Maria Ferro glaubt, den politischen Hintergrund für den vehementen Einsatz des Grundherrn zu kennen: „Die Grenze zu Osttirol besteht immer noch. Manndorfer wollte zur Besitzfestigung am äußersten Ende seines Wirkungsbereiches ein Denkmal setzen. Mit Abgabenbefreiungen hat er sich schließlich durchgesetzt."

Die meisten Widerständler ließen sich überzeugen. Nur einige wenige blieben hart. Einer von denen meinte, er werde seinen Hund in der neuen Kirche als Mesner verdingen. Welch ein Frevel! Die höchsten Instanzen hatten mit den Spöttern kein Erbarmen. Der eine fiel lediglich vom Ross, der andere aber erkrankte und genas erst, nachdem er sich zur Luggauer Maria bekehrt hatte. Am schlimmsten traf es den dritten. Er war „gen Oeffen in das Walsch (Italien) gegangen, daselbst Gott über ihn verhängt, als das ihm die Walschen nit allein tötlich verwundt, sondern gar mit der behausung, darin er gewessen, verbrannt".

Das himmlische Durchsetzungsvermögen beeindruckte die Leute diesseits und jenseits der Grenze und brachte die erste Wallfahrt aus dem Italienischen

Volders, Wallfahrtskirche und Servitenkloster.

Die Brugg'n-Mutter, Pieta in Volders.

herüber. Prior Eugen Maria: „Das war der Auslöser, sie sind erschrocken und sind wallfahrten gekommen. Als Sühne für das, was dieser Mensch gemacht hat."

Die Sühne für Verfehlungen anderer war auch der Grund, weshalb in Volders im Tiroler Inntal ein Wallfahrtsort mit später angeschlossenem Servitenkloster gegründet wurde (1620). Dort waren es Räuber und Wegelagerer, die auf der Brennerstraße die Reisenden zu überfallen pflegten. In der Legende ist von einem Stein die Rede, der auf ein Fuhrwerk zugerollt sei. Dr. Hippolytus Guarinoni, der Erbauer der Wallfahrtskirche, habe den Stein angeschrien, und derselbe sei vor dem Fuhrwerk stehen geblieben. Der gehorsame Stein wird in der Kirche St. Karl gezeigt. Der Prior des Klosters, P. Leonhard Landser, stellt sich die Situation weit weniger dramatisch vor: „Es wird ein Felsbrocken herab gerollt sein; durch den Zuruf war der Kutscher gewarnt, und der Stein ist am Fuhrwerk glücklicherweise vorbeigerollt. Die Räuber aber waren Realität. Das waren finstere Zeiten während des Dreißigjährigen Krieges."

In beiden Wallfahrtsorten ist das Gnadenbild die Schmerzhafte Muttergottes. In Kärnten hält eine einfache Bäuerin aus Osttirol auf ihrem Knie den toten Sohn, für Frau Lugger eine Darstellung des Mutterschmerzes schlechthin: „Jesus ist klein wie ein Kind. Auch wenn einer erwachsen ist, für die Mutter bleibt er das Kind. Eine einfache und verständliche Botschaft hat die Menschen hergezogen."

Vielleicht haben darin die Taufen der Totgeborenen ihren Ursprung. Das Mirakelbuch berichtet etliche Male, dass man tote Babys gebracht habe. Sie wurden, auch noch nach etlichen Tagen, kurz zum Leben erweckt, getauft und so für den Himmel gerettet. Dahinter steckt die Angst vor der Erbsünde, die angeblich erst durch die Taufe abgewaschen wird.

Karl Lukan nennt es in seinem Buch „Kärnten“ einen frommen Schwindel, für den dieser Ort – wie auch andere Wallfahrtsorte – berühmt war. Von bischöflicher Seite war man skeptisch und sorgte sich um die Würde des Sakramentes. Bestimmungen wurden erlassen, die genau regelten, wann in einem solchen Fall von einer regulären Taufe gesprochen werden durfte.

In Volders ist die Brugg'n-Mutter eine schöne Frau, die den Tod ihres Sohnes nicht fassen kann. Sieben Schwerter bohren sich in ihr Herz, die Sieben Schmerzen Mariens. Die Serviten tragen ihren schwarzen Habit als deren Trauerkleid. Prior Leonhard: „Wo immer ein Servit arbeitet, darf so eine Pieta nicht fehlen.“

Mariahilfberg: Errettung aus dem Fegefeuer.

Auch nicht am Mariahilfberg bei Gutenstein, Niederösterreich, ebenfalls ein Servitenkloster mit P. Franz Brunner als Prior. Dort ist sie allerdings einer anderen Gnadenmutter nachgeordnet, einem Bild im Bild, ein gemalter Baum mit dem darauf gemalten Marienbild – eine klassisch einfache Gründungslegende vom Gnadenbild, das auf einem Baum gefunden wird. 1661 wird es an einer Buche an der Stelle der steinernen Säule vor der Kirche aufgestellt. Vier Jahre später, am 22. Juli 1665, erfolgt die erste wunderbare Heilung, die sich in Windeseile herumgesprochen haben muss, denn bereits wenige Tage später, am 15. August, trifft erstmals eine Wallfahrergruppe mit immerhin 52 Personen auf dem Mariahilfberg ein.

In Volders und am Mariahilfberg sind es jeweils gerade noch zwei Patres, von denen die Stellung gehalten wird. Wenn man nach der Herkunft etlicher Servitenpatres fragt, wird man immer wieder Luggau hören. Die kleine Ortschaft im Lesachtal war für Jahre eine sprudelnde Quelle für den Ordensnachwuchs. Es gibt dort immerhin noch zwei Geistliche und drei Brüder, die jedoch kräftiger weiblicher Hilfe bedürfen. Die Frauen des Ortes besorgen für den Konvent den Haushalt. „Wenn eine im Kloster gekocht hat, ist sie eine begehrte Heiratskandidatin. Dann kann sie was“, weiß Frau Lugger, die ihrerseits die Führungen übernimmt.

Für die Messen der Wallfahrer muss in Luggau das Messbuch in der richtigen Sprache aufgelegt werden. Deutsch und Italienisch sind für den Prior, P. Eugen Maria, kein Problem, er beherrscht beide Sprachen. Seine Mutter war eine Deutsche, sein Vater Italiener. „Zweisprachigkeit ist eine Voraussetzung für die Stelle in Maria Luggau“, sagt er. „In der Sakristei haben wir sogar ein Messbuch in Ladinisch.“

Maria Luggau liegt am Schnittpunkt dieser Bevölkerungsgruppen. Die Windischen, also die slawische Bevölkerung, kommen genauso wie die Italiener und die Deutschen. Fast scheint es, dass der Weg für die Wallfahrer nicht beschwerlich genug sein kann. Anders lässt es sich nicht erklären, dass Hunderte Menschen nach wie vor über die Lienzer Dolomiten und die Karnischen Alpen in stundenlangen Märschen die Sieben-Schmerzen-Wege auf sich nehmen. Die Straße, die im 17. Jahrhundert erstmals angelegt wurde und erst seit 1888 als solche bezeichnet werden kann, wird von den Pilgern verschmäht. Der Prior: „Es ist beeindruckend, wenn eine Prozession mit 630 Leuten, wie im vorigen Jahr, von da drüben zur Kirche herüber zieht. Einen Teil davon bringen wir im Kloster unter, die anderen wohnen bei den Ortsleuten.“

Das Gleiche gilt für den Mariahilfberg in Gutenstein, Niederösterreich. Der Aufstieg ist zwar kurz, aber dennoch mühsam genug. Für die Hoffnung ist kein Berg zu hoch. P. Franz: „Die Wallfahrer kommen, begrüßen das Gnadenbild, gehen zuerst den Kreuzweg, dann erst zum Gottesdienst. Ich sehe es als Vorteil, dass ich immer andere Leute habe. Ich kann mehrmals die gleiche Predigt halten. Jeden Tag kommen Menschen, die diesen Berg lieben. Es ist zwar ruhig, aber es bewegt sich immer was. Mir wird nicht fad.“

St. Peregrin auf dem Mariahilfberg bei Gutenstein hilft den Fußmaroden.

In Volders ist die Anreise unvergleichlich einfacher. Der Wallfahrtsort liegt direkt an der berüchtigten Inntalautobahn. Prior P. Leonhard: „Wallfahrten sind selten. Aber trotz des starken Verkehrs ist unsere Kirche eine Oase der Ruhe.“

Jeder der drei Wallfahrtsorte bietet seine speziellen Sehenswürdigkeiten: In Volders sind es die spätbarocken Kuppelfresken von Martin Knoller in der ältesten Karlskirche nördlich der Alpen. Deren Erbauer, der Arzt Guarinoni, kannte den Patron Karl Borromäus wahrscheinlich noch persönlich. Der von der Kuppel und den runden Anbauten geprägte Bau ist auffällig und hat ganz in der Nähe, wenige Kilometer Richtung Innsbruck, in Volderwald, ein Ebenbild im Kleinformat, die Kapelle zu Ehren des hl. Franz Borgias.

Auf dem Mariahilfberg gibt es links nach dem Eingang eine der seltenen Darstellungen des Fegefeuers, einen Armeseelenaltar, dem hohe künstlerische Qualität zuerkannt wird, geschaffen von einem unbekannten Meister um 1720. Außerhalb der Kirche wurden die bizarren Felsen mit den pittoresken Schwarzföhren in das fromme Geschehen rund um das Kloster einbezogen und zur verspielten Biedermeierlandschaft umgestaltet. Romantische Waldwege führen zum Kreuzweg, zu Grotten und Kapellen bis zum Raimundsitz, jenem Platz, an dem Ferdinand Raimund zum „Verschwender“ inspiriert worden sein soll.

In Maria Luggau sollte man sich um ein Skapulier bemühen, einen über Brust und Rücken getragenen Überwurf der weiblichen und männlichen Ordenstracht, ein Stück vom Trauergewand Mariens. Solche Stofffetzerln haben Brände gelöscht, Ertrinkende gerettet, die Räder der Henker zerbrochen und Galgenstricke abreißen lassen. Der Dank gebührte stets dem Gnadenbild, das dafür reiche Garderobe erhielt und zu jedem Fest des Jahres passend eingekleidet werden kann. Aus den silbernen und kupfernen Herzen, Füßen und Augen, die man ihm nach erfolgter Heilung vermacht hatte, wurden Ende des 18. Jahrhunderts vom kunstfertigen Lienzer Gürtler Anton Müller die Beschläge des Tabernakelaufbaues getrieben. Der Klostergarten wartet derzeit auf einen Mitbruder, der seine Liebe für ihn entdeckt und aus den wenigen Resten wie dem Spatzentempel und den paar Apfelbäumen wieder eine den Serviten würdige Prachtanlage zaubert.

Einen Ausflug sind die drei Wallfahrtsorte allemal wert. Den Serviten sind Besucher auch dann willkommen, wenn keine fromme Intention dahinter steckt. Dem Segen einer Kirchfahrt entgehen sie nicht. Irgend ein Anliegen, eine leise Hoffnung, die man verschämt der Gottesmutter zusteckt, hat doch ein jeder von uns. P. Eugen Maria Ferro sieht den Nutzen eher pragmatisch: „In der modernen Zeit gibt es keine Zeit zur Ruhe. Hier erfahren die Menschen, auch junge Menschen, dass sie endlich einmal Ruhe haben! Die Ruhe allein hat ihnen schon irgendwas gegeben.“

P. Franz Brunner, Prior des Klosters auf dem Mariahilfberg.

LITERATUR

E. ANGERLE: Die Kirchfahrt Luggau. In: Osttiroler Heimatblätter, 6. Jahrgang, Lienz 1930 (Lienzer Nachrichten).

HARRY KÜHNEL: Bildwörterbuch der Kleidung und Rüstung. Stuttgart 1992 (Alfred Kröner Verlag).

KARL LUKAN: Kärnten. Wien 2001 (Pichler Verlag).

AUGUSTIN M. PÖTSCHER: Maria Luggau. 5. Auflage Salzburg 1998 (Verlag St. Peter).

AUGUSTIN M. PÖTSCHER: Mariahilfberg. 6. Auflage Salzburg 1999 (Verlag St. Peter).

ROBERT M. WAHLER: Die Karlskirche in Volders. Innsbruck (Servitenkloster St. Karl Volders, Hg.).

INFORMATION

Servitenkloster Maria Luggau
A-9655 Maria Luggau, Tel.: 04716 / 601

Servitenkloster Volders
Volderwaldstraße 3, A-6111 Volders,
Tel.: 05223 / 56249

Servitenkloster Gutenstein
Markt 1, A-2770 Gutenstein, Tel.: 02634 / 263

Nagerle im Klösterle

Dominikanerinnenkloster in Lienz

Das Türchen an der Pforte wird einen Spalt weit geöffnet. Sie werde die Superiorin verständigen, sagt die Schwester Pförtnerin, man solle sich einstweilen ins Sprechzimmer setzen. Ein kahler Raum, in dem vor einem Garderobenpult Sessel stehen. Darüber hängt ein Gitter.

„Es bleibt oben", beruhigt Schwester Magdalena Eberharter, nachdem sie auf der anderen Seite des Pultes Platz genommen hat. „Bevor ich hier eingetreten bin, habe ich eine Schwester besucht, da war das Klausurgitter noch herunten."

Sie beginnt aus der Geschichte des Klosters zu erzählen, besser gesagt, zu lesen, hält sich an ein paar kopierte Zettel. In den fünfziger Jahren hat eine Schwester die wichtigsten Ereignisse seit der Gründung aufgeschrieben: Mit 1227 das älteste Dominikanerinnenkloster im deutschen Sprachraum, gegründet vom hl. Hyazinth, auf den auch die Dominikaner in Friesach zurückgehen, bestiftet von den Grafen von Görz, auf eine ältere Gemeinschaft aufbauend.

„Auf die Reyerinnen, die Reuerinnen", Sr. Magdalena hebt die Augen vom Skript, „oder wie die Leute gesagt haben, die Magdalenerinnen. Das Rieplerhaus da drüben, bei der Schmittn, das war das erste Kloster. Es hat viel unverheiratete Frauen und Witwen gegeben, und das religiöse Leben war im Aufblühen."

Was die braven Frauen zu bereuen hatten, entzieht sich heutigem Wissen. In Wien gab es das Büßerinnenhaus, ehemalige Prostituierte, an der Stelle des heutigen Franziskanerklosters. Eine Erklärung, die für Lienz nicht belegt ist. Vermutlich steht der selbe – heute kaum mehr nachvollziehbare – Grundgedanke wie bei den Geißlern dahinter. Aus purer Fröm-

Schwester Magdalena im Hof des Dominikanerinnenklosters.

migkeit und irrationaler Gottesfurcht lud man die Schuld der Welt auf sich und tat dafür Buße. Die großen Stifte mit zumeist adligen Damen waren auf die Büßerinnen, durchwegs arme Bauerndirnen, nichts neugierig. Ganz anders die eben entstandenen Bettelorden; sie nahmen sich dieser Gemeinschaften an und verschafften ihnen damit gesellschaftliche Reputation. Mit der Zugehörigkeit zu einem Orden wurden die Büßerinnen sogar für Grundherrn und Bischof interessant. Der Erzbischof von Salzburg soll den Pfarrern der Gegend ans Herz gelegt haben, die Schwestern bei Lienz beim Bau der Kirche zu unterstützen – mit Erfolg, denn an einem zweiten Fastensonntag, 1249 oder 1250, wurde die „Kirche St. Marein" geweiht. Den Kirtag gibt es noch. Am „Schwester-Kirbetlemerkt" werden den Leuten draußen von den Schwestern die Kirtagskrapfen aufgetischt.

Nach etlichen Umgestaltungen auf Grund von Bränden und einem Bombentreffer im Zweiten Weltkrieg haben die Schwestern heute ein freundliches, durchaus sehenswertes Gotteshaus zum „Mütterlein der Gnaden". Aus dem ersten „Kapellerl" wurde das „Grüftl", wo die Beichtväter, Patres aus Friesach, bestattet wurden.

„Die Mander dürften auch die Ökonomie g'macht haben", meint Sr. Magdalena. „Die Schwestern durften ja keinen Fuß vor die Klostertür setzen."

Als zum Schutz der Klausur eine Mauer hochgezogen werden sollte, legten sich die Nachbarn quer. Sie konnten ihr Vieh nicht mehr zur Isel zur Tränke treiben, weil ihnen der Durchgang durch den Klosterhof versperrt war. Ohne allen Respekt seien Männer und Weiber mit Dreschflegeln, Rechen und Stöcken vor dem Kloster erschienen, heißt es, und hätten die Frauen „derschreckt". Die Mauer wurde gebaut und steht bis heute, nach wie vor nicht unumstritten, wie Sr. Magdalena selbst erfahren musste: „Man wollte einen Radweg entlang der Isel bauen, da wäre die Klostermauer wieder im Weg gewesen. Wir haben uns aber erfolgreich gewehrt."

Die Franzosen zogen durch, dann die kaiserlichen Truppen. Das Frauenkloster überstand, wenngleich nicht unbeschadet, alle Stürme kriegerischer Männer.

„Im Zweiten Weltkrieg wurde die SS von der Priorin ausgetrickst", erzählt die Superiorin voll Genugtuung. „Die Männer wurden herumgeführt, und gezeigt wurden ihnen nur winzige alte Zellen, in denen beim besten Willen kein Mann Platz gehabt hätte. Damit ist dem Klösterle die Einquartierung erspart geblieben."

Die Klausur war und ist den Frauen wichtig. Nur eine funktionierende Abgeschlossenheit ermöglicht ihnen das ungestörte Dasein für ihre Berufung. Sie

Das Klösterle im Schatten der Dolomiten.

Gitter auf der Empore.

St. Wolfgang in der Seitenkapelle.

„Es soll immer was blühen", auch im Kreuzgarten.

wirkt nach beiden Seiten, als Schirm gegen die Außenwelt und nach innen bis zu einem gewissen Grad als Selbstschutz.

Sr. Magdalena: „Man muss die Klausur in sich haben. Ich kann eingesperrt sein und kann mit den Gedanken weiß Gott wo sein. Die Gedanken muss ich in Klausur haben. Die Klausur ist der Herr. Die Gedanken sind bei ihm, mit ihm."

Seit einiger Zeit gibt es den Wüstentag. Immer am Freitag dürfen die Schwestern nach dem gemeinsamen Frühstück ihre eigenen Wege gehen.

„Wir sind alle Bergleut', da will man schon einmal hinauf. Wer will, kann ein Buch lesen, kann in unserer Schule drüben ein Video anschauen, wir haben ja keinen Fernseher im Haus. Es tut gut, weil wir doch die ganze Zeit unter einer gewissen geistlichen Spannung stehen, damit das tägliche Gebet nicht verflacht. Ausschlaftag ist's keiner, wir sind alle Morgenmenschen."

Auf die Partnerschaft mit einem Mann und eine Familie mit Kindern hat sie verzichtet. Ihre Bilanz eines Lebens außerhalb des üblichen Ablaufes: „Ich habe viel gegeben, aber mehr zurück bekommen. Das Leben mit Gott kann man nur umschreiben. Das letzte Geheimnis ist nicht in Worte zu fassen."

Es ist ihr selber unerklärlich. In jungen Jahren war sie beruflich kreuz und quer durch Europa unterwegs gewesen. Wenn in einem Zugabteil Nonnen gesessen sind, hat sie sich einen anderen Sitzplatz gesucht, wollte nichts damit zu tun haben und wundert sich heute, dass sie Superiorin ist. Irgendwann ist ihr das Ausweichen nicht gelungen; sie ist mit einer Schwester in Kontakt gekommen. „Über sie habe ich das geistliche Leben kennengelernt und bin später ins Kloster eingetreten", erinnert sie sich. „Aber in der ganzen Zeit draußen habe ich nicht das erlebt, was hier an uns herangetragen wird. Ehepaare kommen, die Verwandtschaft, alle mit ihren Nöten und Beziehungsproblemen. Man muss für alle da sein. Wenn sie sich ausgesprochen haben, geht's ihnen besser."

Als ihre Hauptaufgabe sieht Sr. Magdalena die Compassio, das Mittragen an der Not der anderen Menschen: „Ich bete ja nicht für mich selber, ich tu's im Namen der vielen, die das ablehnen."

Manchmal wird dieser Dienst ausdrücklich erbeten.

Hostienbacken gehört zur alltäglichen Arbeit.

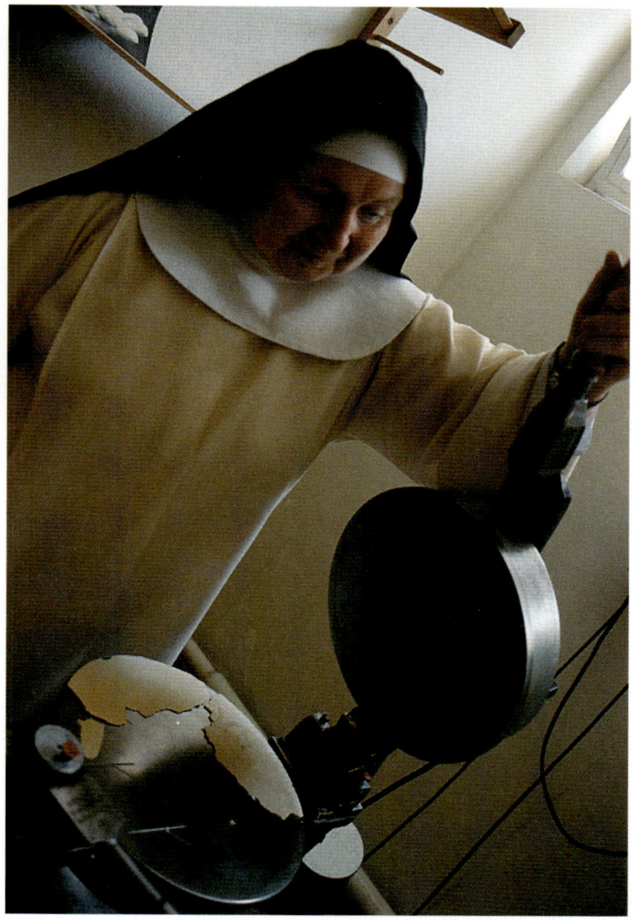

„Die haben das Vertrauen, deshalb hilft ihnen der Herr. Vertrauen gibt ihnen Mut und Kraft, dass sie ihr Schicksal derpacken. Die Nöte haben sich geändert, sind aber nicht weniger geworden."

Zehn Schwestern bewohnen das Klösterle derzeit. „Zwischen 90 und 55", umreißt die Superiorin den Altersschnitt. Dabei bräuchte das Haus junge Kräfte für die Schule, die dem Kloster angeschlossen ist. Das Auffädeln von Rosenkränzen und das Hostienbacken gehören genauso zur täglichen Arbeit wie die Pflege des Gartens.

Das mittlerweile angeregte Gespräch über das Leben in einem Frauenkloster wird aus dem Sprechzimmer hinaus in den Innenhof des Klosters verlegt. An der Fassade hinauf wuchern Weinranken.

„Der wurde für die Mitschwestern aus Südtirol angepflanzt, damit sie sich ein wenig heimisch fühlen. Es gibt sogar süße Trauben, wenn sie uns die Vögel nicht wegfressen."

Im Garten innerhalb der Klausurmauer wachsen die streng biologisch gezogenen Kräuter, aus denen die Schwestern Pech- und Senfpflaster, Arnikatinktur und Pfefferminztee für den Hausgebrauch herstellen.

„Früher, im 19. Jahrhundert, hat eine Schwester eine Apotheke betrieben, mit alten Büchern und Rezepten und einer kleinen Schnapsbrennerei. Unser Melissengeist wurde noch lange in der Apotheke drüben in der Stadt erzeugt, vielleicht gibt's ihn noch."

Den Obstgarten wollten die Schwestern schon roden.

„Die EU-Vorschriften sind eine Wissenschaft für sich, auch beim Obst. Aber wir wollten selm ein Fleckerl haben, wo uns niemand was drein reden kann. Streuobst nennen sie's jetzt, uralte Apfelsorten wie den Maschansker und die Lederrenette. Saft und Essig werden daraus gemacht."

Die meisten Mitschwestern stammen aus einer Landwirtschaft und lieben ihren Garten, was man ihm auch ansieht. Schwester Magdalena nimmt die Gießkanne.

„Es soll immer was blühen. Die Rosen, bei denen musst aufpassen, dass sie nicht grantig werden beim Umsetzen, oder die ganz seltenen Aloisiusglocken und da die Nagerle, die Nelken, wie die fein duften, die gibt's nur mehr bei uns."

LITERATUR

MONIKA OBERHAMMER: Pustets Klosterführer. Salzburg 1998 (Verlag Anton Pustet).

INFORMATION

Dominikanerinnen Klösterle,
Pfarrgasse 1, A-9900 Lienz,
Tel.: 04852 / 622 27

Der Wunderberg

Benediktinerstift St. Georgenberg-Fiecht

Die ersten Wallfahrer sind bei der hohen Brücke angekommen, ihr Zug reicht noch weit zurück ins Stallental hinunter. Es sind gut 2.000 Menschen, die in der Abenddämmerung fünf Kilometer Aufstieg auf sich nehmen. Hie und da brennen schon Fackeln, einzelne Gruppen haben Marienlieder angestimmt, trotz des schweren Atems, der sich bei einigen bemerkbar macht. Sie werden vom Rektor des Wallfahrtsortes, P. Bernhard Schweikl, erwartet.

„Friede und Versöhnung, das sind die wichtigsten Intentionen, derentwegen die Leute rauflaufen", sagt er über die Nachtwallfahrten. „1975 haben wir damit angefangen. Sie sind verwurzelt, strahlen in den gesamten süddeutschen Raum aus. Es ist wieder modern, auf dem Weg zu sein. Die meisten kommen nicht nur wegen der Romantik, die haben schon alle ein Anliegen, das sie herauf tragen. Vor allem die Jugend, die findet Zugänge, von denen wir keine Ahnung haben."

Darstellung einer Heiligen (Teresa von Avila?) im Museum des Klosters.

St. Georgenberg ist der älteste Wallfahrtsort Österreichs. „Und der einzige, den man nur zu Fuß erreicht", ergänzt P. Bernhard. „Um 950 hat sich ein gewisser Rathold, ein bayrischer Adliger, in eine Höhle in steiler Felswand hier in der Nähe zurück gezogen."

Der Eremit pilgerte nach Santiago di Campostella und brachte von dort ein Bildnis der Muttergottes mit. Gefährten schlossen sich ihm an, und der Platz wurde zu eng. Die Legende berichtet von der Suche nach einer neuen Stätte. Nachdem an anderer Stelle mit dem Bau begonnen worden war, hätte es immer wieder Verletzte gegeben. Zwei Tauben, so heißt es, hätten die blutigen Sägespäne auf diesen vorspringenden Felsen getragen, was als Wink des Himmels angesehen wurde. Die Kirche wurde dem hl. Georg, dem Einsiedler, geweiht, nach der Heimatpfarre von Rathold. Die Marienstatue bekam ihre Kapelle unter einer Linde einige Schritte oberhalb des Klosters.

„Der Georgenberg ist ein dreifacher Wallfahrtsort", sagt P. Bernhard. „Zum hl. Georg, zur Gottesmutter und zur Blutmonstranz."

Anno Domini 1310 soll es sich zugetragen haben, dass sich während einer Messe der Wein in Blut verwandelte, nicht nur im liturgischen Sinn, angeblich ganz real. Eine andere Quelle spricht davon, dass sich das Blutwunder auf St. Georgenberg zur Zeit des Abtes Rupert (1292–1316) zugetragen hätte. Ein nicht mit Namen genannter Priester zweifelte vor der Kommunion an der Transsubstantiation der Opfergaben; daraufhin hätte der Wein plötzlich die äußeren Merkmale des Blutes angenommen. Das Wunder erhielt die bischöfliche Bestätigung. Die rote Flüssigkeit wurde später in ein Glasröhrchen gefüllt und in der Monstranz zur Verehrung frei gegeben.

„Zu Unsrer Lieben Frau unter der Linde" auf dem Georgenberg.

P. Bernhard: „Als Wallfahrtsseelsorger bin ich vorsichtig bei Wundern. Trotzdem habe ich zwei Ereignisse erlebt, die das menschliche Verstehen übersteigen."

In dem einen Fall war es ein Mädchen, das mit einem sogenannten offenen Rücken zur Welt gekommen war. Es wäre sein Lebtag bewegungsunfähig und geistig abnorm gewesen. „Die Ärzte in Innsbruck ha-

ben den Eltern empfohlen, für ein baldiges Sterben des Kindes zu beten. Aber sie haben ihnen auch den Tipp gegeben, das Kind mit der Blutmonstranz segnen zu lassen. Es wurde gesegnet. Als das Kind sieben Jahre alt war, sind seine Eltern zu mir gekommen und haben eine eidesstattliche Erklärung abgegeben, dass ihr Kind vollkommen geheilt sei."

Das zweite Wunder widerfuhr einem jungen Mann. Bei einem Autounfall waren etliche Zentren seines Gehirnes dermaßen zerstört worden, dass die Spitalsärzte übereinstimmend meinten, dass dieser Bursch nie mehr seine Eltern erkennen würde und nie mehr ein Wort reden werde können.

„‚Wenn er's überhaupt überlebt', sagten sie, ‚wird er ein Pflegefall bleiben.' Die Eltern haben eine Messe für ihren Sohn bestellt. Er hat den Segen mit der Blutmonstranz bekommen. Nach acht Wochen macht er die Augen auf und sagt Papa und Mama. Er hat weiter studiert und später geheiratet."

Unfruchtbarkeit, Kindsnot, Verlust der graden Glieder oder pure Verzweiflung ließen die Menschen den Gang auf den Georgenberg antreten. Das Mirakelbuch ist voll davon. Eine Votivtafel, die ursprünglich in der hohen Brücke gehangen ist, erzählt von einer Schwester Koletta, die aus dem Kloster ausgerissen war und „ein siebenjähriges ärgerliches Leben"

Todsünde (links) und schwere Sünde (oben). Putti auf dem Beichtstuhl der Stiftskirche.

geführt hätte. Sie ließ ein Kind abtreiben und irrte umher, bis man ihr den Georgenberg empfahl. Als sie sich dort von der Brücke stürzen wollte, wurde sie von einem Geistlichen „gehinderet und durch Anrufung der Muttergottes also gerühret, das (sic) sie nach

Die Stuhlwangen in der Stiftskirche, ein Unikat im süddeutschen Raum.

abgelegter Beicht sich großmüthig entschloßen, in ihr Kloster zurückzukehren, so auch geschehen den 12. Juli 1760".

P. Thomas Naupp, Archivar, hat diese Tafel nach langem Überlegen doch im Museum des Stiftes belassen. Die Jahrhunderte haben ihr zugesetzt. Im Zuge der Ausstellung ist sie überdies ein wertvoller Mosaikstein zur Geschichte von Stift St. Georgenberg-Fiecht.

1138 kamen die Benediktiner auf den Georgenberg. Angesichts des Platzes auf dem Felsen kann man sich schwer vorstellen, dass dort ein ganzes Stift Platz gefunden hatte mit allem, was dazu gehört, wie Schreib- und Stiftsschule, in denen die Kranzl-Pater, Mönche mit Tonsur, alles Notwendige fürs Klosterleben lernten.

Im 17. Jahrhundert wurde dem Stift ein durchaus prominenter Gast zugeteilt. Melchior Kardinal Khlesl hatte den Protestanten zu viele Zugeständnisse gemacht und war deswegen gefangen gesetzt worden. Das geistliche Haus auf dem Felsen erschien Erzherzog Maximilian dem Deutschmeister als geeigneter Ort für die Haft. An der Brücke wurden Wachposten aufgestellt, jeder Ankommende peinlichst auf Kassiber durchsucht. Die Wallfahrt kam dadurch beinahe zum Erliegen. Die Einnahmen schrumpften empfindlich. Dem Kardinal konnte es egal sein, ihm selbst ging es keineswegs schlecht. Man weiß von einem täglichen Menü, bestehend aus zwölf Gängen, und von der Gesellschaft des Pfarrers von Hall, der sich mit ihm beim Tarockieren die Zeit vertrieb.

Nach etlichen Bränden entschloß man sich Anfang des 18. Jahrhunderts zur Übersiedlung ins Tal. Unter Abt Cölestin Böhm wurde in Fiecht in wenigen Jahren ein bezugsfertiges Stiftsgebäude errichtet. Ob es die drückenden Schulden waren, die mit dem Neubau und der Sanierung des alten Klosters angefallen waren, oder das viele Geld, das von allen Seiten dafür locker gemacht werden musste – jedenfalls hat es dem Abt nicht gut getan. 1709 verabschiedete er sich von seinen Mitbrüdern, unter dem Vorwand einer Reise zu einem Finanzier, und ward nicht mehr gesehen. Geblieben waren dem Kloster ein stattlicher Kredit und ein verzagter Konvent. Erst 1731 erfuhr man, dass Böhm sich verehelicht und zwanzig Jahre als angesehener Mann in Bamberg gelebt hatte.

„Am Ende seines Lebens hat er Buße getan. Seine Tochter ist sogar in ein Kloster gegangen und wurde Äbtissin“, erzählt P. Thomas. Mit dem Bau der Kirche musste man also zuwarten. Sie wurde erst 1750 eingeweiht. Verputzt ist sie bis heute nicht.

„Bei der jüngsten Renovierung wurde uns empfohlen, den Rohzustand zu belassen“, entschuldigt P. Thomas Naupp das nackte Mauerwerk. „Der Stein hebt ewig, der Verputz nicht. So haben wir die einzige unverputzte Stiftskirche in Tirol.“

P. Thomas Naupp.

Das Innere des Gotteshauses ist hell und eine gelungene Kombination von Barock und zeitgenössischer Kunst. Die Kreuzigungsgruppe des Bildhauers Leopold Hafner aus dem Jahr 2000 ist geradeso ausdrucksvoll wie die Schnitzereien auf dem Beichtstuhl aus 1775, auf dem ein grausam hässlicher Putto die Todsünde darstellt.

Als Besonderheit dieser Kirche zeigt P. Thomas die Stuhlwangen: „An jedem Ende einer Kirchenbank ist ein anderes Bild geschnitzt. Das ist ein Unikat im süddeutschen Raum.“

Achtzig Stück dieser Stuhlwangen gibt es in der Fiechter Kirche. Einige sind dem Leben des hl. Josef, des Kirchenpatrons, gewidmet, andere den Nothelfern oder dem Leben des hl. Benedikt.

„Das Rutenbündel ist kein Hinweis auf die Faschisten“, klärt P. Thomas auf. „Es ist das Bündel des heiligen Josef in der Geschichte mit den Freiern Mariens. Seines hat zu brennen begonnen, die anderen nicht. Oder hier, die Seele hechtet vom Erdball ab, und der Engel hat Mühe, den Josef oben zu halten, weil er sich der Seele gar so weit entgegenstreckt. Die schönsten Wangen hat der Meister Franz Xaver Nissl selber g'schnitzt.“

Anfang der sechziger Jahre des 20. Jahrhunderts hat sich Stift Fiecht von der österreichischen Benediktinerkongregation gelöst, „weil wir als westlichstes Benediktinerkloster den Anschluss verloren haben“ (P. Thomas).

Gemeinsam mit St. Ottilien sind Fiechter Patres in der Missionskongregation als Missionare in der ganzen Welt unterwegs. Eine kleine Ausstellung im Anschluss an die Historie des Hauses regt zum Nachdenken an, wie weit es sinnhaft ist, Menschen zum christlichen Glauben zu führen. P. Thomas Naupp: „Mission ist immer mit Entwicklungshilfe verbunden und eine Alternative zu den Muslimen, die ihrerseits ebenso eifrig missionieren.“

Nachdem in den fünfziger Jahren damit begonnen wurde, den, „auf gut Deutsch g'sagt, Saustall, den die französischen Besatzer zurückgelassen haben“ (ein ärgerlicher P. Thomas), aufzuräumen, ist man heute bereit, Gäste zu empfangen. P. Arno Münz bietet den Menschen an, sich für eine oder zwei Wochen eine Auszeit zu nehmen.

„Wir wollen die Menschen vom Ort her einladen. St. Georgenberg ist die Stätte, wo Menschen seit tausend Jahren hinpilgern, beten, Einkehr halten, persönliche Dinge ablegen. Pilger kommen vorbei, wir sind Teil des Jakobsweges. Das Wandern steckt den Menschen im Blut, aber das Pilgersein zeigt sich auch in negativer Weise, in der Unrast, in der Hektik.“

Einer der Tänze, der bei diesen Veranstaltungen gelehrt wird, heißt nicht umsonst „Pilgertanz“: vier Schritte vor, drei zurück.

Literatur

Karin Hösch: Stiftskirche St. Josef. Passau 2001 (Kunstverlag Peda).

Wolfgang Ingenhaeff-Berenkamp: Wallfahrt St. Georgenberg, Schwaz 1986 (Berenkamp).

Thomas Naupp: Vom Schul- und Schreibwesen auf St. Georgenberg im Spätmittelalter und zu Beginn der Neuzeit. In: 850 Jahre Benediktinerabtei St. Georgenberg-Fiecht. St. Ottilien 1988 (Verlag Erzabtei St. Ottilien).

Thomas Naupp: Interessantes zur Baugeschichte der Abtei Fiecht und der Stiftskirche. In: 250 Jahre Stiftskirche. Passau 2000 (Kunstverlag Peda).

Thomas Naupp: Wallfahrt St. Georgenberg auf Andachtsbildchen. Reith i. A. 2001 (Edition Tirol).

Information

Benediktinerstift St. Georgenberg-Fiecht,
A-6134 St. Georgen-Fiecht, Tel.: 05242 / 632 76-0,
E-Mail: anselm@tirol.com

Kunst der Frömmigkeit

Servitenkloster in Innsbruck

Zwei Liebesgeschichten mit völlig verschiedenen Vorzeichen haben Tirol zwei bemerkenswerte Kunstsammlungen beschert: eine himmlisch-irdische und eine recht irdisch-himmlische. Die eine davon, die Kunstkammer auf Schloss Ambras, zählt zum Pflichtprogramm eines jedes Tirolbesuches. Die andere Sammlung versteckt sich so gut hinter Klostermauern, dass kaum ein Tourist danach fragt.

Philippine Welser war die erste Frau Erzherzog Ferdinands II. Er war jenseits der Fünfzig, als sie, seine große Liebe, starb. Die prächtigen und kuriosen Schätze, die Ferdinand für sie, von ihr inspiriert, gesammelt hatte, strahlen die Lebensfreude dieser geglückten Verbindung zweier lebensfroher Menschen wider. Man rühmte die Schönheit, die Weltgewandtheit, die Kochkunst dieser Frau. Ihre raffinierten Rezepte hat sie aufgeschrieben, und zu besonderen Anlässen wird noch heute danach gekocht. Zwei stattliche Söhne hatte sie ihm geboren, allerdings behaftet mit dem Makel ihrer bürgerlichen Herkunft und demgemäß nicht zur Nachfolge des Regenten berechtigt. Die Räson verlangte einen Thronfolger und damit eine zweite Ehe. Der 56jährige Erzherzog ließ sich überreden und ehelichte seine Nichte Anna Katharina Gonzaga von Mantua, ein Mädchen mit gerade sechzehn Jahren. In ihrer Kindheit hatte sie eine schwere Krankheit überstanden und war für das Kloster bestimmt gewesen. Ihre Frömmigkeit habe ihre äußeren Reize bei weitem überwogen, lassen uns Be-

Naturwissenschaftliche Motive und Karikaturen auf den Kästen in der Schatzkammer.

Die Schatzkammer ist das Ergebnis der Sammelleidenschaft von Anna Katharina Gonzaga.

richte taktvoll wissen. Sie fügte sich den Notwendigkeiten der Heirat, die über die Köpfe der beiden Betroffenen ausgehandelt worden war. Sie war, wie berichtet wird, mit großer Freude nach Innsbruck gekommen und hatte sich zudem auf den Ehestand gründlich vorbereitet; für den Erzherzog vielleicht etwas zu gründlich, denn sie überzeugte ihn, sechs Wochen nach der Hochzeit, in „reinlichkeit" nebeneinander zu leben und verordnete dem von seiner ersten Frau in jeder Beziehung Verwöhnten eine Reihe von Fasttagen. In der Überredungskunst dürfte sie geschickt gewesen sein, denn nach anfänglichem verständlichem Widerstand soll ihr Gatte diese Einschränkung seines bisherigen Lebens als für seine Gesundheit durchaus zuträglich befunden haben. Während er seiner großen Liebe inmitten seiner Schätze in Ambras nachtrauerte, begann seine junge Frau ihrerseits eifrig mit dem Sammeln von Kunstgegenständen. Ihrer eigentlichen Berufung zu einem Leben in größtmöglicher Frömmigkeit kam sie zu Lebzeiten ihres Gatten insofern nach, als sie ihn überredete, die Kapuziner nach Innsbruck zu berufen. Den ersehnten männlichen Erben schenkte auch sie den Tirolern nicht. Die Früchte dieser „vernünftigen" Ehe waren drei Töchter.

Nach dem Ableben ihres Gatten (1595) war für Anna Katharina Gonzaga der Weg frei zur – um einen modernen Ausdruck zu verwenden – Selbstverwirklichung. Sie stiftete in Innsbruck die Servitenklöster: das Regelhaus und das damit verbundene „Versperrte Kloster", also ein Doppelkloster, und das noch bestehende Männerkloster in der Maria-Theresien-Straße. Nach der Heirat ihrer Tochter Anna mit Kaiser Matthias in Prag, bekannt durch den Bruderzwist im Hause Habsburg, folgte sie ihrer ersten großen Liebe, dem Klosterleben. Gemeinsam mit ihrer zweiten Tochter trat sie in das Regelhaus ein.

„Jeder Servit hat das Bild von Anna Katharina Gonzaga in seiner Zelle", weiß die Kunsthistorikerin Dr. Monika Frenzel und zeigt auf ein Porträt, auf dem eine blasse Frau mit schmaler langer Nase und krausem rotem Haar betend kniet. „Sie wird heiligmäßig verehrt."

Dr. Frenzel darf kleine Besuchergruppen in die Kunstkammer des Servitenklosters führen. Mit flottem Wesen bringt sie Schwung in die beschaulichen Klostermauern. Ihre erste Station sind die persönlichen Hinterlassenschaften der Klostergründerin: „Beachten Sie die Schuhe hier, höchst modern, in einer etwas bequemeren Ausführung könnte man sie ohne weiteres heute tragen."

Der Schreibtisch neben dem Schrank mit dem eleganten Schuhwerk ist über und über mit feinen Einlegearbeiten verziert. „Tirol war damals führend in der Intarsienkunst. Dieses außergewöhnliche Möbelstück dürfte noch aus der feudalen Zeit von Anna Katharina stammen, ebenso dieser kleine Passionsaltar, der Reisekoffer – Louis Vuitton lässt grüßen – und das goldene Besteck, das sie von Dr. Hippolytus Guarinoni geschenkt bekam", zählt Dr. Frenzel auf, um in einem Zug dessen in Tirol weitgehend bekannte Persönlichkeit vorzustellen: „Seine zweite Frau war Hofdame, er war Arzt des Damenstiftes. Guarinoni war Page am Hof von Karl Borromäus in Mailand und später Bau-Dilettant. Er ließ die Kirche in Volders errichten."

Bruder Johann Paul vor einem der Kästen, die von der Malerfamilie Welser gestaltet wurden.

Ein kleines Büchlein enthält die Lebensbeschreibung von Anna Katharina, die als Klosterfrau den Namen Anna Juliana angenommen hat.

„Um die Verwirrung perfekt zu machen, hat ihre Tochter Maria den Ordensnamen Anna Katharina angenommen."

Völlig frei von irdischer Eitelkeit dürfte die Fromme dennoch nicht gewesen sein, da sich auf den zahlreichen Porträts immer wieder die Zeichen weltlicher Macht finden.

„Hier der Erzherzoghut, ganz geschickt, das sieht man überall, einen Teller mit dem Bindenschild und dem Orden des Goldenen Vlieses und immer wieder die Hinweise auf ihre Leistungen. Schließlich hat sie in Innsbruck drei Klöster gegründet."

Die prächtig gefassten Reliquien wurden zum guten Teil von Anna Katharina angeschafft. So heißt es, dass sie mit viel Energie „heilige Leute" oder Teile derselben nach Innsbruck bringen ließ, wobei nicht nur der Abt von Wilten und der Rat der Stadt Innsbruck, sondern auch seine Heiligkeit, der Papst, persönlich zur Beschaffung der „Heiltümer" eingespannt worden waren. Nach Anna Katharinas Tod wurden auch ihrem Leib, ihrem Habit und ihrem Sarkophag Teile entnommen und kunstvoll gefasst.

Dr. Frenzel: „Immer wieder wurden ihre Bildnisse mit Reliquien behübscht; hier die Haare ihrer Tochter, die bei der Profess abgeschnitten worden waren, und das Zingulum von Anna Katharina."

Vor dem Jesuskind aus Elfenbein und Ebenholz gerät die Historikerin ins Schwärmen: „Etwas ganz Besonderes. Es liegt in einem Körbchen mit einem entzückenden kostbaren Gewand, und wenn Sie sich den Schmuck ansehen, dann ist es etwas sehr Seltenes: Perlen, Granaten, Korallen, und das Armband und die Halskette aus dem Besitz der Anna Katharina Gonzaga. Die Klosterfrauen haben solche Jesuskinder in der vorweihnachtlichen Zeit gewiegt, um sich mystisch zu versenken."

Das Bild mit der Heiligen Dreifaltigkeit stammt von Franz Anton Maulpertsch, als er in Innsbruck den Riesensaal in der Hofburg ausgemalt hat. Es

Die Kunsthistorikerin Dr. Monika Frenzel darf Besucher in die Schatzkammer führen.

Der Intarsientisch dürfte aus der feudalen Zeit von Anna Katharina Gonzaga stammen.

dürfte von den Serviten angeschafft worden sein. Mit Sicherheit ist es zwischen 1765 und 1770 hier gemalt worden, heißt es im Kloster.

Kupferstiche zeigen alte Ansichten von Servitenklöstern, und der Anblick stimmt wehmütig. Bei jedem der Häuser, auch dem in Innsbruck, ist ein liebevoll gestalteter Garten zu erkennen.

„Es gibt sie nicht mehr", bedauert die Kunst- und Gartenhistorikerin Dr. Frenzel. „Ja, die Serviten waren auf diesem Gebiet Spezialisten."

Sie kennt auch die Schätze, die in der Bibliothek noch zu heben sind: „Es gibt hier Codices von Marc' Antonio Cesti, einem der bedeutendsten Opernkomponisten des 17. Jahrhunderts, der in Innsbruck komponiert und seine Opern geschrieben hat, dazu einen großen Folianten, in dem die Bühnenbilder, die Entwürfe zu sehen sind. Auf seinen Opern fußen die heutige Alte Musik und die Barockopern. Das hängt wieder damit zusammen, dass die Landesfürstinnen alle Italienerinnen waren und direkten Kontakt zu Florenz sowie den Medici pflogen. So haben wir hier das erste Opernhaus nördlich der Alpen frei stehend, das Comedi-Haus, kurze Zeit darauf gleich ein zweites, das Hofopernhaus."

Dr. Frenzel ist Tirolerin und deshalb stolz auf die musikalische Vorreiterschaft ihres Landes, die sich in der Bibliothek der Serviten eindeutig dokumentieren lässt. Sie kann davon jedoch nur erzählen, denn der Zutritt ist versagt. Es wird daran gearbeitet, an der überfälligen Konservierung der Bücher, und man kämpft gegen den Schimmelpilz, heißt es von verantwortlicher Seite.

Zumindest gibt es die Bücher noch. Von den Gegenständen des Naturalienkabinetts hingegen sind die meisten verloren gegangen, abgesehen von Bergwerksgeräten – sie stammen vom Vater eines Serviten – und den Kästen. Sie wurden 1757 von der Malerfamilie Welser gestaltet. Naturwissenschaftliche Motive und Karikaturen von Persönlichkeiten ihrer Zeit beleben das Bildprogramm dieser Schränke, in denen die Kunstgegenstände aufbewahrt werden. Teller aus Fayence, Pietre dure-Arbeiten (Florentiner Mosaik, aus verschiedenfarbigen Steinen, auch Schmucksteinen) und Gemälde, die den Serviten später zugekommen sind, ferner Handsteine, also mit winzigen, feinst gearbeiteten Figuren versehene Erzproben, wie man sie den Landesfürsten schenkte – all das wurde über die Jahrhunderte mit Aufhebungen 1783 und 1939 auf wundersame Weise ins Heute gerettet. 1998 wurde die Kunstkammer wieder instand gesetzt und – in beschränktem Umfang – der Öffentlichkeit zugänglich gemacht.

LITERATUR

HERTA ARNOLD-ÖTTL: Die Kunstkammer der Serviten in Innsbruck. Innsbruck 1998 (Heimatwerbung Tirol).

ALFRED BAUMGARTNER: Barock-Musik. Salzburg 1981 (Kiesel Verlag).

ELISABETH HILSCHER: Mit Leier und Schwert. Graz 2000 (Styria).

INFORMATION

Kunstkammer der Serviten,
Maria-Theresien-Straße 42, A-6020 Innsbruck,
Tel.: 0512 / 588 883,
oder Verein „Per Pedes",
Burggraben 3, Tel.: 0512 / 5356–30

Das heilige Land Tirol

Kapuzinerkloster in Innsbruck

„Wir alle sind Brüder!" Freundlich korrigiert Bruder Bernhard, der Pförtner, die Frage nach dem Pater Guardian. So stellt man sich einen Kapuziner vor: mit grauem Vollbart und der vollkommen natürlich entstandenen Tonsur, die weiße Schnur mit den drei Knöpfen um die Kutte, alles sauber wie das neugestaltete Klostergebäude selbst. Der helle Kreuzgang, eine moderne Konstruktion aus Holz und Glas, gibt den Blick in einen liebevoll angelegten Garten frei. Die Gäste des Klosters haben ihre eigene kleine Küche neben der Pforte.

„27 Leute waren es allein heute, die hier verpflegt wurden", weiß Bruder Bernhard. „Einem Armen sieht man heutzutage nicht unbedingt an, dass er arm ist. Sie haben einfach zu wenig zum Leben." Um sich selber und seine Schützlinge zu erhalten, braucht das Kloster Spenden und vor allem junge Leute, die dort eintreten, die als Kapuziner ihre Berufung finden: „Einen Jungen haben wir, der Theologie studiert. Die anderen sind eher schon ältere Herrschaften." Weil ihnen deswegen manche Aufgaben schon schwerfallen, wurde für die Zentralbibliothek der Nordtiroler Kapuzinerprovinz eine Kraft von draußen engagiert. Manfred Massani ist gelernter Bibliothekar und arbeitet an einem Bestand von, wie er schätzt, 80. bis 90.0000 Büchern. Sie stammen aus eigenen Beständen; die Kapuziner betrieben hier im Haus in der Kaiserjägerstraße seit dem 17. Jahrhundert ein eigenes philosophisch-theologisches Studienkloster und brauchten Lehrmaterial. Der Rest

Das Arbeitszimmer Erzherzog Maximilians in der Eremitage aus dem Jahre 1615 (oben).
Auch eine einfache Küche war für die Klausur vorgesehen (rechts).

stammt aus Kapuzinerklöstern der Nordtiroler Provinz.

Das Innsbrucker Kloster war zweimal aufgehoben worden, das erste Mal unter Joseph II., dann in der NS-Zeit. Von den Büchern, die dabei weggebracht wurden, konnte jeweils wieder ein Teil zurückgeholt werden. „Durch das Bemühen engagierter Leute, weil die Bücher für das Aufbaustudium wichtig wa-

Die letzten Räume der Eremitage sind mit Tuffstein verkleidet.

ren.“ Manfred Massani erweist den Leuten, die dem Kloster dieses beachtliche Erbe gesichert haben, Hochachtung und übt sich in Bescheidenheit: „Wir haben keine Schaubibliothek wie die großen Stifte, keine großartigen Handschriften, sehr wohl aber an die 100 Inkunabeln.“ Mit einem Griff zieht er eine Schedelsche „Weltchronik“ aus dem Regal: „Aus 1500, gerade noch eine Inkunabel. Ab 1440 bis 31. Dezember 1500 kann man diese frühen Drucke als solche bezeichnen; eine Kuriosität, weil es sich um einen Raubdruck handelt.“

Seit 1487 waren von Hartmann Schedel diese aufwändigen Druckausgaben mit 800 Holzschnitten und 32 realen Stadtansichten erschienen und erzählten unter dem Titel „Liber chronicarum“, das Buch der Chroniken und Geschichten, die Weltgeschichte, angefangen von der Erschaffung der Welt bis herauf ins späte Mittelalter, eingeteilt in Weltalter. Ein gewisser Johann Schönsberger hatte Raubdrucke herausgegeben, in diesem Fall mit brandaktuellen Ereignissen wie der Entdeckung Amerikas.

„Das Kräuterbuch, ein ganz besonderes Stück, habe ich im Kloster Dornbirn geborgen.“ Massani schlägt das Titelblatt dieser Inkunabel auf. „Hortus sanitatis uff teutsch, Mainz 1485“. Beschrieben werden Heilpflanzen, zuerst in Latein, dann eben uff teutsch, mit praktischen Hinweisen für ihre Anwendung, mit kolorierten Holzschnitten zur besseren Anschaulichkeit. „Ein gängiges Buch, das Standardwerk für Apotheker, das 1860 noch bei Hof verwendet worden sein soll.“

Als vordringlichste Aufgabe sieht Massani die Erstellung eines Computerkataloges, um die Bibliothek auch über Internet zugänglich zu machen. Die Homepage ist bereits erstellt und bietet einen umfassenden Überblick über allgemeines und im Speziellen monastisches Bibliothekswesen (www.kapuziner.at/zentralbibliothek/).

Kommen im Kapuzinerkloster die Kunstschätze zur Sprache, wird auf das bekannteste Werk verwiesen: eine Madonna lactans, die stillende Muttergottes von Lucas Cranach, das älteste öffentlich verehrte Marienbild Innsbrucks.

Die größte Kuriosität des Klosters ist allerdings nur nach Rücksprache mit dem Bundesdenkmalamt in Innsbruck zugänglich. Hofrat Dr. Franz Caramelle, Landeskonservator, besorgt sich in der Pforte den Schlüssel zur Eremitage.

„Sie ist ein Persönlichkeitsdenkmal von Erzherzog Maximilian III., dem Deutschmeister, Sohn von Maximilian II., der hier ein sehr gottesfürchtiger Landesfürst war, und es ist in dieser Form einmalig“, schickt er voraus. „Nach der Reformation, in der Gegenreformation, hat er Tirol auf Vordermann gebracht. Das heilige Land Tirol, wie es heute zeitweise noch genannt wird, geht auf diesen Erzherzog Maximilian III. zurück. Als Hochmeister des Deutschen Ordens hatte er bereits die niederen Weihen empfangen und auf Ehelosigkeit etc. die Gelübde abgelegt.“

Sein Vorgänger, Ferdinand von Tirol, hatte keine rechtmäßigen Erben hinterlassen, also musste Maximilian gegen seinen Willen dieses Amt antreten. Während seiner Regierungszeit ließ er sich die Eremitage anfertigen, um hier das Leben eines frommen Einsiedlers führen zu können.

„Durch einen großen Zufall ist sie erhalten. Früher war sie eine Sehenswürdigkeit, in alten Reisebeschreibungen von Innsbruck ist immer wieder von dieser großen Kuriosität zu lesen. Sie ist dann in Ver-

Die Schedelsche „Weltchronik" in der Zentralbibliothek der Nordtiroler Kapuzinerprovinz.

gessenheit geraten. In den letzten Jahren hat man sich dieses Juwels wieder erinnert und es mit Hilfe der Messerschmitt-Stiftung renoviert. Jetzt gibt's einen Vertrag, dass diese Eremitage, ein so intimer Sakralraum, nicht geeignet ist, um Touristengruppen durchzuführen. Es darf auch keine Stadtführerin hier herein."

Auf Höhe des ersten Stockes befindet sich rechts ein Betraum von Anna Katharina, Prinzessin von Mantua, aus dem Hause Gonzaga.

„Eine traurige Geschichte", meint Dr. Caramelle. „Der Ferdinand hat ja ein tragisches Schicksal erlebt, dass er seine über alles geliebte Frau, die Philippine Welser, so früh verloren hat. Die hat ihm zwei Söhne geschenkt, zwei g'sunde, schöne, sie waren aber für die Nachfolge nicht geeignet, weil die Ehe nicht standesgemäß war. Da stirbt die Philippine Welser, und der Ferdinand wird bedrängt, da muß unbedingt ein Nachfolger her. Und mit 56 Jahren hatte er Schwierigkeiten, eine adäquate Person zu finden, er hat seine eigene Nichte geheiratet. Mit ihr hatte er drei Töchter."

Anna Katharina drängte ihren Mann, die Kapuziner nach Tirol zu holen. 1594 wurde das Innsbrucker Kapuzinerkloster gegründet, als ältestes im deutschen Sprachraum.

„Anna Katharina hat ohnehin schon als junges Mädchen gesagt, ich werde nie heiraten, ich geh' auf alle Fälle ins Kloster. Deswegen hat sie sich von der Hofburg herüber einen geschlossenen Übergang auf Stelzen bauen lassen und hat hier den Chorgebeten der Mönche beigewohnt."

Maximilian hat seine Klausur an diesen Betraum drangebaut. 1615 war er fertig. Seine Denkungsart wird mit dem Spruch über dem Eingang deutlich: „Kurz ist der Traum der Zeit, ohne End' die Ewigkeit".

Besucher des Erzherzogs durften bis in den Audienzraum vordringen, weiter nicht. Der zweite der winzigen Räume war sein Arbeitszimmer. Auf der dem Eingang gegenüberliegenden Wand sieht man auf einem Gemälde Maximilian, auf dem Totenbett liegend. Dr. Caramelle: „Das Besondere daran ist, dass auch die Gegenstände hier vom Maximilian sind.

Das Kräuterbuch „Hortus sanitatis", eine Inkunabel aus dem Jahre 1485.

Alle Habsburger Prinzen mussten in ihrer Jugend ein Handwerk erlernen, Maximilian das Drechslerhandwerk, und dieser Tisch, dieses Tintengeschirr, der Hammer und das Aspergil (Weihwasserwedel), der Scherenstuhl und dieser Drehsessel, das alles ist von Maximilian dem Deutschmeister selbst gefertigt."

Sicherheitshalber wurde alles am Tisch festgenagelt, als Vorbeugung gegen etwaige Diebstähle, die auch bei erlesenen Besuchern vorkommen, wie Dr. Caramelle meint.

Dieser Raum ist holzvertäfelt. Die Wände der folgenden Räume sind mit Schieferplatten und die der letzten mit Tuffstein verkleidet. Es gibt ein Schlafzimmer mit der Bettstatt des Erzherzogs, eine Speis, eine kleine Küche, wo Maximilian selber gekocht hat, und einen kleinen Garten, in dem er sein Gemüse gezogen hat.

„Es heißt heute noch das Maximilian-Gärtchen. Er hat sich wirklich selbst verpflegt wie ein Einsiedler, und er hat wahrscheinlich auch den Nachttopf da ausgeleert, weil es in der ganzen Eremitage keine Toilette gibt."

Der letzte Raum ist der Chorraum. Von dort aus konnte er das Gebet der Mönche mitverfolgen.

Man weiß nicht, wie oft Maximilian hier war, wie oft er von der Politik weg in Klausur gegangen ist. Lange konnte er jedenfalls dieser überaus persönlichen Form der Frömmigkeit nicht nachgehen. Er starb am 12. November 1618 in Wien und ist im Dom St. Jakob zu Innsbruck beigesetzt.

Die Tiroler Kapuziner haben sogar in die Operette Eingang gefunden. Im Vogelhändler von Carl Zeller räsoniert Adam über seine Liebe zur Christel von der Post: „Denn dann will i nix mehr wissen, dann du schnöde Welt fahr wohl, denn dann werd i Kapuziner dort wo hinten in Tirol."

Die Ansiedlung dieses Bettelordens hat sich bereits wenige Jahre nach der Gründung als Goldgriff erwiesen. Während der Pestzeit um 1612 waren die Großen der Stadt aus Innsbruck davongerannt und hatten die Bevölkerung mit der Katastrophe allein gelassen. Dr. Caramelle: „Die Kapuziner haben soviel Reputation im Volk erworben, weil sie eben die Kranken gepflegt haben. Sie haben sich selber angesteckt, und etliche von ihnen sind daran gestorben. Und es ist auch heute noch so: Zu den Kapuzinerpatres hat man das meiste Vertrauen; wenn man überhaupt noch beichten geht, dann geht man da her."

Literatur

Monika Oberhammer: Pustets Klosterführer. Salzburg 1998 (Verlag Anton Pustet).

Information

Kapuzinerkloster,
Kaiserjägerstraße 6, A-6020 Innsbruck,
Tel.: 0512 / 584 914–0

Weiß wie der Engel am leeren Grab

Prämonstratenser-Chorherrenstift Wilten, Innsbruck

Ostern ist das Fest für die größte Glocke von Stift Wilten. Die Auferstehungsglocke ist das Fundament eines durch und durch reinen Geläutes – feine Ohren vernehmen die Melodie des Salve Regina –, und gleichzeitig ist sie Programm des Ordens.

„Wir sollten österliche Menschen sein", sagt Diakon Nikolaus Albrecht, Mitglied des Wiltener Prämonstratenser-Konvents, Pförtner, Zeremoniär, Kirchenrektor. Er strahlt übers ganze Gesicht: „Die Freude über die Auferstehung! Nichts anderes verkünden die Glocke und unser weißes Ordensgewand."

Turm der barocken Stiftskirche von Wilten in den markanten Farben Gelb und Rot.

Sein Talar sitzt wie angegossen. „Meine Feuerwehruniform muss allerdings erweitert werden", meint er, schaut an seiner stattlichen Figur herab und lacht herzlich: „Auch als Feuerwehrkurat von Amras sollte man gute Figur machen."

Man hält was in Tirol auf feierliche Prozessionen und auf die Traditionen, die darin ungebrochen weiterleben. Schützen und Feuerwehrabordnungen marschieren im Takt der Blaskapellen auf. Das Kloster in würdigem Gelb-Rot und der Berg Isel stellen die beeindruckende Kulisse, wenn in Wilten Auferstehung gefeiert wird.

Dass in all diesen Tönen pure Harmonie herrscht, ist ein Mitverdienst von Herrn Nikolaus. Er hat gemeinsam mit der Firma Grassmayr die jüngsten Glocken in das bestehende Geläute eingepasst. Mit diversen Änderungen, zum Beispiel mit hölzernen statt den stählernen Jochen und mit Jalousien an den Turmfenstern, wurde für milden Wohlklang gesorgt.

„Für den uns die Leute in der Umgebung dankbar sind", ist er überzeugt. Dabei konnte er auf die mehr als 400jährige Erfahrung dieser Glockengießerei (seit 1599) bauen. Dass die Zusammenarbeit bestens funktionierte, ist nicht nur der örtlichen Nähe von Kloster und Gießerei – es sind nur wenige Schritte – zu verdanken. Auch in der Glockenfirma ist man vom Sachverstand des „Pater" Nikolaus begeistert – zumal er per Computersteuerung den Glocken ein Schonprogramm verordnet hat. Er erinnert sich an den Einbau des elektrischen Läutwerks:

„Früher haben vier Leute an der großen Glocke ziehen müssen. Später hat man nur mehr den Schalter umgelegt und ständig alle Glocken geläutet, ewig

Mächtige solide Dachflächen behüten das Prämonstratenser-Chorherrenstift.

lang. Man hat nicht mehr zwischen Feiertag und Werktag unterschieden." Jetzt wird zur Vesper an Wochentagen genau zwei Minuten geläutet, am Sonntag drei und an Feiertagen ausnahmsweise etwas länger. „Eine der Glocken, die F-1, ist dem heiligen Augustinus geweiht", erzählt er. „Von ihm, dem Heiligen mit dem brennenden Herzen, haben wir unsere Ordensregel."

„Ordensgründer ist Norbert von Xanten", fügt Prior Klemens Halder hinzu. Seine Einführung in die Geschichte von Stift Wilten ist leise. Beinahe schüchtern führt er den Gast in die Aula hinauf – wo einem im ersten Moment der Mund offen stehen bleibt: der Empfangssaal eines Schlosses, weiße Balkone, Stuck und Fresken, eine Lichtflut durch die großen Fenster im Westen, weite Gänge und eine Treppe, die zu Aufgängen in das nächste Stockwerk führt.

Der unbarmherzig helle Glockenschlag der Uhr über dem Eingang zur Klausur lässt den Überraschten zusammenzucken. Niemand kann sich dieser unerbittlichen Zeitansage verschließen, nicht diesseits und nicht jenseits der Trennwand zwischen draußen und drinnen, zwischen dem Bereich, der auch für Außenstehende zugänglich ist, und der Klausur, dem Teil des Klosters, der den Mitgliedern des Konvents vorbehalten ist, in einem Männerkloster zumindest für Frauen unzugänglich. Was spielt sich in der Klausur ab? Weshalb sind diese Räumlichkeiten gesperrt? Die Neugier ist groß, aber in diesen ersten Augenblicken des Staunens scheint sie unangebracht.

Herr Klemens unterbricht das Schweigen: „Das Gemälde an der Decke zeigt die Gründungslegende des ersten Klosters der Prämonstratenser", und er erzählt die Geschichte vom Traum des heiligen Norbert. „Dieser war mit seinen Gefährten auf der Suche

Blumen und Bäume im Kreuzgarten werden von den Chorherren liebevoll betreut.

nach einem geeigneten Platz für eine Stiftsgemeinschaft. In Prémontré sei ihm im Traum der Gekreuzigte erschienen, was als Bestätigung für den richtigen Ort ausgelegt wurde. 1121 wurde der Prämonstratenserorden gegründet. Das weiße Bußgewand aus ungebleichter Wolle wurde zum Vorbild für die Ordenskleidung."

Seit 1138 hat der Orden in Wilten eine Niederlassung, an der Stelle eines Kollegiatstiftes, also eines Konvents von Weltpriestern. Innsbruck gab es noch nicht, lediglich eine unbedeutende Siedlung am jenseitigen Innufer. Die jetzige Landeshauptstadt wurde erst später gegründet, auf dem Boden, den das Stift dem Grafen von Andechs, Berthold III., überließ. Die barocke Triumphpforte am Ende der Maria-Theresien-Straße war Grenzzeichen zwischen den Gemeinden Innsbruck und Wilten, bis zu deren Zusammenlegung 1904.

Weshalb an dieser Stelle überhaupt ein Kloster steht, beantwortet der Riese Haymon. Er war aus dem Rheinland über den Zirlerberg in das Inntal gewandert und hatte sich hier niedergelassen. Er geriet mit dem hier ansässigen Riesen namens Tyrsus in Streit. Anlass war der Verdacht, dass dieser die tagsüber erbaute Behausung des Nachts immer wieder heimtückisch zerstöre. Haymon erschlug deswegen den Tyrsus. Die Behausungen wurden dennoch zerstört, bis der wahre Täter, ein in der Sillschlucht hausender Drache, überführt war. Haymon tötete ihn, riss ihm die Zunge aus dem Maul und erbaute um das Jahr 878 bei der alten Laurentiuskirche als Buße für die erste Bluttat das Kloster, wo er selber den Rest seiner Tage verbrachte.

„Die Drachenzunge gibt es noch, und wir haben sie hier im Kloster", sagt der Prior mit erstaunlich ernstem Gesicht, gesteht aber, dass es sich um den

Prior Klemens zeigt im Museum auch die sagenhafte Drachenzunge.

Stirnfortsatz eines Schwertfisches handelt. Der historische Hintergrund dieser Geschichte dürften eine Einwanderungswelle aus dem Norden und die Auseinandersetzung mit der ansässigen romanisierten Bevölkerung gewesen sein. Der Drache ist nichts anderes als die Sill, die bei Hochwasser durchaus zur reißenden Bestie werden kann und nur durch Regulierung einigermaßen gezähmt wurde.

Haymon, der Riese, ist nicht zu übersehen. Über der Pforte schmückt er das Stiftswappen, am Portal der Kirche stehen beide Kontrahenten einander gegenüber, der eine mit dem Schwert, der andere mit einem Baumstumpf, und die beiden Urtiroler schauen rauflustig auf die Eintretenden herab. Ein drittes Mal steht der fromme Riese im Vorraum der Stiftskirche. Der gut drei Meter hohe dünnbeinige Koloss wurde um 1470 gefertigt und war ursprünglich auf dem (angeblichen) Grab Haymons gelegen, als beeindruckende Demonstration der Riesenhaftigkeit des Klostergründers.

Die Kreuzung, an der von Süden vom Brenner herab sich die Straße nach Osten und Westen teilt, war seit frühester Zeit besiedelt. Eine Gürtelschnalle aus der Bronzezeit und Funde aus der Urnenfelderzeit werden in einer kleinen Sammlung gezeigt, ebenso ein römischer Meilenstein des Kaisers Septimius Severus.

Herr Klemens: „Vom römischen Veldidena leitet sich Wilten ab. Beim Bau der Bahnunterführung wurde ein Kastell angeschnitten, das in der zweiten Hälfte des dritten Jahrhunderts hier errichtet worden sein dürfte, wegen der vermehrten Germaneneinfälle. Sobald das Christentum Staatsreligion war, wurde hier eine Kirche gebaut. Um 565 ist eine Laurentiuskirche erwähnt. Grundmauern wurden in der Basilika zwischen den Resten der romanischen Kirche entdeckt. Sie hat mehr als ein Drittel der heutigen Kirche eingenommen, war gleich groß und nach dem selben Plan gebaut wie die frühchristliche Kirche in Grado. Von Wilten mit der ältesten Kirche des Inntales, die bis zu Karl dem Großen auch zu Aquileja gehörte, war die nachhaltige Christianisierung Tirols ausgegangen."

Heute gibt es drei Kirchen im Stiftsbereich. Prior Klemens vermutet, dass an ihnen vorbei die alte Straße nach Osten verlaufen ist. Ein mittelalterliches Bild des Klosters und der römische Meilenstein, der in diesem Bereich gefunden wurde, bestärken seine Annahme.

Die östlichste ist St. Bartlmä, ein stimmungsvoller Rundbau. Sie könnte aus dem 13. Jahrhundert stammen und wurde im 15. Jh. gotisiert, meint Herr Klemens. „Im Zweiten Weltkrieg wurde sie bis auf die Grundmauern zerstört. Ein paar Schlusssteine, die Altarplatte und der Steinring außen herum waren übrig geblieben. Es hat aber aus einer Bauaufnahme von 1912 Pläne gegeben – und einen Freundeskreis, der für den Wiederaufbau das Geld zur Verfügung gestellt hat."

Die Basilika im Westen ist Wiltener Pfarrkirche und Wallfahrtskirche Maria unter den vier Säulen, so benannt wegen des Gnadenbildes unter einem von Säulen getragenen Baldachin.

„Etliche unserer Pfarren sind Wallfahrtsorte, der wichtigste aber ist die Basilika." Herr Klemens zeigt ein Bild aus 1490, das von einem armen Jüngling erzählt, der gewisser Verbrechen beschuldigt und der Folter unterworfen worden war. Er hat zu Maria gerufen, seine Unschuld stellte sich heraus, und er war frei und los.

Die Kirche wurde durch die jetzige Brennerstraße vom Stift getrennt, mitsamt dem Friedhof, der durch das Schispringen weltweit bekannt geworden ist. Wenn sich die Schispringer von der Bergisel-Schanze in die Tiefe stürzen, peilen sie direkt diesen Friedhof an.

Im Tiroler Freiheitsjahr 1809 wurde hier nicht um sportliche Erfolge, sondern erbittert auf Leben und Tod gekämpft. Ein Votivbild erinnert an die erste Schlacht: „Ich, Johann Jocher, Wagnermeister zu Wildhaus, bin den stürmischen Tag am 12. April durch Hilf der lieben Mutter bei dem Leben erhalten worden. Der Schneider allda neben mir im Hause augenblicklich tot geschossen worden ist, aber ich hingegen von den nämlichen Kugeln einen leichten Streifschuß im Kopf bekommen."

Die Stiftskirche selbst steht in barocker Üppigkeit in der Mitte der drei Gotteshäuser. Den im Grunde romanischen Vorgängerbau hatte man 1644 einstürzen lassen, berichtet die Stiftschronik. Der damalige Abt hatte in Italien barockes Lebensgefühl kennen und schätzen gelernt. Er wollte es ins heimatliche Stift übertragen. Seine Faszination dürfte auf wenig Resonanz gestoßen sein, oder es fehlte einfach das Geld; schließlich litt Europa unter dem Dreißigjährigen Krieg. Eine uralte, bis heute verlässliche Methode bot sich dem Abt als Lösung an. Unter dem Vorwand, nach den Gebeinen des Riesen Haymon zu suchen, ließ er die Fundamente untergraben, bis der Turm eines Nachts einstürzte und das Gewölbe der Kirche dabei zerstörte. Laut Chronik hatte ein Mitbruder am Vorabend beim Läuten ein bedenkliches Schwanken des Turmes festgestellt. Verantwortungsbewusst meldete er die Beobachtung dem Abt. Anstatt ihn vom Gebet in der Kirche zu dispensieren, hatte ihm dieser nur lakonisch geantwortet, er sei ein Schneider, solle Nadel und Faden nehmen und die heruntergefallenen Steine wieder hinaufheften.

Dem Neubau war anfänglich wenig Erfolg beschieden. Es vergingen sieben Jahre, bis überhaupt an eine Grundsteinlegung zu denken war. Als man dann doch mit dem Wiederaufbau begann, wurde aus den Trümmern der alten Kirche ein starkes Steinfundament angelegt. In die statischen Berechnungen des Maurermeisters Georg Scheffler von Krössenbrunn dürfte sich dennoch ein Fehler eingeschlichen haben. Am 6. September 1657 stürzte das kurz zuvor vollendete Gewölbe ein und begrub sechs Arbeiter unter sich. Der Baumeister reagierte genau so, wie es Christian Morgenstern in seinem Gedicht vom Lattenzaun beschreibt. Er entzog sich der Verantwortung schlicht durch Flucht.

Einst wurden die Professzettel in die Seitenwunde des Gekreuzigten gesteckt.

Um so festlicher beging man die Einweihung am 18. Oktober 1665 im Beisein von Kaiser Leopold I. Prior Klemens ergänzt, dass 1665 die Tiroler Linie der Habsburger ausgestorben war. Die Anwesenheit des Kaisers sei eine Geste zum Trost gewesen, dass die Vorlande zentral von Wien aus verwaltet wurden. Am Tag darauf fand in Innsbruck die Erbhuldigung statt. Der Kaiser konnte dem Stift schwerlich die Unterstützung versagen, als man ihn bei dieser Gelegenheit um Mittel für die Fertigstellung des Hochaltares ersuchte. Er sagte zu und wurde, nachdem er mit der Zahlung säumig war, vom Abt daran erinnert, mit einem Psalmenvers: Erinnere dich, Herr, des Wortes an deinen Diener! Zwei Jahre später war der Altar fertig; ein Kunstwerk aus Birnbaumholz, das mit den wichtigsten Heiligengestalten des Ordens und des Landes Tirol sowie der Rosenkranzkönigin den Chor einnimmt.

Die Stimme des Priors ist leise, wenn er das Programm dieses Prachtaufbaues enthüllt: „Dort oben geht's noch einmal weiter – in die Ewigkeit hinein." Was sich von unten wie Scheinarchitektur ausnehmen mag, ist eine gut sechs Meter lange Säulenhalle, mittels derer dieser Altar bekrönt wird. „Links und rechts sitzen an den Säulen die Engel des Gerichts. Ganz hinten thront Christus als König der Weisheit. Ecce plus quam Salomo hic! Hier ist mehr als Salomo! heißt es in der Kartusche darüber."

St. Bartlmä, der Patron der kleinen Rundkirche im Ostteil des Stiftes.

Dahinter sind Propst Marquard und Abt Wernher bestattet. Erst vor wenigen Jahren wurden ihre Gebeine untersucht, zuerst vom Institut für Gerichtliche Medizin der Universität Innsbruck und danach vom Institut für Radiumforschung und Kernphysik der Universität Wien. Die Ergebnisse waren übereinstimmend. Es kann als gesichert gelten, dass die erhaltenen Skelette diejenigen von Marquard und Wernher sind.

Warum dieser Aufwand? Marquard war einer der ersten Schüler des heiligen Norbert und erster Prämonstratenser-Propst zu Wilten. Das Privileg des Papstes Innozenz II. für das Stift wird am 30. April 1138 „dem geliebten Sohn Marquard" erteilt. Am Rande bemerkt: Eine ähnliche Urkunde mit dem gleichen Gründungstag erhielt Stift St. Georgenberg-Fiecht, wo man erzählt, dass die Urkunden vertauscht worden wären. Offenbar hatte sich niemand die Mühe gemacht, die Schriftstücke genau durchzulesen. Erst nach einigen hundert Jahren hätte man den Irrtum bemerkt und die Urkunden ausgetauscht – eigentlich unbegreiflich, da die Gründungsurkunde neben der freien Abtwahl und dem Recht, dass sich begüterte Personen das Stift als Grabstätte auswählen können, ausdrückliche Privilegien über bestimmte Besitztümer enthielt.

Wernher war von 1302 bis 1331 Abt des Stiftes. Seine erste große Aufgabe dürfte der Bau der romanischen Pfarrkirche von Wilten gewesen sein, dessen Finanzierung durch einträgliche Ablässe gesichert wurde. Das große Leut- oder Leithaus, Klostergasse 1, zwischen dem Stift und der Basilika kann ebenfalls ihm zugeschrieben werden. Heute proben dort die Wiltener Sängerknaben, die 1946 aus einer Ministrantengruppe entstanden sind und an die 160 Mitglieder zählen.

Wernher betrieb für das Stift ein für damals bemerkenswert straffes Management. Aus seiner Zeit stammt das älteste Verzeichnis der Einkünfte des Klosters, das Urbar von 1305. Er förderte Studium, Wissenschaft und das Verfassen von Büchern im Scriptorium, womit er sich wiederum im eigenen Orden Ansehen verschaffte und zum Ordensvisitator für ganz Deutschland berufen wurde. Im benachbarten aufstrebenden Innsbruck sicherte er sich seelsorgliche Rechte am Stadtspital, das in Konkurrenz zum klösterlichen Krankenhaus Zuwendungen an sich zog. Nicht zuletzt stammen aus seiner Zeit die ältes-

Die Gründungsurkunde des Stiftes, datiert mit 30. April 1138.

ten Grabsteine im Stift, als verlässliche Zeichen für Wertschätzung und, nicht zuletzt, erkleckliche Zuwendungen.

Marquard und Wernher wurden als Selige verehrt. Durch eine Neuordnung der Heiligen- und Seligenverehrung im 17. Jahrhundert hätte zumindest für Wernher eine päpstliche Zustimmung eingeholt werden müssen. Man hat es unterlassen und beide lediglich in kunstvoll gestalteten Holzsarkophagen abseits der Blicke der Gläubigen hinter dem Hochaltar beigesetzt.

Das beeindruckende Kruzifix aus 1507 stand ursprünglich am Aufgang zum Altar. Mit der barocken Umgestaltung wurde es zur Seite gerückt, auf einen nicht weniger würdigen Platz, den Kreuzaltar in einer Seitenkapelle ganz vorne. Die Prämonstratenser wurden nahezu zeitgleich mit den Zisterziensern gegründet. Beide Orden haben dem Kreuz einen großen Stellenwert eingeräumt.

In Wilten wurden, so ist es überliefert, von den Mitbrüdern die Professzettel in die Seitenwunde Christi gesteckt, um das heilige Versprechen zu bekräftigen.

Die Darstellung des Gekreuzigten hat die Künstler aller Zeiten herausgefordert, die Grausamkeit des Leidens möglichst anschaulich und wirkungsvoll darzustellen, mit blutenden Wunden, verzerrten Zügen und verrenkten Gliedern. In Wilten ist es bis zum Schaudern gesteigert, mit echtem Haar, das über das fahle Gesicht des Sterbenden herabhängt.

Ende des Zweiten Weltkrieges wurden Innsbruck und damit auch das Stift – es war während der NS-Zeit aufgehoben – von Bombardements überzogen. Das Gewölbe und mit ihm die Fresken waren zerstört worden. Sie wurden wiederhergestellt. Im flüchtigen Hinschauen fällt der Unterschied zu den Originalmalereien kaum auf. Der in Innsbruck geborene Maler Hans Andre hat 1952 in überaus geschickter Nachahmung des barocken Stils in eines der Deckengemälde die damals noch schmerzenden Erinnerungen eingearbeitet. Dargestellt sind die beiden Kirchenpatrone Laurentius und Stephanus vor der bombengeschädigten Fassade des Stiftes. Aus den Katakomben heraus tritt die Gestalt des damaligen Abtes Heinrich Schuler, der die Kriegsjahre durchgemacht hat. Er empfängt von den beiden Märtyrern die Dalmatika, ein festliches liturgisches Gewand.

Zum erstenmal war das Stift 1807 praktisch aufgehoben worden. Napoleon residierte in Schönbrunn, und Tirol wurde an Bayern abgetreten. Die Säkularisation setzte ein. Im Gefolge der Französischen Revolution war in Frankreich der gesamte Kirchenbesitz zum Nationaleigentum erklärt worden. In Deutschland folgte man ab 1803 diesem Vorbild. Die weltlichen Fürsten hielten sich an geistlichen Territorien für ihre an Frankreich verlorenen Besitztümer schadlos. Klosterbesitz wurde der „Disposition der Landesherren überlassen". Mit deren Gottesfurcht dürfte es damals nicht mehr weit her gewesen sein. Hatten sie hundert Jahre zuvor noch um die prächtigste Barockausstattung ihrer Klöster geritttert, war jetzt Enteignung angesagt. Sämtliche Besitztümer und Anwesen Wiltens wurden verkauft, geplündert oder verschleudert. Die Chorherren waren auf die Pfarrhöfe der neu errichteten Pfarren „verbannt".

Nach dem Wiener Kongress wurde 1816 das Stift wieder hergestellt. Die Güter und Kunstgegenstände, soweit man sie noch auftreiben konnte, wurden zurückgegeben, auch ein Teil der Bücher, die mit ihren weißen Einbänden die Bibliothek (1718) zu einem der hellsten und freundlichsten Räume des Stiftes machen. Durch die großzügigen Fenster im Norden und Osten fließt weiches Licht aus dem Klostergarten herein, ohne direkte Sonnenbestrahlung, ganz so, wie es der römische Militärtechniker und Ingenieur Vitruvius schon 27 v. Chr. in seinen Büchern über Architektur und Baukunst den barocken Baumeistern gleichsam vorgeschlagen hat. Den Benutzern sollten im „loco pulchro", dem schönen Ort, die rechten Voraussetzungen für gedeihliches Studieren geschaffen werden. Nach dem Konzil von Trient wurde auf eine gut ausgebildete Geistlichkeit vermehrt Wert gelegt. Den jungen Mitgliedern des Konvents standen neben dem Studium bei den Jesuiten in Innsbruck damit im Stift eine theologische Hauslehranstalt und ausreichend Literatur zur Verfügung.

Herr Klemens nimmt eines der Bücher aus dem Regal mit der Kartusche „Incunabula" und schlägt es auf: „Eine der frühesten deutschen Bibeln, die vierte deutsche Ausgabe von 1471, noch vor Luther. Wir haben eine beachtliche Sammlung von solchen Frühdrucken. Mit den bekannten großen Stiftsbibliotheken kann sich unser Bücherbestand aber nicht messen. An Handschriften haben wir nur mehr 35 Bände." In der Universitätsbibliothek sind unter anderem auch Blockdrucke verblieben, ein Konvolut von drei Bänden, einem Liber regum, einer Biblia pauperum und einer Ars memorandi. Sie waren mit Holzschnitten hergestellt worden, nicht nur die Bilder, auch die Texte wurden geschnitten. Mit der Einführung der beweglichen Lettern verschwand diese aufwändige Drucktechnik. Schon im 18. Jahrhundert wurden Unsummen für diese äußerst seltenen Bücher geboten, zumal es beispielsweise vom Liber regum nur mehr drei vollständig erhaltene Exemplare gibt.

Um die Verluste an Handschriften und Inkunabeln auszugleichen, wurde im 19. Jahrhundert eine Reihe von Ankäufen getätigt, in erster Linie durch Abt Alois Röggl. Durch die Klosteraufhebungen der josephinischen und der bayrischen Zeit waren solche auf den Markt gekommen. Die staatlichen Bibliotheken hatten die ihnen übertragenen Schätze zum Teil an Ort und Stelle abgestoßen oder – hoffentlich für alle Zukunft unvorstellbar! – zur Makulierung freigegeben.

An einigen hingen noch die Ketten, die ihnen während der Gotik angelegt worden waren. Die Versuchung, eines der für damalige Verhältnisse unerschwinglich teuren Bücher für immer zu „entlehnen", wurde damit ausgeschaltet. Eine Kettenbuch- oder Pultbibliothek hatte es in Wilten bis zum 16. Jahrhundert gegeben. Mit den neuen einheitlichen Einbänden aus weißem Schweinsleder, mit denen die Holzdeckel überzogen wurden, waren den Büchern die Ketten abgenommen worden. Um so gelegener kamen dem klösterlichen Käufer einige als libri catenati (Kettenbücher) erhalten gebliebene Exemplare, die schon im 19. Jahrhundert als bibliophile Rarität galten.

Bücher, die oftmals gebraucht wurden, beschnitt man einfach, solange, bis es der Textblock nicht mehr zuließ. Dann wurden sie aufgelöst und die einzelnen Pergamentblätter als Schutzeinbände für neue Bücher genutzt. Im Archiv hat sich ein mit einem solchen Fragment überzogenes Bändchen erhalten.

„Ein Urbar aus…" Der Prior übergibt die kleine Handschrift seinem Gast, gemeinsam wird die Jahreszahl entziffert: „1454. Für die Ortsgeschichte eine Fundgrube. Es sind früheste Aufzeichnungen über

Orte und Höfe, und daneben ist genau vermerkt, wer was und wieviel zu geben hat. Seit 1524 sind Rechnungsbücher generell vorgeschrieben, und hat es einmal Unregelmäßigkeiten geben, hat sich auch der Landesfürst dafür interessiert."

Woran sich bis heute wenig geändert hat. Das den Klöstern nachgesagte legendäre Vermögen ist ohnehin ein allseits beliebter Angriffspunkt. Der Prior gibt offenherzig Auskunft:

„Ein Teil unseres Einkommen sind die Gehälter, die von den Mitbrüdern als Pfarrer und Religionslehrer bezogen werden. Die Gründe hinter dem Nordtrakt sind an Wohnhäuser und eine Schule vermietet, das übrige Gelände an Firmen und an die Verkehrsbetriebe, mit Baurechtsverträgen, und trägt einen ordentlichen Pachtschilling ein. Der fließt in laufende Renovierungen und Gestaltungsvorhaben sowie in die Pfarren als Unterstützung für die dortige Bautätigkeit."

Die Schätze des Stiftes haben in einem Museum ihren Platz gefunden und werden dort ins rechte Licht gesetzt. Kunstwerke der Malerei und Bildhauerei vom Mittelalter bis heute, liturgische Gegenstände, wie ein Pastorale, ein Abtstab aus 1596, Reliquiare, prächtige Messgewänder, von denen eines von Maria Theresia gespendet wurde, ein Brustkreuz des Abtes mit reich verziertem Ring und der Henkelkelch, das bedeutendste Kunstwerk aus romanischer Zeit, die Stiftung eines Andechsers. Anlass dafür war ein Grundstückstausch im Jahr 1180, damit Berthold von Andechs direkt am Inn ein neues Zentrum schaffen, damit er also Innsbruck gründen konnte, nachdem sein Sitz, die Burg Ambras, vom Bayernherzog Heinrich zerstört worden war. Eigenartigerweise wurde dieser Kelch gleich darauf vergraben und tauchte erst zwischen 1288 und 1302 wieder auf. 1562 wird er in den Akten des Konzils von Trient erwähnt, als Beweis, dass in alter Zeit auch Laien das Abendmahl in beiderlei Gestalten empfangen konnten.

Die Aussage des Bilderschmucks dieser niedersächsischen Goldschmiedearbeit hängt eng mit den theologischen Vorstellungen des 12. Jahrhundert zusammen und folgt einem ähnlichen Programm wie der Verduner Altar in Klosterneuburg. Das heilsge-

Die weißen Einbände der Bücher machen die Bibliothek zu einem der freundlichsten Räume des Stiftes.

In der beschaulichen Stille des Kreuzganges ist nichts vom Lärm der Außenwelt zu hören.

schichtliche Geschehen beginnt mit der Erschaffung der Welt, ist auf die Erlösung hin ausgerichtet und findet seinen Höhepunkt im Kreuzestod Christi, in einer Gegenüberstellung von Altem und Neuem Testament. Die jeweiligen Szenen entsprechen einander. So sind die Opfer Abels und Melchisedechs Typen des Messopfers, oder Isaaks Opferung durch Abraham ist vergleichbar mit Gottvater, der seinen Sohn hingibt.

„Über all dem liegt die Patene. Die Seite, die dem heiligen Blut, dem Messwein, zugewendet ist, zeigt das Leiden Christi, auf der anderen Seite, die nach oben schaut und auf der die Hostie liegt, sieht man die Auferstehung“, sagt Herr Klemens und fügt nach einer kurzen Pause hinzu: „Die Kopie ist recht gut gelungen.“

Das Original musste 1937 an das Kunsthistorische Museum in Wien verkauft werden. Durch die Inflation der zwanziger Jahre des vorigen Jahrhunderts hatte das Stift das aus der Grundentlastung erhaltene Geld verloren. Man setzte auf den Fremdenverkehr und baute zwei Gasthäuser. „Dann kam die Tausend-Mark-Sperre. Das 800-Jahr-Jubiläum 1938 stand vor der Tür, und Renovierungen waren fällig geworden. Das Stift konnte die Schulden nicht mehr zahlen und musste den Kelch veräußern.“

Zur Vesper am Fronleichnamstag versammeln sich alle Mitbrüder aus den Pfarren im Stift; eine gute alte Tradition, die trotz aller terminlichen Probleme eingehalten wird. An diesem Tag wird die prächtigste Monstranz des Stiftes aus dem Museum geholt, das Allerheiligste darin am Altar ausgesetzt und am Ende des Gottesdienstes damit der Segen gegeben. „Monstranz, 1739, Silber getrieben, teilweise vergoldet, Halbedelsteine“, steht auf dem Kärtchen in der Vitrine. Der Prior ist ihrer Herkunft auf der Spur: „Es hat Johann Baptist Fenner gegeben, der war Salinendirektor in Hall. Dessen einziges Kind war ein Mitbruder von Wilten. Dieser Johann Fenner hat vom Kaiser als Dank für seine mustergültige Amtsausübung eine goldene Kette erhalten und diese zur Anschaffung einer schönen Monstranz dem Kloster gestiftet, da er meinte, dass diese Ehre nicht ihm, sondern dem Herrgott gebühre. Von den Jahren her kann es nur diese sein. 1733 hatte sein Sohn die Primiz, und in der Mitte der Monstranz ist Johannes der Täufer

Der Kapitelsaal hat sich als einziger Raum vollständig aus der Gotik erhalten.

dargestellt, Fenners Namenspatron. Er hat sich später in der Stiftskirche mit seiner Gattin beerdigen lassen."

Das Museum ist Teil der prächtigen Räume, durch die man den Gast gerne führt und auf deren Erhaltung man zu Recht stolz ist. Sie waren teilweise zerbombt gewesen wie der Norbertisaal, der den barocken Rahmen für Konzerte gibt, oder ihre Malereien waren unter einfachen Anstrichen verdeckt gewesen wie im Abrahamszimmer. Dieser Raum, der nach dem Krieg als Büglerei benutzt worden war, hat in jüngster Zeit besondere Bedeutung für das Stift erlangt.

„Hier, in diesem Raum, hat Papst Johannes Paul II. 1988 ein Essen eingenommen, dann in einem unserer Gästezimmer eine kurze Siesta gehalten und anschließend in der Kirche die Ordensgemeinschaft begrüßt", erinnert sich der Prior und erzählt, wie unmittelbar davor, im Zuge der Jubiläumsrenovierung, an einer Wand die Jahreszahl 1767 aufgetaucht ist. Nach und nach konnten zwei Bemalungsschichten freigelegt werden, vor allem aber das Gemälde mit dem Gastmahl Abrahams.

Der Altmuttersaal auf der anderen Seite der Aula mit seiner selten reich gegliederten Kassettendecke aus dem 17. Jahrhundert und einem Biedermeier-Intarsienboden war dereinst das Vorzimmer der Abtwohnung. Seinen Namen hat er von Jakob Placidus Altmutter und dessen Vater Franz, die um 1814 diese Wände mit romantischen Ruinenbauten und verspielten Tier- und Naturszenen bemalt haben.

Vor dem Refektorium, dem Speisesaal der Chorherren, ist an der Tür wieder das Schild „Klausur" angebracht. Der Prior öffnet sie und lädt zum Eintreten ein:

„Es ist zur Zeit niemand anwesend, wir stören daher nicht. Die Klausur ist nichts anderes als der Bereich, wo unser klösterliches Leben abläuft, in dem sich unsere Wohnräume befinden und wohin wir uns zurückziehen können."

Der Speisesaal erscheint nüchtern; eine lange, weiß gedeckte Tafel in Hufeisenform mit Sesseln aus Hartholz. Der Prior: „Während des Krieges waren der Reichsarbeitsdienst hier untergebracht und die Bibliotheksbestände von anderen aufgehobenen Klöstern. Auch Umsiedler haben hier gewohnt."

Am Platz des Abtes steht noch die Glocke, mit der in früheren Zeiten das Essen abgeläutet wurde.

„Wird aber nicht mehr gehandhabt. Auch die Lectio, die Lesung während des Essens, die früher zu den Aufgaben der jungen Mitbrüder gehört hat, gibt es nur mehr am Aschermittwoch und am Karfreitag, wenn das Essen ohnehin nur sehr einfach ist. Man ist selber ja kaum zum Essen gekommen, wenn man mit dem Lesen dran war“, erinnert sich der Prior, der vor gut vierzig Jahren in Wilten eingetreten ist.

Vom Refektorium führt eine Tür direkt in den Kapitelsaal.

„Wahrscheinlich war es früher die Fraterie, der Tag-, Wärme- und Arbeitsraum, also der Mönchsaal. Jedenfalls ist es der einzige Raum, der sich vollständig aus der Gotik erhalten hat.“

Im Halbdunkel dieses Raumes laden die einfachen Holzbänke entlang der Wände zum Hinsetzen und Reden ein. Den Einstieg gibt die Frage nach der Funktion des Kapitelsaales: „Er war in früherer Zeit der Ort für das Kapitulum, die tägliche Arbeitseinteilung. Noch immer ist er jedoch Versammlungsraum für die im Konvent stimmberechtigten Mitbrüder.“ Hier werden die wesentlichen Weichenstellungen für das Kloster getroffen, so auch die Abtwahl.

„Der Abt, Abbas, was im Hebräischen soviel wie ‚Papa‘ heißt, soll wirklich ein Vater sein“, erklärt der Prior, der als solcher sowohl bei den Chorherren wie bei den Benediktinern und Zisterziensern der Stellvertreter des Abtes ist. „Abgesehen davon gibt es aber große Unterschiede zwischen diesen beiden Gemeinschaften und uns. Benediktiner und Zisterzienser leben das mönchische Ideal nach der Regel des heiligen Benedikt, sind Patres, und in früher Zeit waren es hauptsächlich Fratres, also Brüder, die dem Laienstand angehörten. Die Chorherren, wir leben nach der Regel des heiligen Augustinus, sind eine Gemeinschaft von Priestern, die in erster Linie in der Seelsorge tätig sind, deswegen Herren und keine Patres. Die Mönche lebten ursprünglich nach innen, innerhalb ihrer Klostermauern. Durch den Wandel in den Zeiten wurden sie ebenfalls zu Seelsorgern, und es

In der Firma Grassmayr, wenige Schritte vom Stift entfernt, wurden die neuen Glocken für das Stift gegossen.

gibt diesbezüglich zu manchen von ihnen nur mehr wenig Unterschied. In Österreich war es Joseph II., der die beschaulichen Klöster, die, die keine Pfarren betreut haben, aufgelöst hat. Wir hingegen sind aus der Gemeinschaft heraus nach außen hin tätig."

Die Umgebung von Innsbruck und die Stadt selbst stehen damit zum Kloster in einer engen Beziehung.

„Wir stellen nach wie vor eines von vier Innsbrucker Dekanaten und betreuen ein Landdekanat in der Umgebung von Innsbruck."

Dazu gehören einfach auch die Funktionen des Feuerwehr- und Schützenkuraten, um zwischen Pfarrern und Gemeinden die innige Verbindung nicht verdünnen zu lassen, die sich durch mehr als acht Jahrhunderte aufgebaut hat.

„Prälat Abt Raimund Schreier ist darüber hinaus Haus-, Hof- und Erbkaplan des Landes Tirol. Der Titel hört sich in unserer Zeit vielleicht ein wenig antiquiert und sonderbar an. Nachdem Tirol zu Österreich gekommen war, ist Innsbruck sehr bald Regierungssitz der habsburgischen Vorlande geworden. Nur Margarete Maultasch saß noch in Südtirol. Der zuständige Bischof befand sich bis nach dem Ersten Weltkrieg in Brixen. Es hat heraußen jemanden gebraucht, um Funktionen bei Hof wahrzunehmen. Von Maria Theresia wurde der Abt von Wilten zum Kaiserlichen Rat ernannt und eben zum Haus-, Hof- und Erbkaplan des Landes Tirol. Er war für geistliche Angelegenheiten in den Landesstellen zuständig. Obwohl Tirol seit 1938 einen eigenen Bischof hat, wird unser Abt nach wie vor für den Gottesdienst zum Sterbetag von Andreas Hofer am 20. Februar in der Hofkirche und für den Gottesdienst am Landesfeiertag herangezogen."

Zum Gehen entlässt der Prior seine Gäste in den Kreuzgang. Für ihn ist es Zeit zum Chorgebet.

Mittlerweile hat leichter Regen eingesetzt. Ruhig ist es hier in diesem Rechteck mit seinen Arkaden. Nur Silentium und das satte Grün der Bäume zwischen den Blumen im Kreuzgarten. Nichts ist von der Welt draußen zu hören, nichts von der nahen Brennerautobahn mit den LKW-Kolonnen auf der einen Seite des Klosters und nichts von der Westbahn, die im Norden unmittelbar daran vorbei braust. Die einzige Unterbrechung der Stille ist die Vesperglocke, die am Abend dieses Ostersonntags ausnahmsweise etwas länger als sonst läuten darf und die Herren in Weiß zur feierlichen Ostervesper ruft.

Die Wände des Altmuttersaales wurden um 1814 mit verspielten Naturszenen bemalt.

LITERATUR

KLEMENS HALDER: Festschrift Rudolf Plame. Innsbruck 2002 (Berenkamp).

WALTER NEUHAUSER: Geschichte und Bedeutung der Wiltener Bibliothek. In: 850 Jahre Praemonstratenser-Chorherrenstift Wilten, Stift Wilten (Hg). Innsbruck 1988 (Buchverlag Tiroler Tageszeitung).

TRUDE WEBHOFER: Die mittelalterliche Baugeschichte von Wilten, ebenda.

FLORIAN NORBERT SCHOMERS: Prämonstratenser-Chorherrenstift Wilten, Innsbruck. Stift Wilten (Hg.), Innsbruck 1999 (Peda-Kunstführer).

INFORMATION

Prämonstratenser-Chorherrenstift Wilten, Innsbruck,
Klostergasse 7, A-6020 Innsbruck
Telefon: 0512 / 583 048, E-Mail: info@stift-wilten.at,
Homepage: www.stift-wilten.at

Der mystische Berg

Servitenkloster und Wallfahrtsort Maria Waldrast

Abendglühen in den Zillertaler Alpen, goldgelb die sanft zum Kloster hin abfallenden Matten, und Stille, Stille. Man wagt kaum, solche Eindrücke wiederzugeben; sie schmecken nach Heimatroman und sind dennoch Wirklichkeit, in Maria Waldrast beinahe alltäglich.

Pater Peter hat sich zum Tisch gesetzt und redet leise, er will die Ruhe nicht stören. Vor einer Viertelstunde noch hat fröhliches Geschnatter den Schankraum erfüllt. Zwei Busse mit Wallfahrern. Die älteren Herrschaften haben die Messe und das gemütliche Beisammensein gefeiert. Pater Peter hatte nach dem Gottesdienst gar nicht die Zeit gehabt, sich umzuziehen. Es hat sich niemand darüber aufgehalten, dass er im schwarzen Habit am Zapfhahn gestanden ist, um seinem Prior, Frater Oskar, in der Gastwirtschaft auszuhelfen. Jetzt sind sie weg, jetzt hat er Zeit für ein Gespräch.

Seit dem 17. Jahrhundert sind die Serviten hier heroben, mit einer Unterbrechung, nachdem Joseph II. der Meinung gewesen war, die Leute sollten statt dem Wallfahren besser daheim bleiben und zum Wohle des Staates arbeiten.

„Die Barockzeit war für die einfachen Leute alles andere als prächtig. Eine Wallfahrt war die einzige Möglichkeit, von zu Hause wegzukommen, arbeitsfrei zu haben, dafür haben sie ein Geldstück in die

Maria Waldrast, das Kloster in der Bergidylle.

Hand bekommen, damit sie sich einmal was leisten konnten."

Und davon haben sie noch einen Teil gespendet, um ihre Anliegen an die Mutter Maria zu bekräftigen. Die Adligen, die Fürsten haben damals sehr wohl gewusst, was sich geziemt, und haben den kleinen Wallfahrtsort auf 1641 Meter Seehöhe wohldotiert, mit Geld und wertvollen Paramenten. Erzherzogin Claudia von Medici ließ sogar ihr prächtiges Hochzeitskleid in einen Ornat für die Waldraster Madonna umarbeiten, und ihr Gemahl Erzherzog Leopold V. spendierte einen kunstvollen, mit Gold- und Silberappliken versehenen Tabernakel aus Ebenholz und Elfenbein.

„Aber der Himmel lässt sich nicht erkaufen. Heute hat es sich normalisiert. Für die Leute, wie die im Autobus, bringt so eine Wallfahrt immer viel mehr als nur das Geistliche. Etliche sind alleinstehend und treffen hier auf Bekannte, lernen neue Leute kennen, es entstehen Freundschaften, und sie tun damit auch was für die Seele. Wenn sie in unserer Gastwirtschaft beisammen sitzen, tun's auch was für den Leib. Der ganze Mensch wird damit bereichert und kommt erneuert zurück."

Wer mit dem Gehwerk gut genug beisammen ist, wählt ohnehin den Aufstieg zu Fuß, untertags oder bei einer der Nachtwallfahrten. Pater Peter sieht eine stetige Steigerung des Interesses und stellt damit dem Zeitgeist ein überraschend positives Zeugnis aus: „Der heutige Mensch sucht das Wesentliche und die Ruhe. Mit dem Aufstieg lässt er sein Alltagsleben hinter sich zurück, er wächst in die Natur hinein, wird offener, die Verbindung zur Schöpfung wird wieder hergestellt."

Der Berg, und das ist die Serles zweifellos, zieht die Menschen an, schon seit Urzeiten.

Der offizielle Beginn der Wallfahrt nach Maria Waldrast fällt in das 15. Jahrhundert. Die Gründungslegende ist für solche Orte typisch. Ein Engel soll einem Baum am Fuße der Serles aufgetragen haben, eine Marienfigur wachsen zu lassen. Zwei Hir-

Votivbilder und Krücken legen Zeugnis von Gebetserhörungen ab.

Die Quelle des Wallfahrtsortes: Wasser, dem hohe Energie nachgesagt wird.

tenbuben haben sie entdeckt. Ausgerechnet ein armer Holzknecht erhielt von einer Stimme den Auftrag, dort oben ein Marienheiligtum zu errichten. Maria Waldrast deswegen, weil dem guten Mann gesagt worden war, er solle sich bei einer grünen Stelle im Moos hinlegen und rasten, dann werde ihm Bescheid gegeben.

„Der Berg hat etwas Abweisendes. Aber wenn man in die Geschichte der Religionen und Völker hineinschaut, hat er etwas Mystisches. Auch hier. Ein alter heidnischer Opferplatz, und die Leute haben es von Generation zu Generation weitergegeben. Wenn du nicht mehr weiter weißt, dann geh auf den Berg hinauf und öffne dich!"

Die Attribute einer solchen Opferstätte sind vorhanden: der Baum, die Quelle, die allerdings erst 1992 entdeckt wurde; bis dahin war man der Meinung gewesen, das Wasser sei nur ein Moosaustritt an besagter grüner Stelle, und nicht weit davon der Stein, ein riesiger Brocken in einer Almmatte mit deutlichen Schalen, länglichen Vertiefungen, die in zwei Reihen Ostwest weisen.

„Die Quelle war durch einen Bergsturz verschüttet gewesen. Beim Freilegen wurde eine primitive uralte Fassung gefunden. Jetzt fließt sie wieder und wird von den Leuten gerne angenommen. Das Wasser wurde von einem Institut, das sich auf die Untersuchung von Wasser aus Wallfahrtsorten spezialisiert hat, als rechtsdrehend und hoch energetisch befunden, zur Stärkung der Selbstheilungskraft des Körpers."

Wie weit sich eine solche Ausstrahlung wissenschaftlich feststellen lässt, steht auf einem anderen Blatt. Eines ist aber klar: Die Menschen sind von der Wirkung zutiefst überzeugt. Den ganzen Nachmittag über kommen immer wieder von Matrei am Brenner Autos die Mautstraße herauf, den Kofferraum voll mit Plastikflaschen, die an der Quelle gefüllt werden.

P. Peter: „Es kostet nichts. Wasser ist ein Geschenk an alle Lebewesen auf dieser Erde."

Genauso wie die Kraft dieses Ortes. Die Schatzkammer ist voll mit abgelegten Krücken, mit Bildern, die von wundersamen Heilungen erzählen oder einfach als Dankeschön gegeben wurden, wie die aufwändige Laubsägearbeit eines Tirolers, der glücklich aus dem Ersten Weltkrieg heimgekommen war.

Trotz des Kommens und Gehens, das untertags heroben herrscht, findet man Stille und einen Platz zum Energie tanken, im Meditationsraum, einem Andachtsraum zu Ehren des hl. Peregrin, mit einer Reliquie in einem Mandala aus heilenden Farben.

Das Gebäude des Klosters hat sich in seiner ursprünglichen Form erhalten und beherbergt im Untergeschoss die Gastwirtschaft. Dort, wo auf alten Darstellungen noch ein Garten mit verschiedensten Ziergewächsen dargestellt ist, sitzen die Gäste und parken die Autos. Das Klosterleben wird dennoch, so weit es eben möglich ist, aufrecht erhalten.

„Sonst brauch' ma' nicht da zu sein."

Der Servitenorden hatte sich angeboten, weil in seinem Programm die Verehrung der hl. Maria der wesentlichste Punkt ist. Die Diener Mariens wurden von Anna Katharina Gonzaga für Maria Waldrast empfohlen, nachdem der Kaplan der Diözese mit der Seelsorge und der Gastwirtschaft überfordert gewesen war. In guten Zeiten lebten über zehn Serviten im Kloster. Jetzt sind es ihrer zwei.

„Das Frühjahr und Augenblicke wie jetzt, wenn es ruhig ist, nutzen wir für das geistliche Leben. Die andere Zeit ist für den Dienst an den Menschen da."

Literatur

Franz Caramelle: Maria Waldrast. Auszug aus der Broschüre „Tirol – immer einen Urlaub wert", Nr. 41, 1992/93 (Heimatwerbung Tirol, Hg.).

Information

Wallfahrtsort und Kloster Maria Waldrast,
A-6143 Maria Waldrast / Matrei am Brenner,
Tel.: 05273 / 6219

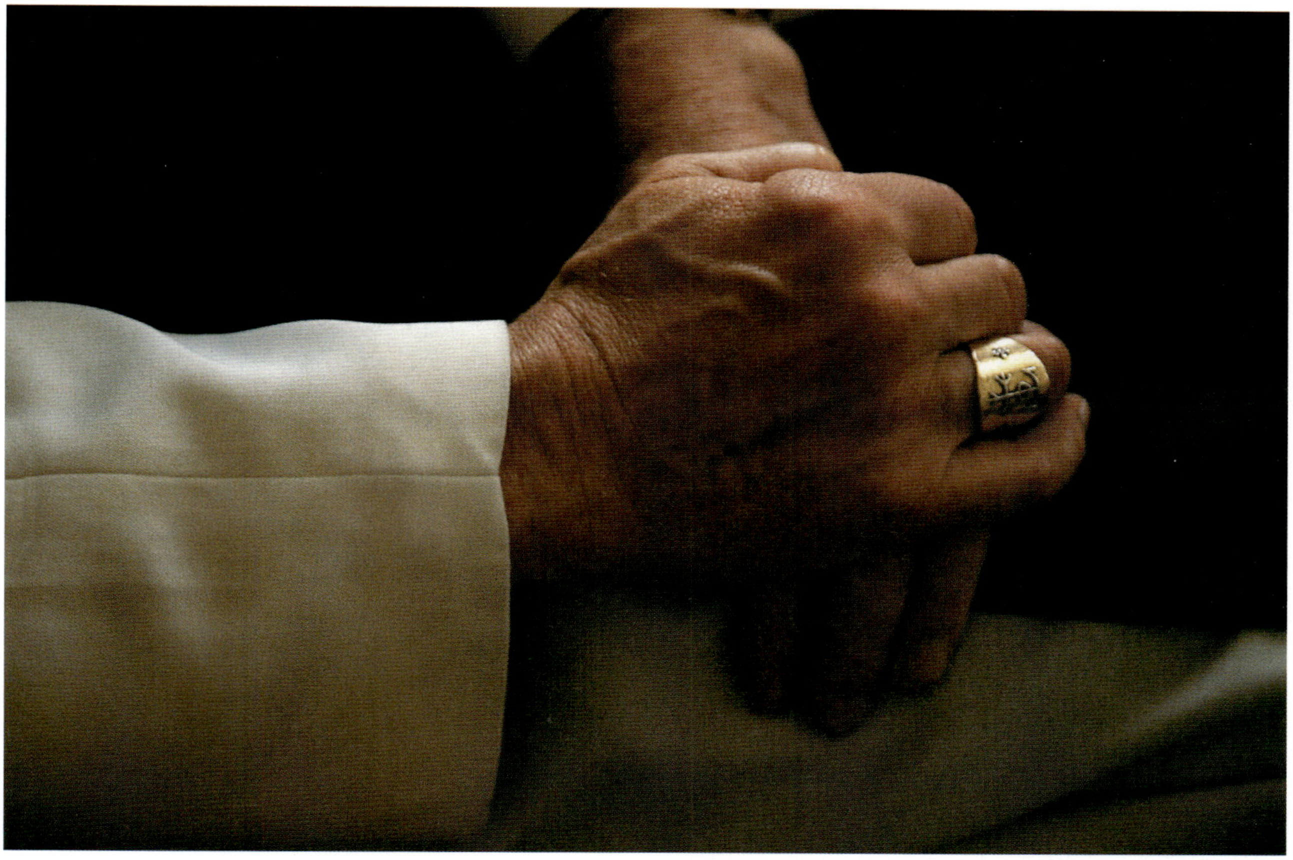

Faszinierendes Schneelicht

Zisterzienserkloster Stift Stams

„Jo, die Leute sogn's", antwortet Pater Josef Maria Köll, Abt zu Stams, auf die Frage, ob er denn gebürtiger Stamser sei. Die ruhige, bestimmende Art hat er wohl von seinem Vater, der Bürgermeister gewesen ist. Sie steht dem groß gewachsenen Mann gut an. In seinen Händen liegt nicht nur die Leitung eines Klosters; letztlich ist er auch für das Gedeihen der Stiftsschulen verantwortlich und bis zu einem gewissen Grad für das Selbstbewusstsein der ganzen Nation:

„Es ist gut dreißig Jahre her, dass Österreich beim Schifahren eine Reihe von Niederlagen erlitten hat. Die Volksseele hat gekocht", erinnert er sich. „Damals haben sich das ostdeutsche und russische Modell angeboten. Eine Schule, in der man das Schifahren lernt."

Stift Stams setzte sich gegen einige Mitbewerber durch und erhielt das Schigymnasium.

„Mir war klar, wenn's funktioniert, übernehmen Bund und Land die Schule. Es hat funktioniert, unsere Schifahrer, und vor allem die Schispringer, konnten auf einmal wieder gewinnen."

Mittlerweile ist das Schigymnasium ein privater Verein, dem ein Vertreter des Ministeriums, einer aus der Landesregierung und er, der Abt, als leitendes Gremium vorstehen. Die Schüler kommen meist aus Tirol; Gäste werden aufgenommen.

„Wenn einer Schifahren kann, ist es egal, ob er Schweizer oder Japaner ist."

In den Händen des Abtes Josef Maria Köll liegt die Leitung des Stiftes.

Drei Tage dauert die Aufnahmsprüfung, einer ist für das Schulische reserviert, an den beiden anderen muß der Prüfling zeigen, was er mit den Brettln drauf hat. Die Erfolgsbilanz ist beeindruckend.

„Über zweihundert Medaillen bei Olympischen Spielen und Weltmeisterschaften."

Soweit der Sport, für den der Abt einiges übrig hat; er wär' kein rechter Tiroler, stünde er nicht selber für sein Leben gern auf den Bretteln. Jetzt aber lädt der geistliche Herr mit freundlicher Bestimmtheit zur Klosterführung ein: „Seine Gründung 1273 hat das Stift dem Trotz des Landesfürsten Meinhard II. zu verdanken." Der es sich mit den Bischöfen Tirols angelegt hatte und deswegen gebannt worden war.

„Um der Welt zu zeigen, dass er kein so böser Mensch ist, hat er Stift Stams gegründet", weiß der Abt. „Er hat damit eine Klammer zwischen Nord- und Südtirol geschaffen, die bis nach dem Ende des Ersten Weltkrieges hielt."

Blick über das Stift nach Norden auf die beeindruckende Silhouette der Berge des Oberinntals.

Der tatsächliche Hintergrund dürfte politischer Natur gewesen sein. Meinhard forcierte die niedere gegen die Hochkirche. Im Gegensatz zu den Bischöfen konnte ihm ein Abt, überhaupt der eigene, nicht gefährlich werden. Letztlich trotzte er den Tiroler Bischöfen sogar Pfarren ab, um, erstens, sein Stift entsprechend auszustatten und, zweitens, unliebsame Gegner aus seinem Machtbereich möglichst fern zu halten.

Die Stamser Kirche, eine im Kern romanische Pfeilerbasilika mit drei Schiffen, ist berühmt für das „Österreichische Grab", unter anderem die Grablegungen von Friedl mit der leeren Tasche und dessen Sohn Sigismund des Münzreichen. Die beiden Habsburger waren Tiroler Landesherren. Der eine verlor Land und Vermögen, da er beim Konzil von Konstanz auf den falschen Papst gesetzt hatte. Er hatte dem ersten Johannes XXIII. die Flucht ermöglicht, die auf dem verschneiten Arlberg in einem umgeschmissenen Schlitten ihr unrühmliches Ende fand. Friedl wurde später von der Reichsacht befreit und bekam Tirol zurück. Durch solides Wirtschaften, so heißt es, ermöglichte er seinem Sohn einen guten Start und einen rühmlicheren Beinamen als sich selber.

„Die Deckenfresken wurden noch nie renoviert", stellt der Abt mit Genugtuung fest. „Sie haben ihre leuchtenden Farben seit dem Barock erhalten können. Die Kirche wird nicht geheizt, und im Winter scheint über zwei Monate keine Sonne herein. Wir liegen zu nah am Berghang."

Kirchenbesucher sollten sich in der kalten Jahreszeit sehr warm anziehen und trotz der Minustemperaturen untertags hineingehen. Der Archivar von Stift Stams, Pater Norbert Schnellhammer, gerät ins Schwärmen, wenn er auf das Spiel des Lichtes in der Basilika zu sprechen kommt: „Das Schneelicht ist faszinierend, oder das Glühen im Sommer. Der gesamte Raum ist lichtdurchflutet."

Am Hochaltar kann man diese Wirkung nur mehr erahnen. Der filigrane Lebensbaum, ursprünglich vom Licht aus der Apsis durchschienen, wird seit der Barockisierung von einem riesigen Stuckbaldachin beschattet. Das zarte Geäst, das sich über dem Altartisch, der Mensa, hinaufschlingt, trägt über achtzig „Früchte", angefangen von Adam und Eva an der Wurzel des Menschengeschlechtes mit den Heiligen an den Ästen bis zum Stamm mit Maria Himmel-

Der Lebensbaum am Hochaltar, ein Werk des Bildhauers Bartlmä Steinle Anfang des 17. Jahrhunderts.

Engel an der Kanzel der Stiftskirche.

fahrt. Geschnitzt wurde der Altar Anfang des 17. Jahrhunderts von Bartlmä Steinle, einem bayrischen Künstler, der erst 26 Jahre alt war, als man ihm diesen Riesenauftrag erteilte.

Die Ausstellungsräume des Stiftes sind die eigentliche Welt von Pater Norbert, und er freut sich, wenn sich die Besucher dort wohl fühlen. Auf den Resten des romanischen Kreuzgangs – er wurde zur Zeit von Maximilian dem Deutschmeister Anfang des 17. Jahrhunderts weggerissen – hat man eine Glasstahlkonstruktion errichtet, scheinbar rein zweckmäßig. In seiner Einfachheit kommt dieser Zubau jedoch der Idee der Romanik spürbar nahe. Die Quader und runden Bögen der ersten Kirchenmauer schließen ihn nach der einen Seite hin ab und erhalten ihm auch an heißen Sommertagen die angenehme Kühle eines Steingewölbes.

„Zeitgenössische Kunst eignet sich wunderbar für diesen Raum, zum Beispiel Paul Flora." P. Norbert hat mit solchen Ausstellungen die Brücke von der ersten Vergangenheit in die Gegenwart geschlagen.

Gute Kunst kennt in ihrem eigentlichen Wesen, im Innersten des Künstlers, offenbar keine Stilperioden. Romanik verträgt sich ohne weiteres mit modernen Installationen; manche gotische Madonna kommt erst im barocken Rahmen richtig zur Geltung, und eine antike Statue wirkt nirgendwo besser als in einem nüchternen Museum, wo sonst nichts als ein paar Spots mit kühlem Licht das Wesentliche vom Unwesentlichen abheben. Man braucht nur zu reduzieren, immer wieder nur wegzunehmen, was nicht unbedingt notwendig ist.

Im Barock ist man diesbezüglich den umgekehrten Weg gegangen. Die Beweise dafür liegen im Archiv von Stift Stams. Mitte des 18. Jahrhunderts war Josef Schöpf, eine Halbwaise, vom Stift aufgenommen worden. Die Interessen des Buben waren erstaunlich. Er besaß eine Bibliothek, und mit zwölf Jahren fertigte er für den Stiftsarchivar Zeichnungen von Grabsteinen und Siegeln an. Es wurde ihm das Studium ermöglicht, das ihn nach Rom an die Accademia di San Luca führte. Über Vermittlung des Stamser Abtes wurde er Mitarbeiter von Martin Knoller, dem bedeutendsten Freskenmaler Tirols.

Von seinen Lebensdaten her wäre Josef Schöpf (1745-1822) noch als später Barockmaler einzuordnen. In seinem Werk vollzieht sich jedoch bereits der Übergang zum Klassizismus, zur einfacheren Form, die allerdings im süddeutschen Raum, wo man ungebrochen der Üppigkeit des Barock huldigte, keineswegs auf ungeteilte Begeisterung stieß.

Josef Schöpf war ein akribischer Sammler. In seinem Testament heißt es wörtlich, dass „alle theils von mir selbst, theils von anderen in- und ausländischen Kunstmännern verfaßten zahlreichen Skizzen und Gemählde-Sammlung, nichts hievon ausgenommen, dem vorbesagten Kloster zu Stams ausgefolgt werden, jedoch mit dem innigsten Wunsch, dass solche unveräußert beysammen belassen werden". Mit „zahlreich" hat Schöpf an die dreitausend Stück gemeint, die sich im Stift bis heute auf wundersame Weise erhalten haben, also trotz zweier Aufhebungen (1807–1816 und 1939–1945) und einer französischen Besatzung, die „mit zwölf Waggons Inventar abgezogen ist, von dem wir natürlich nichts mehr gesehen haben", so der Abt.

„Ich glaube kaum, dass es eine andere derart voll-

Studien zur Figur des hl. Petrus von Josef Schöpf.

ständige Dokumentation der barocken Malerei gibt als hier in Stams", sagt P. Norbert und öffnet eine der Mappen mit Entwürfen von Martin Knoller. Jede der Bleistiftzeichnungen, jede der mit flottem Pinselstrich hingeworfenen Skizzen sind für unsere Begriffe in sich fertige Arbeiten, mit denen – ohne Nennung einer Jahreszahl – sensationelle zeitgenössische Vernissagen veranstaltet werden könnten.

Gleiches gilt für die lavierten Zeichnungen von Josef Schöpf. Die Gruppen der Heiligen, die Linien der Scheinarchitekturen sind nur Details eines jeweils gewaltigen Freskos. Josef Schöpf war Perfektionist. Jede Bewegung, jede Haltung wurden gründlich studiert, teils mit einer Gliederpuppe, teils am lebenden Modell, für damals keineswegs selbstverständlich. Pater Norbert legt eine Reihe von Blättern auf. Das erste zeigt einen nackten Mann, auf dem zweiten trägt der Mann bereits wallende Gewänder, auf dem dritten ist nur noch die Handhaltung verändert, Vorstudien zur Figur des hl. Petrus.

„Zu allen Aposteln haben wir diese Studien, ganz modern hingeworfen!" P. Norbert ist immer wieder von Neuem begeistert von der Qualität der Zeichnungen und, mehr noch, von der Fülle, die sich in den Mappen verbirgt.

Beinahe in Vergessenheit geraten wäre ein Tiroler Künstler der jüngeren Vergangenheit, hätte man ihm nicht in Stift Stams zu seinem 130. Geburtstag eine Retrospektive gewidmet. Thomas Riss (1871–1959) war seinerzeit von Kritikern zum „Tiroler Dreigestirn" mit Defregger und Egger-Lienz gezählt worden. In der stiftlichen Künstlergesellschaft gilt er als Vertreter für den Aufbruch in eine neue Zeit.

Die Gänge der Klausur sind auffallend hell und breit. Über den Türen der Zellen sind Heilige und Selige des Benediktinerordens verewigt, als wollte man jedem Mitbruder eine dieser Gestalten anempfehlen. „Das hat aber keine bestimmte Bedeutung", meint P. Norbert. „Sie wurden vermutlich von einem unbeschuhten Karmeliten zur Winterszeit gemalt, man muss sich das erst einmal vorstellen."

An der Wand gegenüber zieht sich über deren gesamte Länge der in dieser Art wahrscheinlich größte Bilderzyklus über das Leben des hl. Benedikt. Auf dem Weg zum Chorgebet kommen die Mönche einige Male am Tag daran vorbei und haben damit oft Gelegenheit, sich über einen der erbaulichen Bildtexte zu amüsieren.

„Seht Benedikt sich selbst besiegen! Die Unschuld unter Dornen liegen; Des Fleisches Kitzel wird ganz stumpf – die Unschuld singet laut – Triumph", liest P. Norbert vor und lacht: „Diese Frau mit den Spitzohren, wunderbar, wie man sich damals die Versuchung vorgestellt hat."

Bruder Franz, ein Meister im Schnapsbrennen, ist Geheimnisträger des Stiftes.

Keine Versuchung, sondern ein Auftrag findet sich über dem Abgang zum Keller: „Hoc iter ad Vinum est, Sed non hac itur ad Astra, Sic bibe, ne longa discruciere siti", sinngemäß: „Das ist der Weg zum Wein, aber nicht zu den Sternen, also trink, damit du dich nicht länger quälst!" Bruder Franz Neuner hat dort den Seelenfrieden gefunden.

„Es hat so kommen müssen. Die innere Unzufriedenheit war so groß, das hat sich mit dem Eintritt gelegt."

Der Abt erkannte sein Talent zum Schnapsbrennen und machte ihn damit zu einem Geheimnisträger des Stiftes, das auf ein theresianisches Brennrecht verweisen kann. Das Rezept für das „Klostergeheimnis", einen Kräuterlikör, wurde vom Vorgänger an ihn übertragen, und sonst braucht es niemand zu wissen.

„Für Eheleute hab' ich auch was Gutes", grinst er schelmisch. „Einen Bärlauchschnaps, der hilft dabei, dass man in Krisenzeiten Abstand hält."

Den Most (vergorener Birnen- und Apfelsaft) macht er für die Mitbrüder, die „Zucker haben, weil sie den vertragen", obwohl ihm das richtige Obst dazu fehlt, zumal es in Tirol keine Mostbirnen gibt.

Bruder Franz sorgt sich um den Obstgarten mit gut zweitausend Bäumen und verlässt sich dabei auf die Arbeit seines Mitbruders Norbert, der neben dem Archiv die Bienenstöcke des Stiftes betreut. Um das bukolische Bild abzurunden, wird ein Spaziergang im Eichenwald des Stiftes empfohlen; ein uralter Bestand, aus dem sich früher die Dorfleute die Streu holen durften. Sie haben so gründlich Laub gerecht und gekehrt, dass der Nachwuchs ausgeblieben ist. Seit der Eichenwald unter Naturschutz steht, gibt es wieder das Problem, dass die anderen Gewächse die langsam wachsenden Eichen nicht aufkommen lassen. Vom Projekt, das dafür gestartet wurde, ist der Abt nicht recht überzeugt: „Es hängt vielleicht auch mit den allgemein steigenden Temperaturen zusammen. Jedenfalls ist der Eichenwald mit seinen 1.800 Bäumen in dieser Größe der letzte in Tirol, ein guter Schutz gegen Muren und gegen den Wind."

Weshalb man das Stift seinerzeit überhaupt in diese Gegend gestellt hat?

„Weil ein Zisterzienserkloster immer in einiger Entfernung von der nächsten größeren Ortschaft erbaut wurde. Das Gebiet war rückständig, und man hat die tüchtigen Zisterzienser gebraucht, um die wirtschaftliche Lage voranzutreiben. Der eigentliche Grund war aber der Wallfahrtsort zum hl. Johannes dem Täufer, der schon um 1000 erwähnt wird. Der Gründer wollte etwas von dem Glanz dieser Wallfahrt auf seine Grablegung fallen lassen."

Literatur

Gert Amman, Gregor Peda: Stift Stams. 2. Auflage München 1990 (Verlag Schnell & Steiner).

Hans-Peter Ofer: Thomas Riss, Retrospektive zum 130. Geburtstag. Stams 2002 (Museum Stift Stams).

Norbert Schnellhammer: Ad Gloriam Dei. Freskenentwürfe von Martin Koller und Josef Schöpf (Stift Stams, Hg.).

Information

Zisterzienserkloster Stift Stams,
Stiftshof 1, A-6422 Stams, Tel.: 05263 / 62 42,
E-Mail: stiftstams@utanet.at,
Homepage: www.stiftstams.at

Das Licht des heiligen Rupert

Stift St. Peter in Salzburg

Gegen den Nachmittag hin füllt sich der Stiftsplatz mit Regenschirmen. Feines Nieseln ist der erfrischende Begleiter so mancher Stadtführung, in deren Verlauf die Besucher vom Salzburger Domplatz herüber durch den Friedhof von St. Peter vor das Kloster und ohne größeren Aufenthalt weiter zum Festspielhaus geleitet werden. Der bunte Zug scheint sich wenig um das ehrwürdige Stiftsgebäude zu kümmern. Erst beim Tor zur Franziskanerkirche drehen sich die meisten um, kippen die Schirme zur Seite und zücken die Kameras; ein Muss dieses Motiv: Der Turm von St. Peter und dahinter die breite Festung im Salzburger Schnürlregen.

Wie ein Strauß von Kirchtürmen präsentiert sich Salzburg von den Katakomben im Felsen des Mönchsberges aus.

Die Frage, wie man mit einer derart zentralen Lage als Kloster fertig wird, wird vom Erzabt Edmund Wagenhofer mit einem Blick aus dem Abteisaal heraus zur Hälfte beantwortet:

„Auf dieser Seite das pralle Leben, die Touristen, am Abend auch solche, die im Peterskeller etwas über den Durst getrunken haben und Lärm machen. Und jetzt kommen Sie mit auf die andere Seite!"

Mit einem Blick aus den gegenüberliegenden Fenstern wird die zweite Hälfte der Antwort klar. Im Klostergarten ist es still; eine Idylle, übertrieben in ihrer Vollkommenheit. In der Mitte am Delphinbrunnen sitzt ein Mönch, ignoriert die paar Regentropfen, raucht eine Pfeife.

„Von dieser Oase der Ruhe leben und zehren wir", sagt der Erzabt und fügt hinzu: „Wir haben viel dafür unternommen, um es so zu erhalten."

Es sind die Mauern, die im Lauf eines Jahrtausends diesem Gebäude seinen unverwechselbaren Charakter verliehen haben.

„St. Peter hat überall schiefe Winkel, nicht wie die barocken Klöster mit ihren schnurgeraden Grundlinien. Es war eine kontinuierliche Bauentwicklung." In der Stimme des Erzabtes ist der Stolz nicht zu überhören. „Der alte Kreuzgang oder, besser, die Teile, die davon erhalten geblieben sind, hat seine eigene Geschichte. Dieser innere Bereich wurde jüngst freigelegt; romanisches Mauerwerk um 1000 aus dem ehemaligen Bischofspalast."

1110 wurde er dem Kloster geschenkt. Zuvor, nimmt man an, lebten die Mönche auf der anderen Seite der Kirche – direkt am Felsen des Mönchsberges. Es wurde umgebaut, abgerissen und wieder gebaut und dennoch hat sich von jedem der Eingriffe ein guter Teil erhalten – ob es die Bögen aus dem 12. Jahrhundert sind oder die elegante, federleicht wirkende Wendeltreppe aus Metall, durch die erst vor kurzem Räume im ersten Stock zugänglich gemacht wurden. Der Erzabt definiert es mit „Mut zu Neuem mit großer Ehrfurcht vor dem Alten."

Dass er kein gewöhnlicher Abt, sondern Erzabt ist,

scheint ihm nicht wesentlich. Der Ehrentitel fiel erst im 20. Jahrhundert einem seiner Vorgänger zu, für die Bemühungen um die Wiederbegründung der Benediktiner-Universität. Der Erzabt ist damit um weit mehr als tausend Jahre jünger als der Erzbischof.

Die Hintergründe dieser frühen Ehre waren einstens hochpolitischer Natur. Karl der Große hatte den Bayernherzog Tassilo III. in ein Kloster, die Staatsgefängnisse des Karlsreiches, gesteckt, und Bayern war fränkische Provinz geworden. Die Kirche des Bayernlandes wurde in einem Metropolitansprengel zusammengefasst, mit dem Zentrum Salzburg, nunmehr dem „deutschen Rom" unter der Führung von Arno, dem Abt von St. Peter, der ob dieser eminenten Bedeutung seines Amtes 798 zum Erzbischof ernannt wurde.

Ein Grab auf dem nobelsten und ältesten Friedhof von Salzburg ist heiß begehrt (oben).
Totentanz über den Grabplatten von Michael Haydn und Nannerl Mozart (rechts).

Seit 1622 war Salzburg Universitätsstadt gewesen, mit Theologie, Jurisprudenz und Philosophie. Der Erzbischof war an die Benediktiner mit der Bitte herangetreten, die Universität zu übernehmen.

„St. Peter allein wäre dazu niemals in der Lage gewesen", gibt sich der Abt bescheiden. „Es kam zu einer Konföderation aller deutschen Benediktinerabteien, um das Projekt zu verwirklichen."

Nachdem der letzte Fürsterzbischof, Hieronymus Graf von Colloredo, vor Napoleon aus der Stadt geflohen war und Salzburg abwechselnd unter österreichischem, französischem und bayrischem Protektorat gehalten wurde, hatten die Bayern 1810 die Aufhebung der Universität beschlossen, mit dem Argument, dass es in Deutschland ohnehin genug Universitäten gäbe.

„Die Theologie blieb bestehen, durch all die Zeiten. 1962 wurde von staatlicher Seite wieder eine Volluniversität errichtet."

Im Rahmen der Universität wurde begeistert Theater gespielt. Die Stücke waren durchwegs in Latein verfasst und stellten für die Gymnasiasten und Studenten eine praktische Übung in Sprachtechnik, Rhetorik und sicherem Auftreten dar. Das Benediktinertheater hatte es geschafft, sich im Rahmen des Ordenstheaters gegen die Vormachtstellung der Jesuiten zu behaupten, die mit ihren Stücken hauptsächlich die Gegenreformation im Sinn hatten. Den Menschen aller Bevölkerungsschichten wurden darin die furchtbaren Folgen von Irrglauben und Sünde vor Augen geführt. Nicht so bei den Benediktinern. In deren Stücken ging es um Erbauung und Wecken der religiösen Gefühle. Neben biblischen und kirchengeschichtlichen Stoffen fanden welthistorische Themen Aufnahme in das Sprechtheater.

Der Benediktinerpater Florian Reichsiegel war der letzte „Pater comicus" der Universität und einer der fruchtbarsten Textdichter. Seine Stücke schienen auch dem in dieser Beziehung überaus kritischen fürsterzbischöflichen Konzertmeister Johann Michael Haydn gut genug, um dafür Pantomimen und Singspiele zu komponieren, also musikalische Einlagen, mit denen der gesprochene Text der Dramen unterbrochen wurde.

Das bekannteste dieser Singspiele ist „Die Hochzeit auf der Alm". Es wurde immer wieder selbständig aufgeführt und erfuhr noch Mitte des 20. Jahrhundert eine Neubearbeitung.

Incertam Capies
tis expluribus una
ultima flere

Pflichtmotiv für das Reisealbum: Stift St. Peter und die Feste Hohensalzburg.

Das Stift St. Peter selbst war mit Haydn, genauso aber auch mit der Familie Mozart verbunden. Abt Dominicus Hagenauer war der Sohn des Hausherrn von Leopold Mozart und in seiner Jugend ein Spielgefährte des kleinen „Wolfgangerl" gewesen. Zur Primiz seines Freundes schrieb der dreizehnjährige Mozart die „Dominicus-Messe" KV 66. Zu dessen Abtweihe erwies Michael Haydn seinem geistlichen Freund die Ehre mit einer „Missa S. Dominici" sowie einem „Te Deum" und sparte dabei nicht bei der Besetzung. Zwei Clarini (hohe Trompeten) und Pauken sorgten für den festlichen Glanz des Orchesterklanges.

Für Johann Michael Haydn wurde in der Stiftskirche ein Grabmal errichtet mit einer Urne, die sein Haupt birgt. Franz Schubert, ein Verehrer von Michael Haydn, besuchte dieses Monument. „Es ist recht hübsch, aber steht auf keinem guten Platz, sondern in einem abgelegenen Winkel", befand er in einem Brief an seinen Bruder Ferdinand.

Ob Schubert bei diesem Besuch auch im Peterskeller eingekehrt ist, weiß man nicht. Er hätte Erstaunliches zu hören bekommen: den kräftigen Gesang eines Männerquartetts mit Liedern seines verehrten Meisters Haydn. Ab 1788 hatte sich Michael Haydn solchen Kompositionen gewidmet, etliche Jahre vor ähnlichen Bewegungen in Deutschland und der Schweiz. Viele der fünf Dutzend Haydn-Lieder für vier Männerstimmen erklangen in St. Peter zum erstenmal, oft im geselligen Beisammensein im „Petrer Keller", wie das Trinklied an Fürst Schwarzenberg, einen Schüler und Freund Haydns.

Michael Haydn ist im Friedhof von St. Peter bestattet, neben Marianne Freifrau von Berchtold zu Sonnenburg oder, besser bekannt, als Nannerl, Schwester von Wolfgang Amadeus Mozart.

„Wenn es übel geht zu Gott dich wendt der todt macht aller Klag ein end", steht über deren Grabplatten auf einer abgewitterten Tafel des Totentanzes. Jedermann wird von diesem makabren Reigen mitgerissen und erfährt so die wohl einzige, wenngleich unzureichende Gerechtigkeit auf dieser Welt, ganz gleich, ob er im Leben zu denen da unten oder denen da oben gehört hat, die reich oder bedeutend genug sind, um eine Gruft in den stimmungsvollen Arkaden mittels „Verleihbrief" auf „Stätt und ewig und für alle die übrigen, sodessen Nam und Stamm sie sind" erwerben können.

„Um hier bestattet zu werden, muss man schön bitten", weiß Pater Petrus Eder, eigentlich Leiter des Musikarchivs von St. Peter, einer Friedhofsführung aber nicht abgeneigt. „Es gibt lange Wartelisten."

Die Inschriften verkünden ganz genau, wem hier ein Platz für die ewige Ruh' auf diesem wohl nobelsten Friedhof Salzburgs gegönnt ist.

„Und dem nachweislich ältesten Friedhof Österreichs!" Prof. Dr. Adolf Hanl betreut die Stiftsbibliothek, sitzt somit an der Quelle allen Wissens über das Stift. „Noch bevor das alte Kloster bestanden hat, gab es hier den Friedhof. Er ist die Verbindung des alten Juvavum mit dem Salzburg Ruperts."

Für ihn sind die Katakomben frühe Grabstätten: „Eigentlich Hypokomben, weil sie oben im Felsen liegen. Aber es sind richtige Gräber." Mit dieser Meinung widerspricht er zwar dem Abt, der eine solche Funktion bezweifelt, aber Dr. Hanl hat dafür ein gutes Argument. In der Mitte der Stiftskirche fand sich bei Ausgrabungen ein Doppelkammergrab, von dem ursprünglich angenommen wurde, dass es eine Saalkirche gewesen sein könnte. „Dafür wäre sie aber viel zu klein gewesen. Hier wurden Menschen bestattet. Anzusiedeln ist der Bau in der nachrömischen Epoche, zirka sechstes Jahrhundert."

Die Katakomben waren früher nahezu unzugängliche Felshöhlen, heute sind sie über Holzstiegen bequem erreichbar. Wie sie entstanden sind und wozu sie gedient haben, bleibt trotz vieler Theorien ein Rätsel. Jedenfalls haben sie die Phantasie beflügelt. Eine Steintafel in der Maximushöhle erzählt ausführlich vom Tod eines Märtyrers namens Maximus, den man gemeinsam mit fünfzig Gefährten während der Christenverfolgung von hier hinunter gestürzt hätte. Das Martyrium hat jedoch an einem anderen Ort stattgefunden, der später mit Juvavum verwechselt wurde, und die Tafel stammt aus 1530, aus einer Zeit, in der man solche Vergangenheit unkritisch verklärte. Es wäre doch zu schön gewesen, im Kloster nicht nur Reliquien, sondern die Stätte eines Martyriums selbst vorweisen zu können. Ein solches hätte sich beinahe einer der Mönche von St. Peter zugefügt, als er die Höhlen als Eremitage benützte. Hätten ihn bei Einbruch des Winters die Mitbrüder nicht mit Gewalt von dort oben herab geholt, wäre er wahrscheinlich in aller Seligkeit erfroren.

Die Klostergeschichte an sich lässt viele Fragen offen. Schuld daran ist einzig und allein das hohe Alter von St. Peter. Mittlerweile hat man sich zumindest auf das Gründungsjahr 696 geeinigt. Noch vor dem Frauenstift Nonnberg hat der hl. Rupert das Männerkloster gegründet oder wiedererrichtet oder nur erneuert. Der lateinische Text seiner Lebensbeschreibung lässt keinen eindeutigen Schluss zu. Oder gab es schon zu Zeiten von Severin ein Kloster in Juvavum? In der „Vita Severini" finden sich Andeutungen, die dahingehend interpretiert werden können. Mit Sicherheit ist St. Peter aber das weitaus älteste Kloster und mit der ununterbrochenen Bischofsliste seit Rupert auch das älteste Bistum Österreichs.

Erzabt Edmund Wagenhofer führt durch 1000 Jahre Baugeschichte.

„Viel älter als Österreich selbst", ergänzt Dr. Hanl diese Reihe von Superlativen. „Wir gehörten ursprünglich zu Bayern, mit Österreich hatten wir nichts am Hut."

Dass sich das Gründungsdatum im Verlauf der Zeit von 582 gegen Ende des 7. Jahrhunderts verschoben hat, ist auch für Pater Petrus kein Problem: „Wir sind ja trotzdem noch das älteste Kloster nördlich der Alpen, hundert Jahre auf oder ab machen keinen Unterschied."

In früherer Zeit fand man sich damit nicht so leicht ab und verweigerte einem Forscher, der die Gründung im 6. Jahrhundert anzweifelte, ganz einfach den Zugang zu den Unterlagen.

Sankt Rupert entstammte einem edlen Geschlecht und wurde vom Bayernherzog mit dem Land Salzburg belehnt, mit den Salzquellen, die dem heiligen Rupert das Salzfass als Attribut eingetragen haben. Sein Grab – ein römischer Sarkophag, dem die Vorderseite abgeschlagen wurde – wird in der Stiftskirche gezeigt und, wie es einem Landespatron gebührt, wird davor gebetet, obwohl keineswegs sicher ist, dass sich seine Reliquien darin befinden.

Pater Petrus: „Um Diebstählen vorzubeugen, hat man im Mittelalter die Reliquien vergraben. Später hat man sie wieder gefunden und willkürlich gesagt, das seien die Gebeine des heiligen Rupert und hat sich darauf berufen, dass ein alter Priester von einem noch älteren Mönch gehört habe, dass der wieder denjenigen gekannt habe, der bei der Bestattung dabei war." Was der Verehrung keinen Abbruch tut: „Wir strengen uns schon an, dass der hl. Rupert nicht vergessen wird" und dass vor allem das Ewige Licht, das seit Abt Balderich (1125–1147) brennt, nicht ausgeht. Wer will schon dafür verantwortlich sein, dass die legendäre Rupertusvision in Erfüllung geht: „Wann mein Licht erlöscht, wird diese Stadt verwüstet werden."

Jede der Gestalten in der Frühgeschichte von St. Peter hatte neben der geistlichen Aufgabe eine gewaltige Portion Politik zu erledigen, was Dr. Hanl zwar abstreitet: „So ein Blödsinn! Der allgemeine

Wozu die Katakomben, unzugängliche Felshöhlen, ursprünglich gedient haben, bleibt ein Rätsel. Oben die Maximus-, rechts die Gertraudenkapelle.

Missionsauftrag steht schon in der Apostelgeschichte!" Der Zusammenhang zwischen Bekehrung und Reichspolitik lässt sich dennoch nicht leugnen, zumal die Grenzen und parallel dazu das Christentum nach und nach gen Osten verschoben wurden. Darüber hinaus verbrachten die Salzburger Fürsterzbischöfe ei-

Der Klostergarten bietet Ruhe im Getriebe der Innenstadt.

nen guten Teil ihrer Dienstzeit im Sattel, um ihren kriegerischen Aktivitäten gegen aufsässige Äbte und begehrliche Nachbarn höchstpersönlich nachzukommen.

Eine dieser „politischen Besetzungen" war Virgil, der als iroschottischer Mönch ins fränkische Reich gekommen war. Um 746 wurde ihm vom Bayernherzog die Leitung des Bistums Salzburg übertragen. Als Vertreter des freien iroschottischen Mönchtums war er schon zuvor mit dem papsttreuen Bonifatius in Auseinandersetzungen geraten. Ausgerechnet Bonifatius wurde vom Papst gerügt, denn diesem war zu Ohren gekommen, dass Priester, die des Lateinischen nicht mächtig waren, eine falsche Taufformel verwendet hatten. Sie hatten die neuen Christen mit „Baptiso te in nomine patria et filia et spiritus sancti" getauft, was soviel heißt wie „Ich taufe dich im Namen Vaterland und Tochter und des Hl. Geistes". Bonifatius erteilt Virgil nun den Auftrag, den so Getauften das Sakrament neu zu spenden. Dieser aber weigert sich. Als sich Bonifatius deswegen beim Papst beschwert, wird auch er von diesem dahingehend belehrt, dass die zwar mit falschen Worten, aber in der richtigen Absicht gespendete Taufe ihre volle Gültigkeit besitze.

In diesem Punkt hatte Bonifatius den Kürzeren gezogen. Als Virgil, ein Gelehrter wie Bonifatius, jedoch die unerhörte, ja geradezu gotteslästerliche Ansicht vertrat, dass es auf der gegenüberliegenden Seite der Erde noch eine zweite Welt mit Menschen gäbe, sah Bonifatius seine Stunde gekommen. Er bezichtigte seinen Gegner der Häresie. Wie sollte man diese Antipodenlehre mit der Theologie, die von gemeinsamen biblischen Stammeltern und einer damit einheitlichen Menschheit ausging, in Einklang bringen? Wiederum erlitt er eine Niederlage. Der Papst, im Gegensatz zu vielen seiner Nachfolger, zeigte sich keineswegs erschüttert, dass die Erde als Scheibe angezweifelt wurde, allerdings weniger aus wissenschaftlicher Offenheit denn aus Rücksicht auf den frommen und romtreuen Bayernherzog, der Virgil offen unterstützte.

Die Salzburger Schreibschule war richtungweisend in ihrer Art der Buchmalerei für eine Reihe von Klöstern, vor allem im Osten Österreichs. Die wichtigste und wertvollste unter den achthundert Handschriften des Klosters wurde 784 von Virgil angelegt: das „Verbrüderungsbuch", das kaum jemand zu Gesicht bekommt.

„Nicht nur für die Bibliothek ist es bedeutend", erklärt Erzabt Wagenhofer, „sondern auch von der inneren, geistigen Situation des Klosters aus, als Dokument, weil das Gebet wesentlicher Teil unseres Lebens ist."

Mehrere Male täglich, Tag für Tag, Jahr für Jahr gibt es das gemeinsame Gebet. Die Mönche versammeln sich dazu in der Veits- oder Marienkapelle. Die Psalmen werden gesungen, von kräftigen Männerstimmen. In eigenartig abgehackter Phrasierung unterbrechen die einzelnen Verse die Stille, bleiben kurz im Hall dieser gotischen Kapelle stehen, erlauben ein Nachdenken über wieder und wieder Gehörtes. Es erscheint nicht wie ein persönliches Gespräch mit Gott, vielmehr wie eine kollektive Beschwörung in vertrautem Wortlaut.

Der Pförtner von St. Peter, Bruder Engelbert, hat darin für sich die Lebensantwort gefunden: „Es bringt meiner Familie den Segen, den ich ihr im Gebet erbitte. Man hat mir dafür zuhause den schönsten Raum gelassen, und ich darf meinen Urlaub dort verbringen. Wenn mit dem Kloster einmal was sein sollte, man weiß ja nie, dann kann ich mich dorthin zurück ziehen."

Der liebenswürdige kleine Mann versieht seinen Pförtnerdienst seit Jahrzehnten in aller Bescheidenheit und immer am Rand der Welt, die an ihm auf dem Stiftsplatz vorbei zieht. Sie scheint ihn nicht hinaus zu locken, wenngleich er es genießt, von seinen Verwandten mit dem Auto einmal im Jahr abgeholt zu werden und dabei an einer Raststation an der Autobahn Halt zu machen: „Dann kaufe ich mir das zu essen, was ich will."

Im Kloster darf sich keiner über magere Kost beschweren, aber diese uns winzig scheinende Freiheit ist für ihn eine Kostbarkeit. Die Regel des hl. Benedikt sieht bezüglich des Speisens äußerst strenge Einschränkungen vor.

„Im Mittelalter haben sie nur vegetarisch gegessen", schüttelt sich Fr. Engelbert, und er könnte auch den unzähligen Fasttagen, an denen es bestenfalls Milchbrei gab, nichts abgewinnen. St. Peter ist in dieser Beziehung grundlegend anders. Es wird ausnehmend gut gekocht, für die Gäste und für den Konvent. Ein Speisebuch von 1728, das zweimal am Tag für Abt und Konvent ein beachtliches Menü vorsah, bestätigt diese wunderbare Tradition. Man braucht nur einen beliebigen Tag heraus zu nehmen, beispielsweise den 20. Januar, das Fest der hll. Märtyrer Fabian und Sebastian: Abt und Convent mit drei Gästen: Voressen, Fleckerln, Bratl, extra gegeben; zwei Gänse. Abt und Convent zur Nacht mit zwölf Gästen: Speckknödel, Brätl, Vögel und Tauben, drei Mandelmuse, sieben Kapauner, Äpfel, Bratwürste, Hohlhippen, Gersten.

Gereicht wurde dazu Wein aus eigenen Rieden in der Wachau und Dornbach bei Wien; Güter, die zum guten Teil mittlerweile verpachtet sind. In der Stiftspfarre Wien-Dornbach kann fallweise noch der Klosterheurige verkostet werden.

Um 1160 war der Almkanal, ein Meisterwerk mittelalterlichen Wasserbaus, fertig gestellt.

„Früher war der Transport um vieles teurer als der Wein selber", weiß der Abt. „Man muss sich vorstellen, wie mühsam es war, ein Fass per Schiff Donau, Inn und Salzach herauf zu befördern. Wie der Wein nach dieser Tortur geschmeckt hat? Heute ist es umgekehrt. Die Herstellung von gutem Wein ist so teuer geworden, dass es sich für uns nicht mehr rechnet."

Der Stiftskeller, den bereits Karl der Große aufgesucht haben könnte – er ist jedenfalls daran vorbeigegangen –, wurde an einen privaten Betreiber verpachtet. Die Bäckerei hat man behalten und liefert damit tägliches Brot für Salzburger und die Gäste der Stadt.

Um vier Uhr morgens wird der Ofen angeheizt. Bis das Holz verbrannt ist, bleibt Zeit zum Teigkneten und Formen der Laibe. Wenn die Glutreste aus dem Ofen heraußen und der heiße Schamott sauber abgekehrt ist, wird eingeschossen. Nach gut einer Stunde werden duftende Brotlaibe aus dem Ofen geholt und in der Bäckerei zum Verkauf angeboten. Jeden Tag, seit Menschengedenken, bleiben zwei, drei Kilogramm Sauerteig für den nächsten Tag übrig, damit immer wieder ein kräftiges Schwarzbrot entsteht, das über etliche Tage frisch bleibt; das Brot von St. Peter als erfolgreicher Widerspruch zum Neuen Testament, wenn es dort bei Kor. 5,6–8 heißt: „Fegt den alten Sauerteig aus, damit ihr ein neuer Teig werdet!"

Auch die Mühle gibt es noch, mittlerweile aber außerhalb der Stadt. Vorher stand sie wie die Bäckerei unmittelbar neben dem Kloster, angetrieben vom Almkanal.

„Der Name kommt nicht von einer Alm im üblichen Sinn, sondern von einem Bach, von der Alm, der Albula wegen ihrer weißen, unbemoosten Steine, dem Abfluss des Königssees", klärt der Erzabt den erwarteten Irrtum auf. „Der Stadtbrand von 1127 und der ständige Wassermangel waren für Abt und Dompropst Auslöser von Überlegungen, das Abwasser des Königssees anzuzapfen. Genau an der heutigen Grenze zwischen Salzburg und Bayern wurde ein Wehr angelegt, von dem der künstliche Kanal abzweigt, der bis hinter den Mönchsberg geführt hat, in einem Arm nach Mülln hinausgeht und mit dem anderen durch den Berg in die Altstadt führt und sich dort in sieben Arme verzweigt." Bei der Bäckerei hört man das mächtige Rauschen, das sich im Kreuzgang zu einem leisen Plätschern beruhigt hat. „Um 1160 war dieses für damalige Verhältnisse geniale Meisterwerk der Technik vollendet. Man muss sich vorstellen, ein Stollenbau von dieser Länge, mit genauer Berechnung des Querschnitts, damit keine Überschwemmungen passieren und die Flussgeschwindigkeit passt."

Zur Almabkehr wird der Kanal, der bis in unsere Zeit Mühlen und E-Werke angetrieben hat, einmal im Jahr in seiner ganzen Länge durchwandert und gereinigt. An der Stelle, wo er unter dem Franziskanerkloster durchfließt, war er einstens mit Eisengittern zugeschlossen. Unmittelbar neben St. Peter hatte an dieser Stelle das Kloster der Petersfrauen bestanden. Man wollte sicher gehen, dass sich niemand zu den Damen einschleichen konnte, auch nicht über den Almkanal. Darüber wachten aufmerksam die Priorin und deren Vorgesetzter, der Abt von St. Peter. Die Berichte spiegeln ein mehr als trübes Leben wider. Den Nonnen, von denen viele bereits als Kinder ins Kloster gesteckt worden waren, war doppeltes Stillschweigen geboten, einfaches bei Tag und strenges bei Nacht; die Kost war karg und an zwei wöchentlichen Fasttagen auf ein Essen pro Tag beschränkt. Der Gebrauch von Unterkleidern und Bettwäsche aus Leinen war ihnen untersagt. Ein Verlassen der Klausur war mit wenigen Ausnahmen strengstens verboten. Wie es im Ausdruck jener Zeit so schön und doch beredt heißt, sollte der Aderlass dem körperlichen und damit wohl auch dem seelischen Wohlbefinden dienen. Einmal im Monat wurden die bedauernswerten Geschöpfe dieser Prozedur unterzogen. Jeden Freitag gab es ein eigenes Schuldkapitel. Die Schwestern mussten sich selbst ihrer Verfehlungen wegen anklagen und wurden von der Priorin bestraft, interessanterweise mit zusätzlichen Gebeten – wie der liebe Gott zu einer solchen Zwangsverehrung gestanden haben mag? – oder, in schweren Fällen, durch Züchtigung mit der Gerte.

Dennoch gab es den sonderbar anmutenden Brauch, dass alle fünf oder sechs Jahre die Trennwand der – gemeinsam mit den Mönchen genutzten – St.-Anna-Kapelle durchbrochen wurde; eine doppelte Verletzung der Klausurvorschriften. Die Nonnen besichtigten unter Führung des Abtes feierlich das Männerkloster. Die Mönche hatten während dieser Zeit allerdings Ausgang.

1583 wurde gegen den Widerstand des Mönchskonvents die Aufhebung des Frauenklosters durchgesetzt.

Während der Wanderung durch mehr als ein Jahrtausend, in St. Peter auf engstem Raum mit wenigen Schritten begangen, hat der Regen zugenommen. Die Stiftskirche füllt sich mit durchnässten und ob der Fülle der Ausstattung etwas ratlosen Besuchern. Der Raum, der wie das gesamte Kloster keine der Bauphasen verschweigt, hält für einen kurzen Besuch zuviel an Sehens- und Wissenswertem bereit.

„Wir haben den einzigen Kirchenraum in ganz Salzburg aus der Mozartzeit", hilft Pater Petrus dem Staunen weiter. „Damals wurde er im Stil des Rokoko neu gestaltet. Zuerst war man der Ansicht, keine Ausländer beschäftigen zu brauchen. Die eigenen

In der Backstube von St. Peter entsteht tagtäglich herzhaftes Schwarzbrot.

Maler hatten aber scheinbar Schwierigkeiten mit den großen Formaten." Er zeigt auf eines der Gemälde: „Sieht schon aufgeblasen aus. Also hat man sich doch entschlossen, einen Österreicher zu holen."

Martin Johann Schmidt, der Kremser Schmidt, schuf in St. Peter sein Spätwerk, ein Bildprogramm von großer Gelehrtheit und von einem Umfang, so dass man, wie Pater Petrus meint, allein mit den öffentlich nicht gezeigten Bildern eine schöne Ausstellung machen könnte. Sie fügen sich, selbst in einer stellenweise sonderbaren Anordnung – eines exakt neben dem anderen –, in den Bau, der von seinem Wesen her aus dem 12. Jahrhundert stammt, ergänzen sich mit der gotischen Madonna auf dem Rokoko-Sockel, dem filigranen Gittertor aus Schmiedeeisen, und niemanden nimmt es mehr wunder, dass er durch ein romanisches Portal mit dem jugendlichen Christus-Pantokrator im Tympanon das Stift verlässt.

Information

Benediktinerstift St. Peter, Erzabtei St. Peter,
Postfach 113, A-5010 Salzburg,
Telefon: 0662 / 844 576, Pforte: 0662 / 844 576–0,
Homepage: www.stift-stpeter.at

Literatur

P. Korbinian Birnbacher: Benediktiner-Erzabtei St. Peter in Salzburg. Salzburg 1996 (Verlag St. Peter).

Gerhard Croll: Johann Michael Haydn. Gütersloh 1987 (Profil-Verlag Kurt Vössing).

Friedrich Heer: Karl der Große und seine Welt. Wien – München – Zürich 1975 (Verlag Fritz Molden).

P. Friedrich Hermann: St. Peter zu Salzburg. Salzburg 1953 (Verlag St. Peter).

Friedrich Hermann: Geschichte der Erzabtei St. Peter zu Salzburg. 1. Bd., Frühgeschichte 696–1193. Salzburg 1996 (Verlag St. Peter).

Franz Ortner: Salzburger Kirchengeschichte. Salzburg 1988 (Universitätsverlag Anton Pustet).

Erich Szivàry: Die „Katakomben" im St.-Peters-Friedhof zu Salzburg. Salzburg 1998 (Verlag St. Peter).

Rupert Feuchtmüller: Martin Johann Schmidt, genannt Kremser Schmidt, und das Stift St. Peter. Aus: P. Aegidius Kolb OSB (Hg.): Festschrift St. Peter zu Salzburg 582–1982. Salzburg 1982 (Verlag St. Peter).

Heinz Dopsch: Die Petersfrauen. Aus: P. Aegidius Kolb, ebenda.

Heinz Dopsch: Der Almkanal – eine Pionierleistung europäischer Bautechnik. Aus: P. Aegidius Kolb, ebenda.

Franz Fuhrmann: Die Baugeschichte von Kirche und Kloster. Aus: P. Aegidius Kolb, ebenda.

Sybille Dahms: Theater und Musik im Rahmen der Benediktineruniversität. Aus: P. Aegidius Kolb, ebenda.

Gerhard Croll: Die Mozarts, Johann Michael Haydn und das Stift St. Peter. Aus: P. Aegidius Kolb, ebenda.

Aegidius Kolb: Tischgebräuche in St. Peter nach dem Speisebuch von 1782. Aus: P. Aegidius Kolb, ebenda.

Warum eigentlich Maria?

ZISTERZIENSERSTIFT SCHLIERBACH

Man darf sich von der hoch aufragenden abweisenden Front zur Ortschaft hin nicht abschrecken lassen, auch nicht vom allgegenwärtigen Geruch aus der Käserei. Stift Schlierbach hält das Tor offen. Und hat natürlich mehr zu bieten als Käse, wovon man sich bei einer Führung überzeugen kann. Stift Schlierbach ist von der Kunstgeschichte her sehenswert. Es gibt eine Werkstätte für Glasmalerei und ein Bildungszentrum mit vielfältigem Kurs- und Seminarprogramm, nicht zu vergessen das Gymnasium.

Dort dürfte gerade Pause sein; aus den Gängen tönen Reden und Lachen der Schüler.

Seit 1925 gibt es die katholische Privatschule, von der man sich ursprünglich Nachwuchs für den Orden erhofft hat, und seit 1977 sind Mädchen zugelassen. Die stolze Gesamtzahl beträgt 520 Schüler, die in zwanzig Klassen unterrichtet werden, mit Latein ab der dritten, Griechisch oder Französisch ab der fünften und ab der sechsten Stufe freiwillig eine weitere Fremdsprache. Stellten früher die Patres den Lehrkörper, sind derzeit gerade zwei Stiftsherren in der Schule tätig, der Direktor und ein Religionsprofessor.

Das Gymnasium ist eine der Einführungen von Abt Alois Wiesinger, der 1917 bereits mit 32 Jahren Abt wurde und bis 1955 dem Stift vorstand. Er hat es zu dem gemacht, was heute Schlierbach darstellt, erfährt man bei der Führung und findet es in der Broschüre bestätigt.

Stift Schlierbach spielt in der Landwirtschaft der Region eine führende Rolle.

Das Stift hatte eine Durststrecke hinter sich gebracht, war im 19. Jahrhundert unter Verwaltung von außen gestanden. Unter Joseph II. war es zwar nicht aufgehoben worden; die große Zeit der fürstlichen Prälaten war aber endgültig vorbei. Geblieben ist aus jener Zeit die barocke Ausstattung, die in der Bibliothek bereits deutlich ins Rokoko ausschwingt. Sie wurde als letzter Raum erst 1712 fertiggestellt, in Form eines griechischen Kreuzes. In dessen Nischen sind in zwei Etagen Bücherkästen aufgestellt. Den Grundstock für die 12.000 Bände der Schaubibliothek bildete der bescheidene Bücherbestand des Frauenklosters (Zisterzienserinnen), das ursprünglich an dieser Stelle gestanden war (1355 bis 1556).

Im 16. und 17. Jahrhundert war das Kloster leer gestanden und vom Klosterrat verwaltet worden. Es geriet in Schulden und wurde von Anton Wolfrath saniert. Der gute Mann hatte hier und vor allem im benachbarten Kremsmünster die Gunst der Stunde zu nutzen gewusst.

Im Dreißigjährigen Krieg war in Oberösterreich eine Reihe von Grundherrschaften frei und damit wohlfeil geworden, weil man deren evangelisch bekennende Besitzer vertrieben hatte.

Nachdem das Stift in der Gegenreformation 1620 mit männlichen Zisterziensern aus Stift Rein neu besetzt worden war, hatte man „um teures Geld“, wie ein Abt beklagte, en gros Bücher angekauft. Ein Kloster, das auf sich hält, braucht eine entsprechende Bibliothek und volle Regale zum Herzeigen. Dort finden sich Werke aus allen Bereichen der Wissenschaft, zum Teil von erstaunlicher Qualität, wie die 800 Bücher mit dem Ex libris von Job Hartmann Enenkel, einem aus evangelischem Adel stammenden Gelehrten, oder ein stattlicher Posten medizinischer Bücher aus dem Bestand des Landschaftsarztes Johannes Christoph Bitterkraut.

Aus dem Kaisersaal tönen barocke Klänge. Die letzte Probe vor der Aufführung findet bereits auf der Bühne statt. Flöte, Cello und Cembalo müssen sich an die füllige Akustik des Prachtraumes erst anpassen, wenn's auch mit Publikum am Abend ohnehin wieder anders klingt. Der Musikprofessor gibt den drei jungen Musikern nach jedem Satz kurze Hinweise, letzte Notizen werden in die Noten gezeichnet. Die Zuhörer, zum guten Teil Mitschüler, sind die aufmerksamsten Kritiker. Musik mit dem Schwerpunkt Orgel wird in der Schule groß geschrieben.

Pater Alfred Strigl: „Die Schüler werden von einem Professor des Bruckner-Konservatoriums betreut und geben bereits selber Konzerte. Unter den Absolventen haben sich etliche einen Namen gemacht. Es ist also kein Wunder, dass unsere Gegend mit einer auffallend großen Zahl hochqualifizierter Organisten gesegnet ist.“

Pater Alfred ist Pfarrer im nahen Heiligenkreuz, wo es noch selbstverständlich ist, dass zu den Hochfesten des Kirchenjahres große Messen mit Chor und Orchester gespielt werden. Deshalb bedauert er, dass das klösterliche Kulturleben zum größten Teil auf Privatinitiativen einzelner Leute beruht: „Ob es die Theatergruppe ist oder die Kunstausstellungen, die gemeinsam mit Schülern oder Absolventen des Gymnasiums gestaltet werden, oder die Lesungen mit moderner Literatur, an denen sich die Schüler mit groß-

Kaiser- oder Bernardisaal: Ein türkischer Edelmann nimmt den Musiker ins Visier.

Die Schlierbacher Madonna, Hausmutter des Stiftes.

artigen eigenen Schöpfungen beteiligen; vom Stift her besteht dafür wenig Interesse."

Den Grund für diese Zurückhaltung sieht Pater Alfred im Altersdurchschnitt des Konvents. „Über zwanzig Jahre ist keiner eingetreten. Der jetzige Nachwuchs kommt aus Osteuropa, aus Polen, der Slowakei und der Ukraine. Die Identifikation mit unserer Gegend wird ihnen bestimmt nicht leichtfallen."

Die überbordende Pracht des Festsaals (Kaiser- oder Bernardisaal) mit den Kaiserbildnissen, den von Symbolen strotzenden Deckenfresken und dem schwer mit Schlagmetall überzogenen Stuck lässt leicht einige reizvolle barocke Spielereien übersehen. An der Stirnseite schauen drei Herren durch Ochsenaugen interessiert in den Saal herein. Alles Illusion. Fenster und Personen sind gemalt. Wer sie sind? Wahrscheinlich Diener, die aufmerksam das Treiben der Gäste verfolgen. Über dem Kamin zielt ein türkischer Edelmann mit einer Pistole auf die Besucher. Gleichgültig, wo man steht, man wird von ihm ins Visier genommen.

Der Käsegeruch lässt sich davon nicht abschrecken, macht sich unverschämt in diesem Glänzen breit. Er mag schon manchem Maturanten in der Nase gestunken haben, wenn bei der mündlichen Prüfung plötzlich Stille eingetreten war, wenn die Damen und Herren der Kommission die Köpfe bedenklich zu wiegen begannen und wenn das Durchfallen im Raum stand. Aber wer außer Schlierbacher Schülern kann schon sagen, dass er in einem solch feudalen Ambiente die Reifeprüfung abgelegt hat?

Um dem Geruch auf die Spur zu kommen, ist ein Besuch der Schaukäserei, übrigens der ersten Österreichs, zu empfehlen. Bruder Leonhard Kitzler hat 1924 als Novize in Deutschland das Käsen erlernt. Wieder daheim, hat er experimentiert und schließlich den Schlierbacher Schlosskäse entwickelt. Die Mitbrüder haben die kleinen, eigenwillig duftenden Laibchen für gut befunden und erteilten ihm die Erlaubnis zu professioneller Produktion. In den klösterlichen Kellergewölben fand sich das geeignete Milieu, um die Rotschmiere entsprechend gedeihen zu lassen. Was es mit dieser Rotschmiere auf sich hat, was die Rinde dieses raffinierten kleinen Stinkers letztlich so pikant macht, welchen Kontrollen die Produktion unterliegt und wieviel persönliches Gefühl der Käsemeister nach wie vor in höchste Technik einbringt, all das wird bei der Führung gerne verraten. Allzu neugierigen Fragen gegenüber gibt man sich verständlicherweise verschlossen. Man weist vielmehr auf eine kaum gebremste Erfolgsgeschichte hin. Sie machte in den siebziger und achtziger Jahren einen Zubau nötig. Und auf die Preise! Fünfmal konnte Schlierbach den begehrten Käsekaiser des AMAG-Gütesiegels in verschiedensten Kategorien heimholen. Jüngster Sieger war der „Rote Mönch", das gelungene Experiment, Rotkultur und Birnenbrand, zwei einander feindliche Komponenten, in einem Käse köstlich zu vereinen. Wein- und Käseseminare werden gemeinsam mit Stift Kremsmünster veranstaltet. Sie erlauben eine genüssliche Ahnung von der kulinarischen Welt dieser Klöster.

„Den Schlosskäse esse ich grundsätzlich erst einige Tage nach dem Ablaufdatum." Pater Alfred bestätigt damit die Erfahrungen der Käsefreunde und hat ei-

In der Bibliothek sind zwei Etagen Bücherschränke aufgestellt, mit einem Gesamtbestand von 12.000 Bänden.

nen Tipp parat: „Nur mit Schwarzbrot und einem Tropfen Honig, so schmeckt er mir am besten, dazu einen frischen Grünen Veltliner."

Schon in den zwanziger Jahren wurde unter Abt Wiesinger auf dem agrarischen Sektor Pionierarbeit geleistet. Gemeinsam mit dem Land Oberösterreich wurde die Landwirtschaftliche Fachschule gegründet. Sie existiert zwar noch immer, mit dem Kloster steht sie aber nicht mehr in Verbindung.

„1978 hatten wir den ersten Biobetrieb", erinnert sich Pater Alfred. „Niemand hat damals noch an so etwas gedacht, an tiergerechte Haltung, an Freilandhühner, an Liege- und Fressplätze für Rinder und Schweine, die frei umher laufen dürfen. Aus Kostengründen soll diese Landwirtschaft nun in einen Lohnbetrieb umgewandelt werden."

Pater Alfred ist neben seiner seelsorglichen Tätigkeit Geschäftsführer der Käserei und Glasmalerei Ges. m. b. H. Stift Schlierbach. Das Glas war ins Kloster gekommen, weil der Linzer Glasmaler Prof. Josef Raukamp Ende des Zweiten Weltkrieges seine zerbrechlichen Vorräte vor dem Zerbomben schützen wollte. Er hatte sie zu seinem Bruder, P. Petrus, nach Schlierbach gebracht. Der war gelernter Glasmaler und konnte neben seiner geistlichen Berufung wieder den angestammten Beruf ausüben. Nach dem Ableben von Prof. Raukamp hat 1953 das Kloster die Firma übernommen.

„Die Herstellung von Glasfenstern erfolgt in engster Zusammenarbeit mit den Künstlern", sagt Pater Alfred. „Sie bringen die Entwürfe, eine Art Aquarell, und bleiben bei uns meist während des gesamten Herstellungsprozesses. Wir bringen unsere Erfahrungen ein, zum Beispiel bei den Mischungsverhältnissen in der Schmelzglastechnik, und versuchen den richtigen, vom Künstler gewünschten Farbton zu erzielen. Ein ständiger intensiver Dialog."

Von allen Glasmalern, die in Schlierbach gewirkt haben, war die Künstlerin Margret Bilger die bedeutendste. Die Landesausstellung 1975 war ihrem Wirken gewidmet. Die Galerie ist nach ihr benannt. P. Alfred: „Eine sehr mystische Frau. Ihre ältesten

Pater Alfred ist Geschäftsführer der Käserei und Glasmalerei GesmbH Stift Schlierbach.

Fenster sehen aus wie farbige Holzschnitte. Sie hat dafür die gesamte Glasfläche mit Schwarzlot überzogen und mit der Spachtel ausgekratzt."

Gearbeitet wurde in der Werkstatt unter anderem für Josef Mikl, den Mitbegründer der „Galerie nächst St. Stephan", oder für Lydia Roppolt und Florian Jakowitsch. Deren Glasfenster prägen die sakrale Architektur Österreichs in der zweiten Hälfte des 20. Jahrhunderts.

Zur Renovierung der eigenen Stiftskirche kann die Werkstatt wenig beitragen. P. Alfred: „Im Barock wurde in den Gotteshäusern viel Licht gebraucht. Deswegen gibt es aus dieser Zeit keine farbigen Fenster. Die Glasmalerei war nahezu ausgestorben und hat erst im 19. Jahrhundert wieder einen Aufschwung erlebt. Derzeit können wir nicht klagen, Aufträge kommen von Kirche und Privat."

Im Zuge von Renovierungen kommt P. Alfred viel im Land herum und kennt die Situation der Pfarren in Österreich und Deutschland, nicht nur die finanzielle, auch die geistliche. „Wenn heute von einer Krise in der Kirche geredet wird, dann muss man genau unterscheiden, was damit gemeint ist. Es gibt einen Zuzug zum religiösen Leben, aber nicht unbedingt zu dieser Kirche, wie sie sich derzeit präsentiert. Das Herrische und Distanzierte, das heute regiert, kann nicht durch ein wenig Jovialität ausgeglichen werden. Es genügt nicht, im Talar den Ball von der Mittelauflage weg zu schießen und dann zu glauben, dass man damit volkstümlich ist. Die Herren sollten zuerst einmal lernen, mit ihren Pfarrern anständig umzugehen und sie zu motivieren."

Er selbst hat die Agape, das gemeinsame Beisammensein nach dem Gottesdienst, zu einer regelmäßigen Einrichtung seiner Pfarre gemacht.

„Eine derbe Aussage, aber Kirchengehen allein ist zu wenig, ich muss außerhalb der Kirche noch mit den Leuten leben und feiern können. Viermal im Jahr gibt es ein Grillfest. Meine Botschaft: Schön, dass wir jetzt in der Kirche sind. Aber nun gehen wir raus und setzen uns spontan zu Leuten, mit denen wir schon lange nichts geredet haben!"

Kloster und Konvent sind bei aller Kritik seine Heimat. Er ist Zisterzienser, und die Verehrung Mariens ist eines seiner wesentlichsten Anliegen. Dass sein Orden im 17. Jahrhundert nach Schlierbach geholt wurde, war mit Sicherheit kein Zufall. In der Gegenreformation wurden Geistliche gebraucht, die

Der Käse ist wohl gereift und darf seinen Weg zum Genießer antreten.

dem katholischen Herrscherhaus als genügend zuverlässig schienen. Der eine Grund: Zisterzienser waren Mönche, die ihre Gelübde auf Ehelosigkeit und Keuschheit abgelegt hatten und damit eher nicht der Versuchung unterlagen, sich als geweihte Priester zu verheiraten und damit, wie zahlreiche Weltpriester der damaligen Zeit, die Fronten zu wechseln. Der zweite Grund war Maria: Die Muttergottes war ganz profan instrumentalisiert worden, als entscheidendes Kriterium, ob jemand rechtgläubig war oder nicht. Sah er sie lediglich als Mutter Jesu und leugnete womöglich ihre Funktion als zentrale Heilsgestalt, war er schon als Protestant verdächtig und damit gleichzeitig ein Staatsfeind. Man konnte ihn ohne weiteres von seinem Besitz vertreiben.

Käserei: Frauen beim Verpacken (links), junger Schlierbacher Schlosskäse (rechts).

Die Stiftskirche ist eine einzige große Manifestation der Marienverehrung, die in der Himmelfahrt Mariens am Hochaltar ihren Höhepunkt findet. „Maria wird damit auf einen Sockel gehoben“, meint Pater Alfred. „Genaugenommen ist es das schlechte Gewissen der Kirche der Frau gegenüber. Es soll damit beruhigt werden. Maria hat in der Heiligen Schrift weit mehr gegolten als nachher. Man hat die Frau aus allen Funktionen und Ämtern hinaus gedrängt und glaubt jetzt, sich auf diese Weise dafür entschuldigen zu können.“

Vom Rosenkranzbeten hält er um so mehr: „Es kommt nur darauf an, wie man es erklärt.“

Die uralte Form der Gebetsschnur, die man bei den Juden genauso wie bei den Moslems findet, und das ständige Wiederholen der Rosenkranzgeheimnisse sieht er als Krücken zum Abschalten, als eine praktische Möglichkeit, um sich ins Gebet versenken zu können.

Von Dogmen hält er hingegen nichts: „Sie ändern nichts am Glaubensleben der einzelnen Menschen. Sie sind möglicherweise historisch erklärbar, aber wer soll dafür Verständnis aufbringen? Das Volk hat ohnehin das richtige Gespür in diesen Dingen, viel mehr als die Theologen. Man kann nicht alles wissenschaftlich erklären.“

All die Menschen, die seit Jahrhunderten zur Schlierbacher Madonna pilgern, haben sich über solche Fragen den Kopf garantiert nicht zerbrochen. Sie haben vor der gotischen Statue im Kreuzgang den Rosenkranz gebetet und hoffnungsvoll ihre Anliegen der Muttergottes anempfohlen.

Diese Schlierbacher Madonna ist die Hausmutter des Stiftes; sie stellt Ende und Anfang des Ordenslebens eines Schlierbacher Zisterziensers dar. Vor ihr wird die feierliche Profess abgelegt, und vor ihr wird ein verstorbener Mitbruder aufgebahrt, wo der Konvent und die Menschen aus der Umgebung von ihm Abschied nehmen können.

Literatur

Ludwig Keplinger: Zisterzienserstift Schlierbach. Salzburg 1998 (Verlag St. Peter).

Monika Oberhammer: Pustets Klosterführer. Salzburg 1998 (Verlag Anton Pustet).

Information

Zisterzienserstift Schlierbach,
A-4553 Schlierbach 1, Tel.: 07582 / 830 13–110,
E-Mail: office@stift-schlierbach.at,
Homepage: www.stift-schlierbach.at

Griechisch sprechende Bauern

Benediktinerabtei Kremsmünster

Gaudeamus igitur, Traditionen müssen leben! Die Burschen rüsten zur Maturafeier. Bierkisten und Knabbergebäck werden herangeschleppt, ganz offen vor den Augen des Präfekten. Sie haben acht Jahre „Kloster" hinter sich, haben erfolgreich das Gymnasium bestanden und sind nun in der Lage, in Latein und Griechisch, Altgriechisch natürlich, sich mit ihren nunmehr ehemaligen Lehrern über Sinn oder Unsinn eines Besäufnisses in Disputationes einzulassen. Schließlich kann man sich auf große Namen berufen, auf Adalbert Stifter zum Beispiel, der genauso wie sie die Schulbank von Kremsmünster gedrückt hat. Der Beste von ihnen wird im Kaisersaal anlässlich der Promulgation die Rede halten. In welcher Sprache, das hat der Primus nicht einmal den Kommilitonen verraten. Die Patres, die ihnen über den Weg laufen, nehmen diesen feuchtfröhlichen Abschied lächelnd zur Kenntnis. Sie sind nach bestandener Reifeprüfung und der Zeit im Internat wahrscheinlich genauso durstig nach Freiheit gewesen. Sie sind wieder zurückgekehrt, hinter die Klostermauern. Vielleicht ist auch unter den Burschen von heute einer dabei, den es hierher zurück zieht.

Stift Kremsmünster, von der Sternwarte aus betrachtet.

„Meinem Älteren gefällt's gut hier", sagt die Stiftsführerin Ulrike Strasser. „Er besucht die Schule als Externer, aber wenn sie die richtigen Computerspiele hätten, ich glaub', er würde hier einziehen."

Vom Abteihof aus zeigt sie das ehemalige Theater: „Dort oben haben Schüler fleißig gespielt, und wenn einer das Schulgeld nicht aufbringen konnte, hat er seine Schuld mit Theaterspielen und Musizieren abgedient."

Die älteste öffentliche Lateinschule von Oberösterreich – seit 1549 wird hier unterrichtet –, hielt stets auf Qualität und war daher nicht billig, weiß der für Öffentlichkeitsarbeit zuständige Pater Klaudius Wintz. Ein Internatsschüler musste monatlich, schätzt er, zirka 1.400 Euro aufbringen: „Deswegen war immer nur ein Teil der Schüler herinnen untergebracht. Die anderen haben draußen gewohnt. Kremsmünster war eine noble Renommierschule, vergleichbar mit den englischen Schulen. Die Ärmeren wurden nach Seitenstetten geschickt."

Mittlerweile besuchen auch Mädchen das Stiftsgymnasium, das als katholisch aufgeklärt charakterisiert wird.

„Einer der Herren hat so eine gemischte Gruppe von Schülern durch das Stift geführt", lacht Frau Strasser. „Ganz geheimnisvoll hat er zu ihnen gesagt, dass sie jetzt die Klausur betreten, wo weibliche Personen eigentlich nicht hinein dürfen. Da fragt eines der Mädchen, wer da drinnen aufräumt. Der Pater musste gestehen, dass es dafür Putzfrauen gibt und dass die sehr wohl hinein dürfen."

Männerkloster und Klausur bestehen noch immer, trotz des weiblichen Vordringens. Der Konvent zählt immerhin 65 Patres. Einige wohnen in ihren Pfarren, die anderen leben im Konvikttrakt.

„Bis vor dreißig Jahren durften die Mitbrüder überhaupt nicht in den Hof hinaus", erzählt P. Klaudius. „Sie bewegten sich im Konventgarten und in der Bibliothek, heraußen im öffentlichen Teil hatte niemand was verloren. Das Kloster soll ein Bereich mit möglichst wenig Außenreizen sein, ständiges Ankommen und Reden ist störend."

Verständlich, dass Massen von Besuchern Stift Kremsmünster stürmen. In kaum einem anderen Kloster ist eine derartige Fülle an Kunstschätzen zu bewundern: eine Bildergalerie von der Gotik bis zum Biedermeier, die Bibliothek mit ihrer allseits bekannten Geheimtür, die Kunst- und Wunderkammer, voll

Junge Kunst präsentiert sich heute am Fuß der Sternwarte aus dem Jahre 1758.

von kuriosen Schätzen und skurrilen Geschichten, und der Kaisersaal mit seiner Scheinarchitektur, die einem den Mund offen stehen lässt vom Hinaufschauen und der perfekten Illusion wegen, die der Maler Melchior Steidl an die Decke gezaubert hat. Die Schnittpunkte der Perspektivlinien in den vier Ecken des Saales wurden raffiniert durch Allegorien der Jahreszeiten versteckt.

„Flora ist der Frühling, Ceres der Sommer", erklärt Frau Strasser, „Bacchus der Herbst und der alte Mann, der sich im Winter am Feuer wärmt, ist Vulcanus. Typisch, wie eine Kollegin festgestellt hat. Wenn's um's Arbeiten geht, im Frühjahr und im Sommer, sind wir Frauen dran, Saufen und Sich-Wärmen ist Sache der Männer."

Eher Männersache dürfte auch die Rüstkammer sein, mit militärischen Utensilien aus den Bauernkriegen und dem Dreißigjährigen Krieg, Jagd- und türkischen Waffen.

„Im Falle, dass Wien bei der Türkenbelagerung gefallen wäre, hätte man Niederösterreich aufgegeben und die Frontlinie an die Enns verlegt", weiß P. Klaudius. „Der Kaiser saß in Passau, dort bot ihm Prinz Eugen seine Dienste an. Das Klosterarchiv war schon in Kisten verpackt und hätte ins Salzkammergut gebracht werden sollen. Man war sich nicht sicher, ob das Stift zu halten gewesen wäre. Obwohl – an drei Seiten war es durch einen Wassergraben geschützt, die vierte Seite fällt steil zum Ort hin ab."

In den Bauernkriegen sollen die Truppen des Stephan Fadinger 1626 das Stift besetzt haben. Es wird berichtet, dass die Mönche die Aufständischen ohne Widerstand eingelassen hätten, wodurch gröbere Verwüstungen verhindert wurden. Bei Tisch hätte man nun den Bauern aus dem Wälischgarten geerntete Artischocken serviert, die den Bauernführer Fadinger doch wohl überfordert hätten, heißt es. Frau Strasser: „Auf gutes Zureden des Abtes hätte er es (das Stift) mit seinen gut 15.000 Mann wieder verlassen, ohne großen Schaden anzurichten."

Bis 1848 bekleideten die Äbte von Kremsmünster nicht unbedeutende politische Ämter als Vorsitzende im Oberösterreichischen Landesparlament und stellten immer wieder den Landeshauptmann. Als solche hatten sie für die entsprechende Repräsentation zu sorgen, was wiederum Geld kostete. Die Einnahmen wurden und werden bis heute hauptsächlich aus landwirtschaftlichen Betrieben erwirtschaftet.

Lichtdurchflutetes Barock in der Stiftskirche.

P. Klaudius: „Ein guter Teil des heutigen Vermögens ist im Dreißigjährigen Krieg zusammengekommen. Viele der Grundbesitzer waren evangelisch gewesen und hatten konvertieren oder das Land verlassen müssen. Der damalige Abt Anton Wolfrath hat massenweise die frei gewordenen Grundherrschaften aufgekauft und damit die Potenz geschaffen, die es dem Stift erlaubt hat, eine solche Anlage hinzusetzen. Er war nicht einmal Benediktiner, sondern war vom Kaiser eingesetzt worden. Das Wahlrecht war dem Stift aberkannt gewesen." Der kluge Financier wucherte aber nicht nur für, sondern auch mit Kremsmünster. Aus Klostereinkünften gewährte er seinem Kaiser Kredit, den er sich in Naturalien abzahlen ließ. Aus den kaiserlichen Sammlungen Rudolfs in Prag kamen Bilder als „Geschenk", die den Grundbestand der heutigen Kunstsammlung darstellen.

Anton Wolfrath (1581–1639) ist im Stephansdom in Wien begraben. Auf seinem Grabmal steht: „Gewesen bin ich Fürst, Bischof und Abt, jetzt bin ich Dunkelheit, Staub, nichts..." In diesem Bekenntnis sieht P. Klaudius eine nur für die damalige Zeit verständliche Ambivalenz in der Persönlichkeit Wolfraths: „Er war nicht nur der reine Machtmensch. Die haben das allerdings offener ausgelebt, als wir uns das heute trauen, wobei ich nicht weiß, was ehrlicher ist. Die Bedürfnisse und Sehnsüchte, diese Traumwelt zu gestalten, hat jeder. Aber dass er sich so offen damit auseinandersetzt und so offen über den eigenen Tod reflektiert, das gibt's heute nicht."

Wenn in Kremsmünster ein Abt gewählt wird, dann ist es traditionell ein Bauernsohn. P. Klaudius: „In keinem anderen Stift finden Sie eine solche Anordnung. Rechts und links vom Eingangsbereich stehen Vierkanter, richtige Bauernhäuser! Die Leute wollen an ihre Herkunft erinnert werden. Es gab kaum Adlige. Wer im Stift etwas werden will, muss von der Gegend sein und von einem Bauernhof abstammen. Ich selber komme aus dem Rheinland und bin ein Exote hier, obwohl es uns Rheinländer seit dem 17. Jahrhundert in Kremsmünster gibt."

Die Herren von Kremsmünster werden nicht umsonst „griechisch sprechende Bauern" oder respektlos „Bauern in der Kutte" genannt, in deren Kreis große Köpfe wie der Mathematiker Eberhard von Raitenau, Sohn des Salzburger Fürsterzbischofs Wolf Dietrich, zwar hochgeachtet waren, aber nur geringe Aufstiegschancen hatten.

Den Söhnen oberösterreichischer Grundherrn wurde die Ritterakademie angeboten. Sie war von Maria Theresia gegründet worden, um auch weniger begüterten Kleinadligen eine entsprechende Schulung zukommen zu lassen. In einer vierjährigen Ausbildung erhielten die jungen Männer Kenntnisse in Geisteswissenschaften, Jurisprudenz, Medizin und Maschinenbau, um nach Absolvierung der Akademie ihre Grundherrschaften vernünftig leiten zu können. Sie lernten Reiten, Fechten, Tanzen, Italienisch und Französisch und mussten die wichtigsten Maler kennen.

„Es war ein früher Akt der Aufklärung", führt P. Klaudius aus. „Der Gutsherr verwaltet sein Land für den Staat und soll auch etwas können, soll so gut ausgebildet sein, dass sich das Gut entwickeln kann."

Dafür wurden eine eigene Bildergalerie angelegt und die Sternwarte errichtet.

„Man wollte keine Fachidioten heranzüchten. Deswegen wurde versucht, ein enzyklopädisches Museum wie einen Minimundus aufzubauen, wo ihnen die Welt in ihrer wissenschaftlichen Gliederung vorgetragen wurde."

Im Stiegenhaus dieses Gebäudes, eines der ersten Hochhäuser (1758), sind die Porträts der Akademiker zu sehen.

„Heute hat man die Sternwarte auf drei wissenschaftliche Gebiete reduziert", erklärt Fr. Strasser auf dem Weg nach oben. „Auf die Naturwissenschaft, die Astronomie und die Anthropologie. Seit 1762 wird ohne Unterbrechung eine Wetterchronik geführt. Es wird Erdbebenforschung betrieben, und im Gebäude hängt ein sogenanntes Foucaultsches Pendel. Bei der letzten Sonnenfinsternis 1999 wurde von der NASA ein Forschungslabor eingerichtet, weil man feststellen wollte, ob sich dieses Ereignis auf die Erdumdrehung auswirkt – offenbar nicht, weil wir nichts mehr davon gehört haben."

Am Geologischen, am Paläontologischen, am Mineralogischen und dem Zoologischen Kabinett geht es vorbei an Statuen der bedeutendsten Astronomen, wie Johannes Kepler und Tycho de Brahe, zur Astronomie im sechsten Stock. Über all dem steht Gott, in der Kapelle in der obersten Etage.

„Die Ehre des Allerhöchsten und die Förderung der Wissenschaft, der Kunst und des Unterrichtes" war das Motto von Abt Alexander Fixlmillner, dem

Das gotische Denkmal für Gunther rechts neben dem Kircheneingang (oben). – Brunnen in der Klostermauer mit einem launigen Bekenntnis zum Weingenuß (rechts).

Erbauer der Sternwarte. Sein Nachfolger Abt Berthold Vogl bestimmte dessen Neffen, P. Placidus Fixlmillner, zum Astronomen – eine treffliche Wahl. Er sorgte umgehend für ausreichendes Instrumentarium und ließ mit interessanten Ergebnissen aufhorchen, zum Beispiel mit der Arbeit über die Aberration des Lichtes beim Vorbeigehen eines Planeten vor der Sonnenscheibe, und er korrigierte mittels einer Mondes- und einer Sonnenfinsternis, die beide anno 1764 stattfanden, fehlerhafte Angaben zur Lage Kremsmünsters.

Das für Kremsmünster traditionell große wissenschaftliche Interesse erregte innerhalb der Kirche selbstverständlich immer wieder Skepsis. Es hagelte regelmäßig Anzeigen. Dem Kloster wurde Modernismus vorgeworfen. P. Klaudius: „Dann war's eben hilfreich, dass der Abt Landeshauptmann war. Der Bischof in Linz konnte ihm nicht wirklich an. Die Freiheit eines Klosters ist immer abhängig davon, wieviel an finanziellem Rückhalt man hat."

In unseren Tagen wird das Vermögen eher anderweitig gebraucht. „Die Schule verschlingt Unsummen, genauso wie die Pfarren. Dort gibt es genug zu renovieren. Der Bischof engagiert sich nur begrenzt, und so bleibt uns der größere Teil der Last", der aus den Weinbergen bei Krems in Niederösterreich, Landgütern in Oberösterreich und einer Reihe von Fischteichen erwirtschaftet wird.

„Guett watter wein better", lautet die feuchtfröhliche Botschaft des Brunnens an der Klostermauer. Auf kulinarischem Gebiet sind Benediktiner alles andere als Kostverächter. Sie lassen sich den Weingenuss nicht durch sauertöpfisches Frömmeln vermiesen. In der Regel des heiligen Benedikt steht zwar geschrieben, Wein passe nicht für Mönche. Zugleich ist aber

Gestalten aus der Antike und der Bibel in den Becken des barocken Fischkalters (links).
Für P. Leonhard sind die Fische Leidenschaft (rechts).

die Rede vom maßvollen Trinken – mit Rücksicht auf die Bedürfnisse der Schwachen. Als Tagesration ist eine Hemina vorgesehen. Wieviel Wein das ist, weiß niemand mehr. Also hat man sich darauf geeinigt, in jedem Kloster dieses spätantike Maß nach eigenem Gutdünken zu interpretieren. Um so strenger werden dafür in der Kellerei des Stiftes Qualitätsvorgaben beachtet. Bereits im Mittelalter wurde den klösterlichen Weinmachern vorgeschrieben, dass der Wein keineswegs überhängend (pendulus), trüb (turbidus) oder sehr bitter (acerbus) sein dürfe.

Ein Glas vom frischen schlanken Grünen Veltliner zum gebratenen Fisch gefällig? Beides aus garantiert klösterlicher Herkunft!

„Freilich verkaufen wir zu Weihnachten die Karpfen. Die Saiblinge und die Forellen gehen das ganze Jahr über an die Wirte", bestätigt Pater Leonhard. Seine Leidenschaft ist der Fischkalter des Klosters: „Der überragt alle Baulichkeiten dieser Art in Europa. Clemens Holzmeister hat gesagt, das Schönste, das ihr nach dem Tassilokelch habt's, ist der Fischkalter."

Tatsächlich umfängt einen in den barocken Arkaden wunderbare Ruhe. Der Blick wird gefangen vom Licht. Vom Wasser wird es in die Bögen gespiegelt und malt dort in feinen Farben.

„Es ist Musik drin im Kalter, im Rauschen des frischen Quellwassers." P. Leonhard öffnet seinen Gästen Augen und Ohren für den Genuss, der ohne das Wissen um die Geschichte jedoch nur die Hälfte wert ist: „Von Carlo Antonio Carlone, er hat das Stift barockisiert, wurde er entworfen, ursprünglich mit einem tiefer gelegenen Becken. Jakob Prandtauer hat ihn erweitert und dem übrigen Teil angeglichen."

Fünf Becken weist der Kalter nun auf. Das mittlere ist als Schaubecken für Schulklassen gedacht. „Damit sie einmal Fische aus der Nähe sehen. Im ersten werden Störe gehalten, Adriastöre, Wolgastöre, zur Beobachtung, wie sie sich entwickeln", sagt Pater Leonhard und zeigt mit seinem Gehstock auf die Tafel mit den Jahreszahlen: „Eine schöne lateinische Inschrift, sie sagt: 1691 gebaut, 1902 und 1971 renoviert. Ein weltlicher Kreuzgang, mit Gestalten aus der Antike und der Bibel, die Welt des Barock in Marmorstatuen. Dort Simson und der Hirtenbub David, Neptun, Triton, hier vorne Tobias, und die bemooste Gestalt in der Mitte ist Petrus, der Patron der Fischer."

Der Geistliche trägt – zumindest bei dieser Führung – nicht den Habit, sondern ein Jagdgewand; der Handgriff seines Stockes ist ein Stück Rehgeweih, passend zu den Hirschtrophäen an den Wänden des Kalters. „Neben der Fischerei hat auch die stiftliche

Trophäen im Kalter zeugen von der Jagdlust der Kremsmünster Stiftsherren.

Jagd ihre große Tradition. Interessant ist der kapitale Auhirsch. Er wurde von Abt Anton Wolfrath aus den Wiener Auen mitgebracht. Leider sind überall nur Jahreszahlen angegeben. Da, memoriam in perpetuam 1707. Wo der Hirsch erlegt wurde, ist nicht dokumentiert."

Das klare Wasser hält im heißesten Sommer die Hitze draußen und die Fische für die klösterliche Küche frisch.

„Fisch war wesentlich, wegen der vielen Fasttage", meint P. Leonhard.

„Weil die Benediktiner überhaupt kein Fleisch von vierfüßigen Tieren essen sollten", ergänzt P. Klaudius. „Ich find' es lustig, dass es am Karfreitag Froschschenkel gegeben hat. Die waren noch weniger wert als Fisch. Wir sind die erste Generation, die Lebensmittel danach bewerten kann, wie sie zubereitet sind, wie teuer die Speisen sind, und nicht mehr primär im Blick haben, welchen Nährgehalt sie aufweisen. Eine Fleckerlspeise oder Eiernockerln können genauso gut sein wie eine Forelle. Heute zählt eher die Zubereitung, wieviel Sorgfalt ich darauf anwende. Wir sind die erste Generation, die nicht mehr aus dem Mangel lebt, sondern eine Speise aus ästhetischem Sinn heraus betrachten kann, das hat's ja in Europa noch nie gegeben."

Tradition auch im Refektorium: Nach dem Kaisersaal ist es der größte Raum. Noch heute benutzen die Brüder dieses klösterliche Speisezimmer. Ihr Platz wird ihnen mit dem Tag des Eintritts zugewiesen. Gelesen wird aus der Schrift, der Regel oder einer zeitgenössischen Lektüre, wie schon zur Zeit des heiligen Benedikt, schreibt P. Klaudius.

In einem der Becken kreist ein riesenhafter Huchen. P. Leonhard verfolgt ihn mit bewundernden Blicken: „Der große herrliche Gunther schwimmt noch. Auf eine solche Distanz ein so prächtiges Exemplar, das ist eine Seltenheit. Den Tassilo sehen Sie beim Eingang, er wurde präpariert." Ob Gunther einmal im Kochtopf landen wird? „Zumindest sein Fleisch. Die Haut wird natürlich ausgestopft."

Diese Ehre ist man ihm schuldig, zumal er nach Gunther, dem Sohn von Tassilo III., benannt ist. Laut Gründungslegende von Stift Kremsmünster wurde der Bursch bei der Jagd von einem Wildschwein getötet. Sein Vater hätte ihn mithilfe des treuen Hundes gefunden. Als er die Nacht bei der Leiche seines Sohnes zubrachte, erschien ein Hirsch mit brennenden Kerzen auf dem Geweih, als Zeichen, an dieser Stelle ein Kloster zu gründen (anno Domini 777).

P. Klaudius: „Die typischen Elemente einer Gründungssage. Die Historiker haben ein Problem damit, weil es dafür keine karolingische Quelle gibt. Im 11. Jahrhundert wurde Kremsmünster, das in den Ungarnstürmen untergegangen war, vom Kloster Niederalteich wiederbesiedelt. Ein Wandermönch namens Gunther soll dabei eine Rolle gespielt haben. Offensichtlich versucht die Legende, aus Niederalteich und Tassilo eine gemeinsame Geschichte zu rekonstruieren. Schon wenige Jahre danach tauchen Wildschwein und Jagdhund im Stiftswappen auf."

Die Gründungslegende wird im 13. Jahrhundert niedergeschrieben und wieder eine Generation später bereits ein Hochgrab errichtet. „Ein wunderschöner Nachweis, wie aus einer Geschichte Geschichte wird", schließt daraus P. Klaudius. „Man hat etwas sehr Modernes gemacht, man hat über Geschichte Identität geschaffen, was Ende des 16. Jahrhunderts besonders deutlich wird, als eine Äbtegalerie angelegt wurde, als man die Handschriften aus der Gründerzeit neu binden ließ und an der angeblichen Fundstelle ein Denkmal mit Grotte und Kopie des Stiftergrabes errichtet hat."

Am Todestag Tassilos, dem Stiftertag am 11. Dezember, wurde bei Tisch die Stiftungsurkunde verlesen und der Tassilokelch gereicht, um das Bündnis mit dem Stifter zu erneuern. An die 100 Stück Ochsen wurden für diesen Tag geschlachtet. Jeder, der vorbeikam, sollte sich satt essen können. P. Klaudius: „Keineswegs als archaisches Stieropfer, sondern als Armenspeise."

Somit hat auch der Ochse seinen Platz im Stiftswappen gefunden. Maria Theresia war die freizügige Ausspeisung mit Ochsenfleisch jedoch ein Dorn im Auge. Sie ließ das traditionelle Fest verbieten und kassierte den Aufwand als Steuer.

„Das Requiem am Stiftertag ist geblieben", so P. Klaudius. „Ein Sarg wird aufgebaut, mit Herzogshut und zwei Meter hohen Totentanzfiguren, eine wunderschöne barocke Inszenierung." Zwei Leuchter werden von Ministranten hereingetragen. Der Diakon singt das Evangelium aus der kostbarsten Handschrift der Bibliothek, dem „Codex Millennarius".

Das gotische Denkmal für Gunther rechts neben dem Kircheneingang, im Erdgeschoss des Südturmes,

Die Marienkapelle wurde 1676/77 von Carlo Antonio Carlone errichtet.

wurde bewusst von der barocken Ausstattung des Gotteshauses getrennt.

„So weiß in Leinen gehüllt, wie auf Erden ein Färber Weiß nicht machen kann", strahlt der verklärte Christus auf dem Hochaltar. „Es geht darum, wie kann ich etwas sichtbar machen, was mit dem Verstand nicht sichtbar ist", erklärt P. Klaudius den eigentümlichen Rationalismus der Ausgestaltung. „Normalerweise ist ein Altar mit Säulen und Giebeln wie ein Portal in eine andere Wirklichkeit aufgebaut. Eine solche Illusion geht hier gänzlich ab. Wir haben statt dessen gerahmte Bilder, die von Engeln gehalten werden, und je weiter man nach vorne kommt, um so prächtiger werden Engel und Rahmen, kostbar eingefasste Bilder, aber eindeutig gerahmt, um zu zeigen, dass die gemalte Wirklichkeit die unsere übersteigt. Das Hochaltarbild ist das spektakulärste seiner Art, Perfektionismus pur. Es wurde sogar ein eigener Webstuhl dafür gebaut, um es in einem Stück herstellen zu können."

Der Tassilokelch ist das Jahr über im Zimelienraum ausgestellt. Er ist eine der kostbarsten Goldschmiedearbeiten des achten Jahrhunderts. „Der tapfere Herzog Tassilo und Luitburg (Liutpirc) aus königlichem Stamm", lautet die Titelinschrift dieses Kelches. Luitburg war eine langobardische Prinzessin, der Kelch das Zeichen für die Allianz der Bayern mit den Langobarden gegen die Franken und Karl den Großen. Christus, der zum Gericht wiederkehrende Weltenherrscher, ist Zeuge dieses Bündnisses. Wer nicht die Zeit für eine ganze Führung aufbringt, kann gegen einen kleinen Obolus diesen Schatz von Kremsmünster besichtigen. Am Stiftertag und am Gründonnerstag wird er nach wie vor beim Gottesdienst als eucharistisches Gefäß verwendet und verhilft – in alter großer Tradition – als Urne bei der Abtwahl dem Konvent zur richtigen Entscheidung.

LITERATUR

P. JAKOB KRINZINGER: Die Sternwarte – eine gebaute Idee. In: Rudolf Walter Litschel (Red.): Kremsmünster. 1200 Jahre Benediktinerstift, Kremsmünster 1976 (OÖ. Landesverlag).

RICHARD REIFENSCHEID: Die Habsburger. Graz 1982 (Styria).

BENNO WINTERSTELLER: Stift Kremsmünster (Galerieführer, Kirchenführer). Linz (OÖ. Landesverlag).

INFORMATION

Benediktinerabtei Kremsmünster,
A-4550 Kremsmünster, Tel.: 07583 / 5275–0,
E-Mail: stift@kremsmuenster.at,
Homepage: www.kremsmuenster.at/stift

Schweigsame Kleinhäusler

Stift Engelszell

Von außen unterscheidet sich das Stift so gar nicht von anderen Klöstern. Eine barocke Kirchenfront, weitläufige Gebäude, ein Klosterladen mit Büchern, Likör und Käse. Die Besucher sind meist Radfahrer, die Donau abwärts unterwegs, schauen sich kurz in der Kirche um, schütteln im Garten vor dem Kloster die Beine locker und haken Engelszell als eines der Donauklöster auf der Besichtigungsliste ab.

Informationstafeln wollen die Neugier wecken. Sie sind aber leise, zurückhaltend und damit ungewohnt und leicht zu übersehen wie das Spruchband im Vorraum der Kirche: „Wir beten für euch zu Gott", wird dort verkündet, zu jedem Wort das Handzeichen, ein Kürzel ähnlich der Taubstummensprache. Die Signale sind unauffällig wie zufällige Bewegungen.

„Diese Zeichen werden nicht mehr gelehrt." Abt Marianus Hauseder OCSO spricht leise: „Im Schweigen geht es uns vielmehr um die Atmosphäre der Stille. Der Austausch in brüderlicher Begegnung soll nicht untergehen." Der hl. Benedikt zitiert dazu in seiner Regel den Propheten: „Man soll der Schweigsamkeit zuliebe bisweilen sogar auf gute Gespräche verzichten" und „Beim vielen Reden wirst du der Sünde nicht entgehen."

„Das ist der eine Punkt, weshalb wir uns dieser extremen Einschränkung unterwerfen", versucht der Abt zu erklären. „Das gesprochene Wort erfährt heute mehr denn je eine Entwertung. Von überall kommen nur mehr Schallwellen her. Ich höre den anderen nicht mehr, wenn ich selber so viel rede."

Das Donaukloster Stift Engelszell befindet sich seit 1925 im Besitz der Trappisten, Zisterzienser der strengen Observanz.

Der zweite Punkt richtet sich nach innen. Durch das Schweigen sollen die Mönche ihre Gedanken vor dem Gebet so weit sammeln können, damit sie nicht abgelenkt sind, wenn sie von der Arbeit kommen.

Mit Radio und Fernsehen wird sehr beschränkt umgegangen. „Interessante Sendungen, nicht nur solche mit geistlichem Inhalt, auch gute Dokumentationen werden aufgenommen und vor dem letzten Gebet des Tages gemeinsam angesehen. Während der Arbeit werden die Nachrichten gehört. Das Gespräch wird nicht ausgeklammert, es sollte jedoch auf den Bereich des geistlichen oder mitmenschlichen Zusammenlebens hingeordnet sein."

Früher war die Zeichensprache eine der wenigen Möglichkeiten, sich dem Mitbruder mitzuteilen. Die Mönche von Engelszell sind Trappisten, genauer gesagt: Zisterzienser der strengen Observanz. 1664 setzte der Zisterzienserabt Armand Jean le Bouthillier de Rancé im Kloster La Trappe in Frankreich diesen besonders strengen Erneuerungsversuch durch. Er steuerte dem Zeitgeist entgegen, der, ähnlich wie heute, nur wenig mit den monastischen Idealen der Gründergeneration anzufangen wusste und die Regel des hl. Benedikt allzu locker interpretierte. Sein Reglement: Betonung des feierlichen Gottesdienstes, verlängertes Chorgebet, gemeinsames Bußleben, Handarbeit für alle, völlige Enthaltung von Fleisch und Milchspeisen, Verzicht auf jede intellektuelle Betätigung und strenges Stillschweigen.

„Wir stehen um halb vier auf", beginnt Abt Marianus mit dem Tagesplan eines Trappisten. „Von vier bis fünf Uhr wird die Vigil gebetet, von halb sieben bis halb acht die Laudes und die Messfeier. Um acht gehen wir an die Arbeit. Zum Gebet treffen wir einander wieder kurz vor Mittag. Von der Terz am Vormittag sind wir als kleiner Konvent befreit. Nach der Non, dem Gebet um zwei Uhr nachmittags, wird gearbeitet, bis zur Vesper um viertel nach fünf, die mit einer Meditationspause eine Dreiviertelstunde dauert. Nach der Complet um halb acht ist unser Tagesprogramm beendet.

Bei Tisch darf die Lesung nicht fehlen! schreibt Benedikt vor, und so wird es gehalten. Zumeist sind es Texte der Kathpress, die von Bruder Nikolaus, einem Journalisten, ausgewählt werden."

Der Abt öffnet die Tür zum Refektorium. Der Raum ist nüchtern, zumal die Stuckrahmen an der Decke leer sind. „Gottlob ist denen im Barock fürs

Einige wenige Reste, die sich aus der Zeit vor dem Brand von 1699 erhalten haben.

Bemalen das Geld ausgegangen." Die Rede kommt auf die Speisevorschriften. Benedikt sieht darin den Verzicht auf das Fleisch vierfüßiger Tiere vor. Der Abt: „Wir leben streng vegetarisch." Im Refektorium ist für die Mitbrüder bereits angerichtet. An jedem Platz liegt ein saftiger Pfirsich. Benedikt, Kapitel 39/3: „Gibt es Obst oder frisches Gemüse, reiche man es zusätzlich."

Die ursprünglichen Regeln haben also mit leichten Veränderungen nach wie vor ihre Gültigkeit und werden dennoch mit Augenmaß eingehalten. Was immer über diese schweigenden Mönche an Schauergeschichten die Runde macht, dass sie sich geißeln oder in Särgen schlafen, ist nichts als purer Unfug.

Begegnet man einem der Engelszeller Mönche, wird der Gruß durch ein Nicken und ein Lächeln er-

Beim Chorgebet (oben). – Abt Marianus Hauseder unter dem Fresko von Fritz Fröhlich in der Stiftskirche (rechts).

widert. Nur der Abt spricht über die wichtigsten Stationen seines Hauses und seines Ordens: „Ende des 13. Jahrhunderts wurde das Kloster gestiftet und mit Zisterziensern besiedelt. Aus der Zeit vor dem großen Brand 1699 ist nur mehr wenig erhalten."

In den Gewölben, in denen der ehemalige Weinkeller vermutet wird, wurde ein Kommunikationsraum eingerichtet. Besucher können auf Bänken, die geschickt der Gotik nachempfunden sind, Platz nehmen und erhalten eine kurze, stimmungsvolle Einführung in die Lebens- und Denkweise der Trappisten. Mehr als schauen und zuhören wird nicht erwartet. Durch Erklärungen und Nachdenken wird ohnehin niemand dahinter kommen, was Menschen zu einem solchen Dasein veranlasst. Der einzige Weg zum Verständnis dürfte die Berufung sein.

„Ich war vorher Salesianer Don Boscos", bestätigt der Abt. „War in der Jugendseelsorge tätig. Obwohl ich das Kloster nicht gekannt habe, verspürte ich den Impuls, hierher zu gehen. Die Fröhlichkeit, die Don Bosco ausgezeichnet hat, habe ich deswegen nicht verloren, auch wenn es ein kräftiger Umstieg war. An seinem Grab in Turin habe ich mit Don Bosco die Abmachung getroffen, dass er damit einverstanden ist, in Zwiesprache, er ist *total* einverstanden." Dabei strahlt das Gesicht des Abtes. „Ich habe von ihm ein Bild im Zimmer hängen, mit dem Ausspruch, dass er keinen seiner Mitbrüder davon abhalten wird, wenn er den Ruf zum kontemplativen Leben verspürt."

Der Kapitelsaal ist ebenfalls gotisch, wieder mit einem nachempfundenen Gestühl, angefertigt von einem geschickten Tischler aus den Reihen der Trappisten. Die mittelalterliche Bemalung an der Decke ist original. 1570 war durch eine Pestepidemie der gesamte Konvent dahingerafft worden. Das Kloster wurde mit Zisterziensern aus Stift Wilhering neu besiedelt. Um einen weiteren Ausbruch der Seuche zu verhindern, wurden die Wände und die Decke des Kapitelsaales mit Kalk angestrichen und damit die Farben bestens konserviert.

Er könnte die erste Kirche gewesen sein, meint der Abt, denn in der Ostwand, vielleicht der Apsis, sind zwei zugemauerte Fenster, die dann Sinn gehabt hätten. Das sogenannte Kapitulum, das hier täglich abgehalten wurde, gibt es nicht mehr. „Die Chormönche haben dabei die Prim gebetet. Ein Kapitel aus der Regel des hl. Benedikt wurde vorgelesen, daher Kapitelsaal, dann hielt der Abt seine Kapitelansprache. Die Konversen, die Laienbrüder, waren nicht dabei."

Auch diesbezüglich ist man in Engelszell wieder zu den Wurzeln zurück gekehrt. Benedikt hat für Priester im Konvent sogar ausdrückliche Ermahnungen in seine Regel eingebaut: „Das Priesteramt sei ihm kein Anlass, den Gehorsam und die Ordnung der Regel zu vergessen", oder „Er habe stets den Platz einzunehmen, der seinem Eintritt ins Kloster entspricht. Nimmt er sich mehr heraus, gelte er nicht mehr als Priester."

Abt Marianus sieht es ähnlich: „Die Grundberufung heißt Mönch sein. Die Unterscheidung in Chormönche und Konversbrüder beruht auf einer alten Zisterziensertradition. Dort gab es von Anfang an eine strikte Zweiteilung. Arbeiter des Klosters, die sich zum Ordensleben gewissermaßen bekehrt haben, daher Konversbrüder, haben zwar Gelübde abgelegt,

hatten aber nur ein kurzgefasstes Chorgebet, um für die Arbeit frei zu sein. Die Chormönche waren in den Schreibstuben beschäftigt, in den Kunstwerkstätten oder in der Dauerliturgie, in der sie sich abgewechselt haben. Die Arbeit auf den Feldern wurde durch Leibeigene verrichtet."

Sieben Mitbrüder gibt es in Engelszell noch, vier Priester und drei Brüder, die alle auf ihre Weise zur Erhaltung des Klosters mit ihrer Arbeit beitragen. Die Gärtnerei ist verpachtet. Was an Baulichkeiten entbehrt werden konnte, wurde abgegeben: für ein Pflegeheim der Caritas für körperlich und geistig behinderte Menschen sowie für ein Seniorenwohnhaus für pflegebedürftige Bewohner aus der Umgebung. Die Landwirtschaft ist lächerlich klein, ganze 200 Hektar, 140 Hektar davon sind Wald in steiler Lage.

„Im Vergleich zu anderen Klöstern sind wir Kleinhäusler. Außerdem ist es eine gefährliche Arbeit." Erst kürzlich ist ein junger Waldarbeiter des Klosters tödlich verunglückt.

„Keiner von uns ist Gehaltsempfänger seitens des Staates oder der Kirche", so der Abt. „Trappisten unterscheiden sich ganz typisch von den anderen Zisterziensern der sogenannten communen Observanz. Wir von der strengen Observanz gehen nicht in die Schulen als Lehrer, betreiben keine Pfarrseelsorge, sondern möchten das ursprüngliche Programm nach Benedikt mit ora et labora durchziehen."

Der Verkauf von Trappistenkäse, der in Schlierbach hergestellt wird, und die Likörproduktion fetten die Einkünfte einigermaßen auf. Pater Albert ist Cellerar. Benedikt sieht dafür einen Bruder vor, der weise ist, reifen Charakters und nüchtern. Das alles trifft offensichtlich auf P. Albert zu, der für die richtige Mischung der Kräuter und sonstigen Ingredienzen in den klösterlichen Likören zuständig ist. Das Schweigegebot, dem er mit freundlicher Miene nachkommt, wäre nicht notwendig, um das Geheimnis des Kräuterlikörs zu wahren. Die von einem Schweizer Apotheker entwickelte Rezeptur wurde den Trappisten verkauft, nachdem sie die heruntergekommene Brauerei des Klosters 1929 aufgeben hatten müssen, und wird ohnehin unter keinen Umständen preisgegeben. Bruder Reinhard, der Pförtner, ist dem alten Herrn – Pater Albert ist immerhin schon über Achtzig – mit Begeisterung bei der Produktion behilflich und schwört auf den Kräuterlikör, der ihn von hartnäckigen Magenbeschwerden befreit hätte. Er darf sprechen, wenn er an der Pforte den Besuchern die Köstlichkeiten des Klosters in launiger Art schmackhaft macht. Bereitwillig erzählt er, dass er als Absolvent einer Gartenbauschule für Kräutermischungen das nötige Verständnis habe. Sein Angebot sei Medizin für den Körper und Labsal für die Seele: „Ein richtig schönes süßes Likörchen ist die Engelszeller Schokoladencreme, nicht nur zum Trinken gut, auch für einen Kuchen." Das Rezept für das Backwerk darf Fr. Reinhard weitergeben. Er hat es sogar drucken lassen und überreicht es mit dem Wunsch für gutes Gelingen. Weshalb ausgerechnet er, der fröhliche Kerl, Trappist geworden ist? „Weil es mein Platz im Tiergarten Gottes ist."

Die Likörproduktion war in den ersten schweren Jahren nach der Ankunft der Trappisten eine kleine Hilfe, das teilweise ruinöse Haus einigermaßen wieder bewohnbar zu machen. Nach der Aufhebung durch Joseph II. 1786 war das gründlich ausgeräumte Kloster in Privatbesitz gewesen und mehr und mehr dem Verfall preisgegeben. Erst 1925 wurde es von den Trappisten gekauft.

„Die Wirtschaftsgebäude waren am Einstürzen, und der Kapitelsaal war eine Rumpelkammer", erzählt der Abt. „Aus fünfzig Brüdern bestand der Konvent. Bis man hier allerdings sesshaft werden konnte, hatte der Orden eine Odyssee zurückgelegt. In den Wirren der Französischen Revolution waren die Trappisten aus ihrem Stammkloster vertrieben worden. Über die Schweiz, Deutschland und Österreich ging die Reise bis Russland, wo dem Orden vom Zar eine Bleibe zugesichert worden war. Durch einen politischen Umschwung mussten die Trappisten wieder Richtung Westen aufbrechen, fanden auch dort keine endgültige Bleibe, bis ein Teil unseres Ordens endlich hier in Engelszell einziehen konnte."

Der Zug der schweigenden Mönche und Nonnen wird in einer Reihe von Bildern in einer Ausstellung dokumentiert und mündet in der Aussage von Dom Augustin de Lestrange, der den Zug kreuz und quer durch Europa leitete: „Menschen, die für die Arbeit und das Gebet und von in Wasser gekochtem, mit Salz etwas gewürztem Gemüse leben, die grob gekleidet und arm untergebracht sind, können keine Last für ein Land sein."

Sie sind es nicht. Ein Beitrag zur Erhaltung der Bausubstanz seitens des Landes Oberösterreich er-

Im Refektorium wird unter völligem Verzicht auf Fleisch und Milchspeisen streng vegetarisch gegessen.

folgte im Rahmen der Landesausstellung von 1994, für die Stift Engelszell einen Teil des Klosters öffnete. Den weitaus größeren Rest für die Erhaltung ihres Kulturdenkmales haben die Trappisten alleine zu bestreiten. Dazu gehört die Rokokokirche, die so gar nicht zur Bescheidenheit des Ordens passen will, ein Erbe der Zisterzienser. Eine weiße Fläche, die an der Decke des Langhauses geprangt hatte, war dennoch störend gewesen. Bei der seinerzeitigen Abnahme des Freskos, das, wie die übrigen Deckengemälde, von Bartolomeo Altomonte gestammt hatte, war man mit wenig Umsicht vorgegangen und hatte keinerlei Skizzen oder Kopien angefertigt. Als 1957 die Großrenovierung der Kirche anstand, sollte laut Bundesdenkmalamt die weiße Fläche verschwinden. Jedoch womit? Lügen wollte man nicht und entschied sich für eine gänzlich neue Lösung, abgehoben in Stil und Ausdrucksform. Zu weit wollte man sich dennoch nicht entfernen. Dem jungen Freskenmaler Fritz Fröhlich wurde dieser Auftrag erteilt und gleichzeitig dessen künstlerische Freiheit empfindlich eingeschränkt. Er musste sich, erstens, an die Farbkomposition Altomontes mit Rosa und Hellblau halten und, zweitens, dessen Bildaufbau mit beherrschender Scheinbalustrade beibehalten. Es scheint wie ein Wunder, dass trotzdem ein beachtliches modernes Fresko entstanden ist: Maria als Königin inmitten der Engelchöre. Was sonst in der Cella angelorum? Hat sich Fritz Fröhlich im giftig grünen Chormeister verewigt? Er hat es nicht verraten, auch nicht an seinem 90. Geburtstag, als er Abt Marianus gegenüber erklärte, dass er bei dieser Arbeit von Picasso beeinflusst gewesen sei.

Zum Chorgebet ziehen sich die Mönche meistens in die dafür vorgesehene Kapelle zurück. Gäste sind ausdrücklich erwünscht, es können nie genug beim Gebet versammelt sein.

An einer Tafel in einem der Gänge werden die Namen verstorbener Mitbrüder und -schwestern einen Monat lang aushängt. Mit einem Spruch aus dem Buch Hiob – „Miseremini mei, saltem vos, amici mei" (Erbarmt euch meiner, wenigstens ihr, meine Freunde!) – flehen sie die Lebenden an, für sie zu beten.

„Das Gebet ist unser Beitrag an die Gesellschaft", antwortet Abt Marianus auf die Frage, ob denn der

Bruder Reinhard, der Pförtner, prüft das Aroma des Engelszeller Kräuterlikörs. Er schwört auf dessen wohltuende Wirkung.

Sinn des Lebens im Ausweichen bestünde. „Es wäre die Sicht eines Einzelmenschen, eines Heils-Egoisten, der sich ins Kloster flüchtet, um sich für seine eigene Himmelfahrt vorzubereiten. Das ist keineswegs die Aufgabe und Grundidee der monastischen Berufung. Mönch, deine Aufgabe ist es, alle Menschen vor Gott zu vertreten! – eine Form des Apostolates, nur eben nach außen hin nicht sichtbar. Wir sind nicht für uns im Kloster, sondern für die anderen, für die, die nicht soviel Zeit haben zu beten und für die, die glauben, beten brauch' ich ohnehin nicht. Stellvertretung sein, das ist die Grundberufung."

Solange die Mächtigen diese klösterliche Dienstleistung entsprechend hoch bewerteten, ließen sie die Klöster leben. Mit der Aufklärung und der damit verbundenen Säkularisation verschwand dieses Bewusstsein beschaulichen Gemeinschaften gegenüber und schlug in Gehässigkeit um, die schließlich zu deren Auflösung geführt hat. Es gibt auch heute kaum Widerspruch, wenn jemand feststellt, dass solche Klöster unnötig seien und Unnötiges entfernt werden müsse.

Die Leistung der Mönche von Engelszell ist nach wirtschaftlichen Parametern nicht messbar – was ist ein Hymnus oder Psalm wert? Gibt es objektiv nachvollziehbare Erhebungen, ob und wieviele Seelen dadurch gerettet werden? – und trotzdem wird sie erbracht, von Menschen, die ihr ganzes Leben unverständlichen, absolut unbequemen Einschränkungen unterwerfen und es vollends zur Verfügung stellen, um sich ganz einfach in aller Stille als Denkanstoß anzubieten.

Literatur

Siegfried Kristöfl, Eduard Wiesner: Cella angelorum, Engelszell. Wernstein 1994 (Eduard Wiesner).

Monika Soffner: Engelszell. Passau 1993 (Peda-Kunstführer).

Information

Stift Engelszell,
A-4090 Engelhartszell,
Tel.: 07717 / 8010–0

Zwischen Offenheit und Klausur

Prämonstratenser-Chorherrenstift Schlägl

„In früheren Zeiten war das Fasten streng", weiß Herr Stephan Weber, Prämonstratenser in Stift Schlägl. „Fasten bedeutete, dass man nur eine volle Mahlzeit zu sich nehmen durfte und auf Fleischspeisen verzichtete. Deshalb hat man Starkbier gebraut. Es enthält viele Kalorien und war eine willkommene Ergänzung." Heutzutage gilt der Verzicht auf Alkohol als Einschränkung. So ändern sich die Zeiten und die Fastenbräuche.

1580 wurde im Stift mit dem Bierbrauen begonnen. Schlägl hat als einzige Klosterbrauerei Österreichs überlebt, trotz der Konkurrenz marktbeherrschender Bierkonzerne, die auch geistlichen Herren gegenüber selbstverständlich keinerlei Rücksicht aufbringen können.

Angeblich waren frühere Winter härter als die heutigen. Herr Stephan erinnert sich an bitterkalte Tage, an denen er als Novize in den Turm hinauf musste, um die Uhr aufzuziehen. Das raue Klima des Oberen Mühlviertels mag der Hauptgrund gewesen sein, dass die ersten Mönche, Zisterzienser, die in dieser Wildnis angesiedelt wurden, ganz einfach flohen. Einige Jahrzehnte später (1218) holte man die Prämonstratenser. Sie verfügten über die nötige Erfahrung im Schlägern und Roden auch unter unwirtlichsten Bedingungen. Sie haben in „Kleinsibirien", wie es Herr Stephan nennt, durchgehalten, bis heute. Herr Stephan: „Almuzien waren die früher übliche Kleidung der Chor- und Domherren." Um bei langen Festgottesdiensten die eisigen Temperaturen in der Kirche erträglicher zu machen, wurden seit zirka 1735 den Schlägler Chorherren bei der Profess die Pelz-Almuzien, Umhänge aus sibirischem Eichhörnchen, überreicht.

Die Schlägel im Stiftswappen halten die Erinnerung an diese Tage unerschütterlichen Pioniergeistes wach. Wald war und ist das verlässliche wirtschaftliche Standbein des Stiftes. Als Fürst Schwarzenberg einen Kanal mit Tunnel durch die Europäische Wasserscheide im nördlichen Mühlviertel anlegte, ließ auch das Stift auf dero höchste fürstliche Erlaubnis Holzscheite Richtung Donau schwemmen und nach Wien verschiffen, und man betrieb Glashütten, die Unmengen von Holz verbrauchten und daher nur in einer holzreichen Gegend angesiedelt werden konnten. Einige Prunkgläser gibt es im Museum noch zu bewundern.

Während des Zweiten Weltkrieges weckte der Besitz des Stiftes die Begehrlichkeit der Gestapo. Am

Gitter mit figuralen Elementen vor dem Hochaltar der Stiftskirche in Schlägl.

29. April 1941 wird mit Erlass des Reichsführers das gesamte Vermögen des Prämonstratenser-Stiftes Schlägl aus staatspolizeilichen Gründen zum Schutz von Volk und Vaterland beschlagnahmt. Am Kriegsende besetzen russische Truppen das Stift. 1946 wird es wieder zurückgegeben; die Wiederherstellung des Klosters kann in Angriff genommen werden.

In der Gegenwart hat sich das Stift seinen Platz im Fremdenverkehrsangebot des Mühlviertels gesichert, mit dem Seminarzentrum und der Gastronomie in den alten Brauereigewölben.

Bier und Holz sind somit nach wie vor die tragfähige Basis gedeihlicher Seelsorge, der sich die Prämonstratenser von ihrem Programm her verschrieben haben.

„Das Spezifikum unseres Ordens ist die Verbindung unseres gemeinschaftlichen Lebens mit der

Heiligenfigur von Anton Worath, dem einzigen Bildhauer, der je im Stift angestellt war.

Seelsorge", fügt Herr Stephan ergänzend an. „Wir verbinden die Offenheit, das Zugehen auf die Menschen, mit dem Klosterleben in der Klausur."

In Schlägl wird bewiesen, dass dieser Spagat möglich ist. Zwanzig Seelsorgestellen sind zu betreuen. Manche der Herren wohnen in den Pfarren, die anderen leben, soweit es ihre Tätigkeit zulässt, in klösterlicher Gemeinschaft. Herr Stephan möchte seine Familie, wie er es nennt, unter keinen Umständen missen: „Ich bin Benefiziat in Rohrbach, einem Wallfahrtsort. Aber das Kloster ist meine Heimat." Fünf Punkte sind es, die das gemeinschaftliche Leben für ihn erstrebenswert machen: „Die Messfeier, das feierliche Chorgebet, das gemeinsame Essen, das Gespräch und die gemeinsame Rekreation, die Freizeitgestaltung." Um den Zusammenhalt dieser Familie zu stärken, gibt es in Schlägl – und nur hier – den Professgöd, einen Paten, der den jungen Mitbruder bei der feierlichen Profess zum Altar führt und ihm im weiteren Ordensleben zur Seite steht.

„Wenn ich in meiner Zelle sitze und studiere, dann weiß ich, dass ich in eine Gemeinschaft eingebunden bin. Die Prämonstratenser sind eigentlich die Zukunft, die Weltpriester sind Auslaufmodell, hat ein Mitbruder gemeint, und er hat damit wohl recht gehabt. Wenn einer allein in seiner Pfarre sitzt, mit wem soll er reden? Wenn er krank ist, wer pflegt ihn?"

Trotz dieser offensichtlichen Vorteile lässt der Nachwuchs in Schlägl zu wünschen übrig. „Das hat es seit dem Zweiten Weltkrieg nicht gegeben, dass über sieben Jahre kein einziger Neueintritt erfolgt ist. Woran es liegt? Ich denke, es ist die fehlende Bereitschaft zum Dienenwollen, das mangelnde Vermögen, sich einer Sache ganz zur Verfügung stellen, ohne zu fragen, was krieg' ich dafür?"

Den Herren selbst gehört nichts, sondern, Herr Stephan: „Alles gehört allen gemeinsam." Sie haben ihr ewiges Gelübde auf die Mensa communis abgelegt, auf den gemeinsamen Tisch, oder, wenn man so will, die gemeinsame Kassa und damit eine Art Lebensversicherung abgeschlossen, eine garantierte Versorgung bis ans Lebensende.

Das Symbol dafür ist die romanische Krypta. „Diesen Raum haben die Brüder bei der Gründung als ersten gebaut, mit einer Säule in der Mitte, die das Gewölbe hält, das uns trägt."

Für die drei Köpfe in den Ecken hat er seine eige-

Einzigartige gotische Scheinarchitektur über der Kreuzigungsgruppe in der 1989 entdeckten Kapelle.

ne Interpretation: „Sie werden üblicherweise als Fratzen angesehen, die böse Geister vertreiben sollen. Wenn man genau hinschaut, erkennt man die Symbole für die Evangelisten, von denen lediglich einer verloren gegangen ist."

Das Gesicht am Kapitell der Säule hingegen ist für ihn eindeutig heidnischen Ursprungs: „Man findet es immer wieder bei Taufsteinen in der Romanik. Wenn man in die Krypta hinunter steigt, schaut es einen an. Das soll böse Geister draußen halten, wie in der vorchristlichen Zeit. Die Kirche hat viele solcher Bräuche von den Kelten und Germanen übernommen."

Als 1989 unter dem Turm ein Schacht gegraben werden sollte, tauchte überraschend eine Kapelle auf. Sie war vermutlich Ende des 15. Jahrhunderts zugeschüttet worden. Zu aller Erstaunen hatte die ursprüngliche Bemalung aus der Zeit um 1410 kaum Schaden erlitten. Die Farben waren kräftig und zeigten neben den Apostelkreuzen eine für Österreich

Heidnisches Erbe: Das Gesicht am Säulenkapitell in der Krypta sollte böse Geister fern halten.

einzigartige gotische Scheinarchitektur. In das runde Tonnengewölbe wurden Netzrippen und spitze Wandkonsolen gemalt, mit dem rührenden, jedoch vergeblichen Bemühen um Perspektive, die den Künstlern jener Zeit noch nicht geläufig war. Bedauerlicherweise hat die Malerei durch die Feuchtigkeit in den letzten zwei Jahrzehnten an Frische verloren. Herr Stephan vermutet, dass man den kleinen Sakralraum mit Schutt ausfüllte, als der Kirchturm um ein Stockwerk erhöht und damit dessen Grundfeste verstärkt werden sollte: „Was aber nicht nötig gewesen wäre, wenn man sich die Mauerstärke anschaut."

Eine Äbtegalerie gibt es in nahezu jedem Stift. Nirgendwo sonst gibt es aber eine Ahnengalerie, in der alle Mitbrüder verewigt sind, zumindest seit 1801. Man blickt in die Gesichter von Menschen, die in den letzten zweihundert Jahren in diesem Stift, in dieser Klostergemeinschaft gelebt haben und gestorben sind, denn erst nach dem Tod eines der Chorherren wird sein Porträt dort hingehängt. Anfangs sind es meist derbe Gesichter von Männern, von der herben Umgebung des Mühlviertels geprägt. Später, in der Romantik, werden sie weicher, fast poetisch, der Blick verträumt, und im 20. Jahrhundert beherrschen immer wieder energische, fast sachliche Züge die Porträts. Aber nahezu alle Gesichter, ob sie nun verschmitzt lächeln oder ernst und würdig dreinschauen, haben freundliche Augen, strömen Warmherzigkeit aus.

Herr Stephan kennt noch eine ganze Reihe von Mitbrüdern in diesem überdimensionalen Familienalbum: „Lorenz, ja genau, neben ihm Norbert und dort drüben Gilbert, der 32 Jahre lang im Rollstuhl sitzen mußte. Der Maler hat sie wirklich gut getroffen."

Durch den ehemaligen Kapitelsaal mit einer Ausstellung der Arbeiten von Johann Worath, dem einzigen Bildhauer, der je im Stift angestellt war, werden die Besucher zu den wertvollsten Paramenten geführt.

„Quasi unsere Schatzkammer. Das Prunkstück ist der Weihnachtsornat von 1877, der noch immer getragen wird, mit großartiger Nadelmalerei, oder die Perlenkasel aus zirka 1560, sie ist mit Hunderten kleiner Süßwasserperlen bestickt. Das Kreuz aus Elfenbein, mit Perlen und Edelsteinen besetzt, stammt aus 1654. Es gehörte Abt Martin Greysing, der das Stift nach seinem Niedergang in der Reformation wieder zu einer neuen Hochblüte geführt hat. Zuvor war das Kloster in den Bauernkriegen niedergebrannt worden."

Für besondere Anlässe, bei Priesterweihen, beim jährlichen Augustinusfest oder als Urne bei der Abtwahl, wird auch der wertvollste Kelch des Klosters, verziert mit feinst gearbeiteten Emailbildern, hervorgeholt.

Dann wird es regelmäßig eng in der gotischen Stiftskirche. „Sie ist nicht groß, nicht prächtig, aber heimelig. Das Holz des Chorgestühls mit den Intarsien strahlt Wärme aus. Ich habe mich sofort zuhause

Fünf Jahrhunderte haben sich die Farben dieser Wandmalereien im Schutt erhalten.

gefühlt, als ich das erste Mal die Stiegen herauf gegangen bin."

Der dreifache Aufstieg, zuerst vor der Kirche, dann im Vorraum und zuletzt zum Chor hinauf, verfehlt nicht seine Wirkung. „Über drei Stiegen geht man aus dem Alltag des Lebens zur Anbetung hinauf."

Drei Orgeln gibt es in der dreischiffigen Stiftskirche. An manchen Tagen erklingen zwei dieser Instrumente gleichzeitig. Herr Stephan präzisiert: „An hohen Festtagen werden Werke für zwei Orgeln gespielt." Man möchte es nicht für möglich halten, aber sogar große Oratorien wurden schon in diesem doch intimen Kirchenraum aufgeführt.

„Zu Silvester bieten wir seit einigen Jahren ein Programm, das sich grundlegend von anderen Veranstaltungen an diesem Tag unterscheidet. Zuerst gibt es im Stiftskeller ein Festessen, dann in der Kirche ein Konzert – Chor- und Orchesterwerke oder Werke für Orgel und Bläser – und um Mitternacht im winterlichen Hof vor der Kirche bei Fackelschein die Glocke und den Sekt."

Herr Stephan selbst hat für sich schon zuvor den Jahreswechsel in ähnlicher Weise praktiziert.

„Ich bin so um elf von der Gemeinschaft weg an die Orgel gegangen und habe improvisiert und mit den Tönen meditiert. Um Mitternacht habe ich dann die Glocke geläutet und bin dann wieder zu meinen Mitbrüdern zurück, um in ihrer Mitte den Beginn des neuen Jahres zu feiern."

LITERATUR

FRIEDRICH J. REISCHL, ISFRIED H. PICHLER: Prämonstratenserstift Schlägl, Ried im Innkreis 1992 (Kunstverlag Hofstetter).

INFORMATION

Prämonstratenser-Chorherrenstift Schlägl,
Schlägl 1, A-4160 Aigen im Mühlkreis,
Tel.: 07281 / 8801-0,
E-Mail: abtei@stift-schlaegl.at,
Homepage: www.stift-schlaegl.at

Zum rinnenden Zapfen

Augustiner-Chorherrenstift Klosterneuburg

Kaiser Karl VI. hatte einen Traum. Das Reich, in dem die Sonne nie unterging, hatte nach dem Frieden von Utrecht (1713) zu existieren aufgehört. Zwar brachte ein Tauschhandel größeren Ausmaßes den Habsburgern die spanischen Niederlande, Mailand und das Königreich Neapel. Spanien selbst ging verloren. Die Hauptschuld daran trug Frankreich.

„Er hat diesen Verlust nie verwunden“, weiß DDr. Floridus Röhrig, Stiftsarchivar von Klosterneuburg. „Schönbrunn hat er als Abbild von Versailles abgelehnt, hat alles Französische gehasst. Das Schloss ist leer gestanden. Der Kaiser wollte einen neuen Escorial, prächtiger als das Vorbild, und hat dafür das Hauskloster der Habsburger erwählt.“

Von dem ganzen hochfahrenden Vorhaben dieses an sich sehr bedachten Mannes wurde lediglich ein Trakt mit zwei Kuppeln verwirklicht. Herr Floridus zeigt die weiß gehaltenen Teile an einem Modell vor dem Marmorsaal: „Man hätte die halbe Stadt abreißen müssen, um das alles bauen zu können.“

Vorbild war der Bratrost, auf dem der hl. Laurentius sein Martyrium erlitten hatte. Die Krone des Heiligen Römischen Reiches auf der Hauptkuppel ist die sichtbare Erinnerung an die Idee, das Kloster zum weltlichen und geistlichen Zentrum dieses Reiches zu erheben.

„Karl VI. hat nur eine Nacht hier verbracht. Sein Tod hat den Bau gestoppt. Man weiß nicht genau, weshalb er so qualvoll gestorben ist. Überliefert wird eine Schwammerlvergiftung, es könnte aber auch ein Blinddarmdurchbruch gewesen sein.“

Der Verduner Altar aus dem Jahre 1181, eines der bedeutendsten Kunstwerke der Romanik.

Seine Tochter Maria Theresia war alles andere als eine Träumerin. Der Plan verschwand in der Schublade. Das Bedauern über dessen Scheitern hält sich im Stift in Grenzen: „Wir können 900 Jahre Baugeschichte dokumentieren, seit der Gründung durch Leopold III. 1114 bis heute."

Von dem Fenster des Marmorsaales schaut man derzeit in eine riesige Baustelle. Hier entsteht das Bioheizwerk, aus dem Stift und Stadt mit Fernwärme versorgt werden sollen, mit Hackschnitzeln aus den klösterlichen Forstbetrieben.

„Davon wird in einigen Jahren nichts mehr zu sehen sein, alles wird mit einem barocken Garten überdeckt. Ab 2008 wird der Besucher von Osten her durch die Sala terrena das Stift betreten."

Aus der Romanik wurden einige Bauteile sichtbar gemacht. Das bedeutendste Kunstwerk jener Zeit steht jedoch in der Leopoldikapelle, dem einstigen Kapitelsaal. Der erste Blick auf die Reihen vergoldeter Tafeln mag verwirrend sein. Der sogenannte „Verduner Altar" gibt sein nahezu esoterisches Programm erst nach sehr genauem Hinsehen preis. Selbstverständlich handelt es sich nicht um Geheimwissen. Die Hintergründe für die Anordnung dieser Darstellungen sind jedoch vielschichtig. Ohne eingehende Beschäftigung mit den Umständen jener Epoche sind sie schwer zu verstehen.

Die Klosterneuburger Stiftsherren hatten in Paris studiert und vertraten die Meinung, dass das Alte Testament ein Teil der Offenbarung sei. Die Waldenser und andere Armutsbewegungen innerhalb der Kirche lehnten das Alte Testament als ein Buch über Räuber, Mörder und Ehebrecher ab. Materie war böse. Sie verstiegen sich dazu, zwischen einem schlechten Gott, dem Schöpfergott, und dem Erlösergott, Jesus Christus, zu unterscheiden.

Die Klosterneuburger entschieden den Streit für sich. Die dabei verwendete Literatur, Schriften des hl. Augustin, der Sakramententraktat des Hugo von St. Viktor und Werke des Honorius von Augustodunum, liegt in Handschriften aus dem 12. Jahrhundert in der Stiftsbibliothek auf. Gleichzeitig wurde mit dem Verduner Altar ein kirchenpolitisches Statement abgegeben. Ereignisse des Neuen Testamentes wurden mit Begebenheiten aus der Zeit vor und nach der Gesetzesverkündigung durch Moses verknüpft.

„Jedes Detail hat seine eigene große Aussagekraft." Für Herrn Floridus ist das Bild mit den Traubenträgern ein gutes Beispiel: „Die Weintraube ist das Symbol für Christus am Kreuz; der vordere Träger, als Vertreter für das auserwählte Volk im Alten Testament, schaut sich um, den Blick auf Christus. Darüber ist die Kreuzigung mit Sonne und Mond, wieder die gleiche Gegenüberstellung. Der Mond, das Alte Testament, kann nur im Lichte der Offenbarung des Neuen Testamentes scheinen."

Propst Rüdiger verfasste das Programm mit allen

Siebenarmiger Leuchter aus dem 12. Jahrhundert im Kreuzgang des Stiftes.

Herr Floridus mit dem Stiftsmodell nach der Vorstellung von Kaiser Karl VI. (oben). – Blick vom Chorgestühl in das Hauptschiff der Kirche (rechts).

Versen. Unter Propst Wernher (1168–1185) wurde das Werk beim kunstreichen Goldschmied Nikolaus von Verdun in Auftrag gegeben. 1181 war es fertiggestellt, als Schmuck der Kanzel. Deutlicher konnte man die darin enthaltene Aussage nicht positionieren.

„Kein anderes Werk aus dieser Zeit ist so gut erhalten. Die einzelnen Tafeln sehen aus, als seien sie eben aus der Werkstätte gekommen", begeistert sich Herr Floridus. „Außerdem ist es ein Werk, das der abendländischen Kunst des Mittelalters einen gewaltigen Anstoß gegeben hat. Erstmals werden byzantinische und vor allem antike Elemente verwendet, wie der Faltenwurf, der bis dahin als Ornament angesehen wurde. In diesen Bildern modellieren die Falten den Körper." Noch sind die Emailmalereien flach, drängen aber spürbar zur Dreidimensionalität, die sich in den späteren Werken des Nikolaus von Verdun findet.

Dass es diesen Altar überhaupt noch gibt, ist wahrscheinlich dem Kupfer zu verdanken, aus dem der Untergrund hergestellt ist. Herr Floridus: „Gold und Silber waren wertvoll und mussten in den Türken- und Franzosenkriegen abgegeben werden. Außerdem hat Kupfer einen höheren Schmelzpunkt."

Der kam dem Altar zugute, als 1330 das Stift abbrannte. Herr Floridus lächelt fein: „Das Feuer ist in der Stadt ausgebrochen und hat auf das Kloster übergegriffen. Die Zisternen waren bereits leer geschöpft. Eine Flüssigkeit gab es noch, die man zum Löschen verwenden konnte – nämlich den Wein. Das berichtet die Chronik."

Wein war und ist im Stift reichlich vorhanden. Der Beiname „Zum rinnenden Zapfen" war laut Herrn Floridus eine b'soffene G'schicht', die das Stift Göttweig mit den vielsagenden Attributen „Zum vollen Metzen" und Melk mit „Zum klingenden Pfennig" versah.

Die Hauptsorte ist der Saint Laurent, ein Roter mit feinem Weichselaroma. „Schon 1860 ist er nachgewiesen", sagt Herr Floridus. „Seit damals gibt es hier die Weinbauschule, die älteste im Lande. Durch sie ist zwar die Reblaus nach Europa gekommen, von hier aus wurde sie aber wieder erfolgreich bekämpft."

Dank seiner Betriebe ist das Stift materiell gut abgesichert, was keineswegs immer der Fall war, wie Herr Floridus im Rahmen seiner Dissertation erhoben hat. „Die Disziplin im Kloster geht immer Hand in Hand mit der wirtschaftlichen Situation. In der Reformationszeit waren wir und die Franziskaner die einzigen Klöster Niederösterreichs, die zunächst nicht protestantisch waren. Die Äbte gehörten zu den Landständen und hatten sich gegen den Kaiser gestellt. Diese Form war aber ein Auslaufmodell, das gegen den aufkommenden Absolutismus dem Untergang geweiht war. Der hatte ja die jederzeit kündbaren Beamten."

Der Protestantismus, so schreibt Herr Floridus in seinem Buch über Klosterneuburg, hat später in das Stift Eingang gefunden. Propst Peter Hübner hatte wegen seines gewalttätigen Wesens sehr häufig Konflikte mit einzelnen Bürgern und der Stadtgemeinde. Als er schließlich in der Stiftskirche sogar öffentlich Hochzeit hielt, wurde er 1562 von einer katholischen Kommission abgesetzt. Eine Visitation des Jahres 1563 stellt im hochverschuldeten Konvent unter seinem Nachfolger folgenden Personalstand fest: sieben

Heiligenfiguren warten auf ihre Restaurierung.

Chorherren, sieben Konkubinen, drei Eheweiber und 14 Kinder.

Durch Propst Kaspar Christiani, den der Kaiser dem sich erbittert sträubenden Konvent aufzwang, wurde das Hauskloster der Habsburger innerhalb kurzer Zeit wieder katholisch gemacht. Die Stadt, deren Bevölkerung überwiegend protestantisch war, lehnte die Rekatholisierung vorerst ab, ließ sich aber, so Röhrig, durch schöne Gottesdienste, Wallfahrten und Prozessionen auf friedlichem Weg gewinnen.

Ein Streitpunkt zwischen Stadt und Stift war der Wein. Die örtlichen Weinbauern wollten sich nicht damit abfinden, dass ihnen das Kloster die Kundschaft streitig machte. Seit 1945 herrscht Einigkeit zwischen den Konkurrenten; schließlich profitieren beide davon, wenn zu Leopoldi, dem Landesfeiertag, die Wiener in Scharen nach Klosterneuburg hinaus strömen. Einmal im Leben muss man über das Fassl gerutscht sein.

„Tausend Eimer fasst es. Die Franzosen haben es 1805 ausgesoffen, den Rest ausrinnen lassen. Es ist eine Zeit lang leer gewesen und deswegen undicht geworden. Es steht jetzt im Binderstadl, der ehemaligen Fassbinderei des Stiftes. Dort wird auch gerutscht.“ Von den Legenden, die sich um diesen Brauch ranken, hält Herr Floridus wenig: „Die Geschichten sind alle erfunden, genauso wie der Fruchtbarkeitskult, der im Rutschen gesehen wird. Es gibt eine ganz einfache Erklärung. Die Leute haben den Zehentwein gebracht, sind auf der einen Seite hinauf gestiegen, haben den Wein in das Fass geschüttet und sind auf der anderen Seite mit den leeren Gebinden wieder herunter gerutscht.“

Wie diese Cuvée geschmeckt haben mag, will sich Herr Floridus gar nicht vorstellen. Als Messwein, vermengt mit Wasser, mag das Gemisch durchgegangen sein. Auch in diesem Punkt greift man mittlerweile zur Qualität und überlässt es dem einzelnen Chorherrn, ob er einem Süßwein oder einem trockenen Veltliner aus den eigenen Rieden den Vorzug gibt.

Zu Leopoldi ist zudem der Besuch des Reliquienschreines unseres Landesheiligen eine fromme Verpflichtung und die Gelegenheit, eines der wertvollsten Stücke aus der Schatzkammer des Sitftes zu bewundern. 1616 machte der Hoch- und Deutschmeister Erzherzog Maximilian III., ein Freund des Stiftes und großer Verehrer des hl. Leopold, dem Stift eine kostbare Schenkung: den „österreichischen Erzherzogshut", die Landeskrone des Erzherzogtums Österreich. Verwendung fand die Krone bei der Erbhuldigung, zum erstenmal 1620 mit Ferdinand II. und zum letztenmal 1835. Wer immer sie unberechtigterweise aus Klosterneuburg wegbringen sollte, war mit päpstlichem Bann bedroht. Die jeweilige feierliche Einholung des Hutes aus Klosterneuburg und der Erbhuldigungszug in Wien waren beeindruckende Schauspiele, die oft in Wort und Bild festgehalten wurden.

Der Stammbaum der Babenberger, ein riesiges Triptychon, wurde nach der Heiligsprechung von Leopold III. vom Stift in Auftrag gegeben. Er sollte dem Volk den Landesheiligen näher bringen, zugleich mit seiner Familiengeschichte vertraut machen und nicht zuletzt die österreichische Geschichte erzählen, die vom Domherrn Ladislaus Sunthaym 1491 abgefasst worden war. Er kann wegen seiner kritischen Methode der Aufarbeitung mit Fug und Recht als erster österreichischer Historiker im modernen Sinn angesprochen werden. Die Besonderheit dieser Darstellung, die von Hans Part und anderen Malern zwischen 1489 und 1492 gefertigt wurde, sind die Männer aus dem Geschlecht der Babenberger, die nicht als Einzelfiguren, sondern in Szenen aus ihrem Leben dargestellt sind. Die Frauen der Babenberger, die in Halbfiguren aus Blütenkelchen wachsen, werden auf den Seitenflügeln abgebildet. Markgräfin Agnes hält ein Modell der Stiftskirche in der Hand. Deutlich zu sehen ist das romanische Westwerk. Es wurde Ende des 20. Jahrhunderts wieder freigelegt und fügt sich prächtig als Mosaikstein in die oben erwähnten 900 Jahre Baugeschichte ein, zudem verweist es wieder deutlich auf den populären Landesheiligen.

Doch nicht nur am Kirtag – das Stift Klosterneuburg ist das ganze Jahr über ein weltoffenes Haus. Jedes Jahr gibt es eine neue große Sonderausstellung. Das Stift hat die Schätze und zeigt sie auch her; es bietet somit die Gelegenheit zum unverbindlichen Klosterbesuch – ein erfrischend raffinierter Weg, um den Kontakt zwischen Kirche und Volk herzustellen.

Der Herzogshut, die Landeskrone des Erzherzogtums Österreich, in der Leopoldikapelle.

Literatur

Dehio Niederösterreich-Süd (Bundesdenkmalamt, Hg.), Horn – Wien 2003 (Verlag Berger).

Richard Reifenscheid: Die Habsburger. Graz 1982 (Verlag Styria).

Floridus Röhrig: Klosterneuburg. Wien – Hamburg 1972 (Paul Zsolnay Verlag).

Floridus Röhrig: Der Babenberger-Stammbaum im Stift Klosterneuburg. 2. Aufl. Wien 1977 (Edition Tusch).

Floridus Röhrig: Die Bibel im Stift Klosterneuburg. In: Die Bibel – Programm für Jahrhunderte, Katalog zur Ausstellung 2003, Klosterneuburg 2003 (Mayer & Comp. Verlag).

Floridus Röhrig: Der Verduner Altar. 8. Aufl. Klosterneuburg 2004 (Mayer & Comp. Verlag).

Floridus Röhrig, Gottfried Stangler: Der heilige Leopold. Katalog zur Niederösterreichischen Landesausstellung 1985, Wien 1985 (Amt der Niederösterreichischen Landesregierung).

Günter Stemberger (Hg.): 2000 Jahre Christentum. Salzburg 1983 (Manfred Pawlak Verlagsges.).

Information

Augustiner-Chorherrenstift Klosterneuburg,
Stiftsplatz 1, A-3400 Klosterneuburg,
Tel.: 02243 / 411–0,
E-Mail: Praelatur@stift-klosterneuburg.at,
Homepage: www.stift-klosterneuburg.at

Rast an der Via sacra

Franziskanerkonvent zur heiligen Maria Magdalena in Maria Enzersdorf am Gebirge

Die Gründe sind mehr als banal, weshalb nur mehr wenige nach Maria Enzersdorf am Gebirge wallfahren gehen. Erstens zerschneidet die Südautobahn das Wiener Becken. Pfarrer und Guardian Pater Thomas Lackner: „Früher kamen die Leute aus den Ortschaften von drüben regelmäßig herüber. Es gibt nur einen Durchgang für Fußgänger, und dieser Weg ist nicht erfreulich.“ Zweitens hat man die Straßenbahnlinie 360 eingestellt und damit den Wienern den Umweg ins Wirtshaus verleidet. Pater Thomas mit verständnisvollem Lächeln: „Sie sind gerne heraus gekommen, haben die Wallfahrt mit einem Ausflug verbunden, sind in die Kirche, dann zum Heurigen, dazwischen zum Segen und dann wieder zum Wein und haben gerade noch den letzten Waggon zurück in die Stadt erwischt.“

Auf den Kaiserbildern wurden die freizügigen Dekolletés und prächtigen Gewänder der Wohltäter übermalt (oben).
P. Hadrian an einer Prozessionsorgel aus der Zeit um 1810 (rechts).

Noch Anfang des 20. Jahrhunderts vermeldet die Chronik an die 120.000 Pilger. Angezogen wurden sie von „Maria, Heil der Kranken“. Begonnen hat es um 1730. Der Wiener Buchdrucker von Ghelen stellte eine Kopie der Mariazeller Madonna im Franziskanerkloster ab.

„Es hat noch kein Radio und kein Fernsehen gegeben“, erklärt sich Pater Thomas den Zulauf, der damit einsetzte. „Und es hat sich schnell herumgesprochen, dass es bei uns etwas Besonderes gibt.“

Eine Familie mit einem kranken Kind versuchte ihr Glück bei der Marienstatue. Das Kind genas. Zumal die Figur auch äußerlich der Magna Mater Austriae glich, ersparte man sich den weiten Weg nach Mariazell. Der führt ohnehin durch Maria Enzersdorf am Gebirge, der ersten Station der beschwerlichen Wallfahrt. Die Chance auf Erhörung wurde durch tagelange Entbehrungen nicht größer. Also blieb man und hoffte bereits in Maria Enzersdorf auf ein Wunder, das sich hier gerade so gut wie dort ereignen konnte. Die medizinische Versorgung der Bevölkerung war unzureichend. Gebet und Opfer waren lange Zeit die verlässlichste Therapie. Mariens Schatzkammer füllte sich. Erhalten ist von den frommen Gaben der Hoffnung leider nichts mehr, die Schatzkammer wurde vor einigen Jahren beraubt.

An die alten großen Zeiten wird man ohnehin nicht mehr anschließen können, aber Maria Enzersdorf soll wieder anziehender gemacht werden. Pater Thomas: „Wir haben einen Kräutergarten angelegt, mit 150 Sorten von Heilkräutern. Maria, Heil der Kranken, bekommt wieder neuen Sinn. Pfarre und Wallfahrt werden dadurch pastoral verbunden.“

Angelegt wurde der Garten nach alten Plänen aus Benediktinerklöstern. Man baut damit auf einen Jahr-

Die Muttergottes legt dem Franziskaner Antonius von Padua das Jesuskind persönlich in den Arm.

hunderte alten Erfahrungsschatz auf. Gegossen wird ausschließlich mit Wasser aus dem Klosterbrunnen, der mit einer energiesparenden Solarpumpe ausgestattet ist. Gegen eine kleine Spende darf man sich die streng biologisch gezogenen Kräuter mit nach Hause nehmen, in Kürze auch einen Likör, der aus diesen Kräutlein hergestellt werden soll.

„Auch bei Eheproblemen ist der Garten recht praktisch", weiß der Seelsorger. Ein Lächeln huscht übers Gesicht: „Wenn's Streit gibt, empfehle ich einem von beiden, dass er im Garten eine Zeit lang Unkraut jätet. Dabei klärt sich im Kopf vieles ab."

Ein wenig trägt auch die Nostalgie zu einer bescheidenen Renaissance der Wallfahrt bei. Es kommen immer wieder junge Paare mit Kinderwunsch, bringen ein Votivbild und verloben sich wie in guter alter Zeit mit der Gnadenmutter.

Wie schon der Weg nach Mariazell abgekürzt wird, kann mit einem Besuch in Maria Enzersdorf eine Andacht vor der Muttergottes von Lourdes verbunden werden. Genau aus diesem Grund, weil sich damals die wenigsten Leute eine so weite Reise leisten konnten, wurde 1921 eine Nachbildung der Erscheinungsgrotte errichtet.

Gegründet wurde das Kloster 1454. Johannes Capistran, der die Franziskaner nach Wien gebracht hatte, wird nachgesagt, dass er auf dem Stephansplatz eine derart gewaltige Predigt gehalten hätte, dass die Leute dem Orden nur so zugeströmt seien und einen weiteren Konvent notwendig machten.

Achtzig Jahre später, in der Reformationszeit, war von dieser Begeisterung nichts mehr zu spüren. 1529 wurde das Kloster von den Türken zerstört und befand sich von 1533–1632 in privater Hand.

„Die Maria Enzersdorfer haben zuerst die Franziskaner vertrieben", weiß Pater Thomas, „Dann sind wir ihnen doch abgegangen, und sie haben uns wieder zurück geholt." Per kaiserlichen Befehl. 1641wurde die Kirche neu geweiht und 1683 das Kloster wieder zerstört.

Die zweite Wiener Türkenbelagerung bescherte dem Konvent einen Märtyrer. Bruder Gutbert Lenz, der Koch, war im Haus zurückgeblieben und von den Türken, die das Kloster niederbrannten, ermordet worden.

Im Josefhof, wo sich die Pilger dereinst vor dem Einzug in die Kirche versammelten, tauchten 1983 Zeugen der langen Baugeschichte auf. Entdeckt wurden die Reste zweigeschossiger Renaissancearkaden mit toskanischen Säulen, einer Sgraffitobalustrade und sgraffierte Arkaden, bezeichnet mit der Jahreszahl 1578.

Ohne Wohltäter hätte das Kloster nicht überleben können. Von den großzügigsten unter ihnen wurden Porträts im zweiten Stock aufgehängt, die Kaiserbilder. Damit die prächtigen Gewänder, vor allem die freizügigen Dekolletés der Damen, den Seelenfrieden der Brüder nicht beeinträchtigten, wurden die Herrschaften von einem Maler einfach in die Kutte gesteckt, das heißt übermalt und so zu fürstlichen Tertiaren – Mitglieder des Dritten Ordens des heiligen Franziskus – erklärt.

Seit geraumer Zeit befindet sich im Kloster die Hauptbibliothek der österreichischen Provinz des Ordens. Pater Hadrian Hecht wurde die Aufgabe zu-

Beschreibung einer Reise in das Heilige Land aus dem Jahre 1706 in der Hauptbibliothek der österreichischen Provinz des Franziskanerordens in Maria Enzersdorf.

teil, den Bestand von 130.000 Bänden zu bearbeiten. Man spürt die Lust, mit der er sich über die Bücher hermacht, lateinisch gedruckte Titelblätter entziffert und die wichtigsten Daten in den Computer tippt.

„‚Jerusalem seu Palästina nova' von Pater Franziskus Caccia, 1706", liest er und hält das Frontispiz, einen Kupferstich mit der Darstellung Jerusalems und einer Reihe von Heiligen, unter die Schreibtischlampe. „Er hat alles genau beschrieben, bis zu den Blutstropfen Jesu, die er gezählt haben will." Der Autor dieser frommen Reisebeschreibung war ebenso ein Mitbruder seines Konvents wie Guardian Placidus Herzog, der eine Generation später die „Cosmographia Austriaco-Franciscana" verfasst hat, eine Darstellung aller in der österreichischen Provinz existierenden Klöster. Etliche davon fielen der josephinischen Aufhebung zum Opfer. Maria Enzersdorf blieb verschont, sogar die Front sieht noch aus wie auf dem Stich aus dem 18. Jahrhundert.

Umbauten und Modernisierungen hat es freilich gegeben, aber der Geist des heiligen Franziskus, so sagt man, sei heute wie damals gleichermaßen präsent.

Literatur

Dehio Niederösterreich-Süd (Bundesdenkmalamt, Hg.), Horn – Wien 2003 (Verlag Berger).

Information

Franziskanerkonvent Maria Enzersdorf,
Hauptstraße 5, A-2344 Maria Enzersdorf am Gebirge,
Tel.: 02236 / 225 31

Auf dem Weg nach innen

Zisterzienserabtei Stift Heiligenkreuz im Wienerwald

„Lauda anima mea Dominum, laudabo Dominum in vita mea!" Die Schola – die Gruppe der Vorsänger – stimmt den Psalm an. Die Mönche antworten – ebenfalls in Latein. Der Besucher der feierlichen Vesper will zumindest wissen, was gesungen wird; der Lateinunterricht ist doch schon einige Jahre her. Das Brevier, Gebetbuch der Kleriker, mit den Chorgesängen ist dick, und mit dem Blättern kommt man nicht recht weiter. Die farbigen Bänder, die einem vorsorglich an den entsprechenden Stellen eingelegt wurden, sind keine große Hilfe. Die Inszenierung ist dennoch beeindruckend. Kaum anderswo als in Heiligenkreuz wird auf Details so viel Wert gelegt: das Kerzenlicht in der dämmerigen Kirche, der Einzug der Mönche, die Kapuze der weißen Kukulle, des Chorgewandes der Zisterzienser, über dem Kopf, das dunkle Holz des Chorgestühls, wo jeder Mönch sein Stallum, seine Sitznische, hat, und der Gesang mit der Edelpatina ferner Vergangenheit. Seit dem 11. September 1133 (!) gibt es in Heiligenkreuz dieses Chorgebet.

„Das Zweite Vatikanische Konzil sieht ausdrücklich vor, dass die zum Chorgebet gehaltenen Klerikergemeinschaften beim Latein bleiben sollen", erklärt Abt Dkfm. Mag. Gregor Henckel-Donnersmarck. „Der Heiligenkreuzer Abt Karl Braunstorfer war einer der Konzilsväter und hat die Erneuerung der Kirche bewusst mitgestaltet. Es war dies ein ganz

Gebetslichter im Kreuzgang von Stift Heiligenkreuz am Abend vor Allerheiligen (links).
Der Stiftshof von Heiligenkreuz in Richtung Süden (oben).

Weil für eine architektonische Ausgestaltung im Barock zu wenig Geld vorhanden war, hat sich die beeindruckende romanische Kirchenfassade erhalten.

entscheidender Punkt. Ich möchte nicht die Liturgie anderer beurteilen, aber die Gefahr besteht, dass wesentliche Elemente verflachen. Latein hat dazu den enormen Vorteil, dass wir beim Gregorianischen Choral bleiben können, bei dieser europagewachsenen alten Singtradition. Die Vesper wird täglich gesungen, als musikalische Bibelmeditation. Wir stellen dabei fest, welch' unbeschreiblichen Schatz wir in den 1.500 Jahre alten Melodien haben. Man versteht unser Haus erst besser, wenn man an einem Chorgebet teilgenommen hat."

Das Argument, dass derlei Traditionen junge Leute abschrecken könnten, wird mit dem Blick auf die Neueintritte in Heiligenkreuz überzeugend widerlegt: „Eine Freude und Gnade! Wir wissen nicht, warum wir guten und zahlreichen Nachwuchs haben. Ganz erstaunlich, wir sind über sechzig Mitbrüder, Tendenz steigend. Ich glaube nicht, dass wir Anspruch haben zu sagen, wir sind so gut. Es ist ein reines Geschenk der Gnade Gottes. Wenn ich einen äußeren Grund festmachen kann, warum junge Leute kommen und hängen bleiben, dann ist das erstaunlicherweise die Liturgie. Sie ist kein schmückendes Beiwerk oder Pflichtübung im stillen Kammerl, wo man sich geißelt. Vermutlich liegt die Attraktivität für die jungen Leute in der Konsequenz."

An solcher gibt es im Zisterzienserstift im Wienerwald keinen Mangel. Die Vigilien, die Nachtwachen, unterbrachen einst den Schlaf mitten in der Nacht. Zwar sind sie heute an das Ende der Nacht verlegt, auf ca. fünf Uhr, stellen aber den Auftakt zu einer Reihe von gemeinsamen Gebeten dar, die den Tag eines Heiligenkreuzer Mönches streng strukturieren.

„Nächtliche Gebete konnten sich nur Gemeinschaften leisten, die ganz klosterintern lebten. Wir sind mit unseren vielen Seelsorgeaufgaben mit der Welt draußen verbunden und müssen unseren Rhythmus an das normale Leben anpassen", räumt der Abt ein, der selber vor seinem Eintritt in das Kloster rühriger Manager eines Konzerns war. „Der Tag wird im Sommer mit einer Lesung aus der Regel des hl. Benedikt im Kreuzgang und mit der Komplet beschlossen. Dann herrscht Silentium nocturnum bis zum Frühstück." Silentium bedeutet Stille, „damit man in der Früh wieder im Chor stehen kann".

Das bekannte ora et labora wird ergänzt durch Lectio divina, Lesen von erbaulicher (geistlicher) Literatur. Dazu setzte man sich einst in den Kreuzgang, nützte das Tageslicht und konnte leise murmelnd mit dem Finger der Zeile folgend in den Handschriften lesen. Die Bücher wurden im Armarium, eigentlich Waffenkammer, neben der Kirche ausgegeben. Der Mönch sollte sich mit der Lektüre wappnen. Er befand sich dazu nah am Paradies, so nannten sie den liebevoll gepflegten Garten innerhalb des Gevierts. Dessen Säulen sind die Bäume, Stämme aus braunem Marmor und Kronen aus Palmetten. Sie wiederum tragen die Bögen des Kreuzganges, das Himmelsgewölbe mönchischer Beschaulichkeit.

Einem der Mönche dürften die Waffen des Geistes zu schwer geworden sein. Vielleicht sind ihm die Gedanken entglitten. Jedenfalls hat er das Buch zur Seite gelegt und in den Stein der Fensterbank eine Zeichnung geritzt, einen gotischen Turm, und hat damit der Nachwelt ein mittelalterliches Graffito hinterlassen.

Die hierzulande ungewöhnlich weite und helle Gestaltung des gotischen Hallenchors legt Zeugnis von den internationalen Kontakten des Ordens ab.

Die Fenster des Kreuzganges sind zum Teil noch original aus dem 12. Jahrhundert, nicht zu verwechseln mit den farbenprächtigen Stifterfenstern im Brunnenhaus, die Ende des 13. Jahrhunderts datieren. Leuchtende Farben waren dem strengen Ordensideal der Zisterzienser am Anfang verpönt. Der Wille zur Einfachheit hat seinen eigenen Stil geschaffen, Grisaille. Die kunstvollen Arabesken sind grau in grau, ohne gegenständliche Darstellungen, abgesehen von einem finster dreinblickenden Mönch über dem Lesepult. Wessen Gesicht es ist und was es sagen will, weiß niemand.

„Heiligenkreuz ist das älteste durchgehend bestehende Zisterzienserkloster der Welt", stellt der Abt fest. Kein Stift ohne Superlativ. Der Titel „Sancta Crux in silva wiennensi" in einer Urkunde von 1332 verbindet das Stift mit dem dort erstmals genannten Begriff „Wienerwald". In späterer Zeit kam die wenig geschätzte Beifügung „bei Baden" hinzu. Der Abt: „Inzwischen sind sich die Mönche stolz dessen bewusst, dass sie das eigentliche Wienerwaldkloster sind."

Der riesige Urwald war ein Geschenk und gleichzeitig der Auftrag zum Bewirtschaften und Roden. Die Mönche wollten sich nützlich machen, labora! Im Unterschied zu den cluniazensischen Benediktinern, von denen sich die Zisterzienser zuvor als Reformorden abgespaltet hatten. Das Jagdrecht auf Bär, Luchs, Hirsch und Wildschwein behielt der Landesfürst für sich. Das Holz gehörte den Mönchen, es war für den Bau der monumentalen romanisch-gotischen Klosteranlage ebenso unerlässlich wie für die Errichtung von Staudämmen und Brücken. Bis heute bezieht das Stift einen guten Teil seiner Einkünfte aus dem Forstbetrieb. Die Butter auf dem Brot ist der Weinbau.

„Es wird a Wein sein", summt Abt Henckel-Donnersmarck. „Seit 1141 ist Thallern bei Gumpoldskirchen unser Weingut."

Damit erscheint ihm dieses Thema eingehend genug besprochen. Die wahren Anliegen des Hauses liegen auf einer anderen Ebene. Wesentlich ist ihm die Verbindung des Dienstes an der Weltkirche mit dem klösterlichen Leben, für ein Mönchskloster keine Selbstverständlichkeit. In Österreich war den Stiften schon sehr bald auch die Seelsorge aufgetragen worden, im Unterschied zum ursprünglichen Gedanken, der ein Leben abseits der Welt vorsieht.

„Der Mönch flieht die Welt, hat sich dazu in die Wälder zurückgezogen, die Welt steigt nach, und bisweilen schlägt sie erbarmungslos zu", spielt Abt Henckel-Donnersmarck auf unerfreuliche Ereignisse in der Geschichte an. „Die Reformation hat uns wie anderen Klöstern zugesetzt. Während der Französischen Revolution wurde unser Orden in Frankreich beinahe zerstört und gleichsam enthauptet. Die Kommunisten, die Nationalsozialisten, sie alle hieben immer wie wahnsinnig auf die Klöster ein."

Der Mönch mit dem grimmigen Blick im Grisaillefenster des Kreuzgangs hat sein Geheimnis bis heute bewahrt.

Der Gottseibeiuns der österreichischen Klöster, Kaiser Joseph II., ließ sich lediglich durch seine Freundschaft zum Abt zu einem Handbillett bewegen, in dem er den Weiterbestand des Stiftes anordnete. Das Hausstudium ließ er einstellen. Die Kleriker sollten im Geist der Aufklärung an den „Generalseminarien" in Wien erzogen und unterrichtet werden.

Es gibt wieder eine Ordenshochschule in Heiligenkreuz, 1802 von Kaiser Franz bewilligt. Sie ist heute die einzige ihrer Art in Österreich und staatsrechtlich als Philosophisch-Theologische Hochschule anerkannt. Hier studieren über hundert Ordensleute aller Couleurs aus dem In- und Ausland.

Zwar führten die weltlichen Herrschaften nicht immer Böses im Schild, wenn sie den Mönchen nachgestiegen sind. Kostspielig war's allemal. Besonders Kaiser Leopold I. hatte Heiligenkreuz, besser gesagt: dessen herrliches Jagdgebiet, ins Herz geschlossen. Das Drum und Dran eines kaiserlichen Besuches, das von massenhaft Gerste zum Anfüttern der Wildschweine bis zur Bewirtung des gesamten Trosses und dessen allerhöchster Unterhaltung mit Singspielen und Feuerwerken reichte, lastete schwer auf dem Klostersäckel. Resignierend wurde bemerkt, dass all dies zur größeren Ehre des Hauses geschehe. Welche Art von Umwegrentabilität erhoffte man sich im 17. Jahrhundert? Die Lampe aus dem türkischen Feldlager, die der Kaiser dem Kloster schenkte, mag den Aufwand des Stiftes kaum ersetzt haben, wenngleich ihre Nachbildung im Kreuzgang noch immer ihren Dienst versieht.

Die erlauchten Gäste waren zudem an die Pracht des Barock gewöhnt. Heiligenkreuz hatte nur schlichte Romanik und frühe Gotik zu bieten. Das Geld zur aufwändigen Barockisierung fehlte. Es fand sich trotzdem eine Lösung. Aus dem Kaisersaal führte die Treppe in den Stiftshof hinunter und mündete damals gegenüber der Kirche in eine Arkade, die etwas breiter als die anderen ist. Genau in diese Blickachse stellte man die Dreifaltigkeitssäule. Ihr üppiges Gewölk aus weißem Stein verdeckt einen Teil der schlichten romanischen Kirchenfassade und vermittelt den Eindruck einer sanften Barockisierung. Heute ist man froh, dass damals die Mittel knapp waren, sonst wäre vielleicht auch Heiligenkreuz zu einem barocken Kasten umgebaut worden, meint einer der jungen Patres.

Im Musikarchiv wurde ein Student bezüglich des Barock fündig, mit einer Sensation. Die Musikwelt war aus dem Häuschen. Der Komponist Friedemann Katt (* 1945) hatte angeblich Werke eines gewissen Franz Xaver Frenzel entdeckt, die alles bisherige Wissen um die Barockmusik auf den Kopf stellten. Die gewohnt prächtigen Klänge des Weihnachtskonzertes, des Concertos in F-Dur und des Allegros aus dem „Hochzeitskonzert", werden ohne jede Vorwarnung durch Synkopen und schräge Harmonien un-

Grabmal Friedrichs des Streitbaren, des letzten Babenbergers, im Kapitelsaal des Stiftes.

Brunnenhaus im Licht der gotischen Stifterfenster.

terbrochen. Sofort fanden sich ausgezeichnete Musiker, die sich lustvoll über die Kompositionen hermachten und diesen „Sonderfall der Musikgeschichte" dem verblüfften Publikum präsentierten. Da niemand sonst einen F. X. Frenzel aus dem 18. Jahrhundert kannte, wurde der Verdacht laut, dass ein großartiger Schwindel dahinter stecken könnte. Ganz wurde die Sache nie aufgeklärt, wenngleich Friedemann Katt kryptisch verlautet, dass „einige meiner Kompositionen Frenzel zugeschrieben werden, hingegen alle Frenzel-Kompositionen von mir stammen".

Zumeist freundlicher Art sind die Besuche von Wissenschaftlern. Der Grund ihres Kommens ist ein Pater des Stiftes, der sich im 19. Jahrhundert als Naturforscher einen Namen gemacht hat: Dominik Bilimek. Der Gymnasialprofessor war Autodidakt, besessen vom Eifer, die Flora und die Insektenfauna seiner Umgebung zu erkunden. Tagelange Märsche im Schneeberggebiet, im Wienerwald und in den Trockenrasengebieten um Hainburg sind überliefert. Seine Entdeckungen wurden akribisch beschrieben und vervollständigten das noch lückenhafte Bild der Naturwissenschaft. Höhepunkt seines Forscherdaseins war sicherlich die Einladung von Kaiser Maximilian, ihn nach Mexiko zu begleiten, wo er neben Naturbetrachtungen Altertümer altmexikanischer Kulturen zusammentrug. Seine Sammlungen finden sich heute im Stift, aber genauso in den größten Museen der Welt: Wien, Paris, Leningrad, Kopenhagen, Washington, New York und Mexiko City.

Weniger akribisch in wissenschaftlicher Beobachtung war Abt Robert Leeb. Begeistert von den Schätzen des Orients, ließ er sich anlässlich einer Reise nach Palästina eine „ägyptische Mumie von hohem Alter" andrehen. 1731 wurde sie feierlich im neu eingerichteten Naturalienkabinett aufgestellt. Die Feuchtigkeit machte der Mumie zu schaffen. Um sie nicht gänzlich dem Schimmelpilz auszuliefern, überließ man sie 1982 der Ägyptischen Sammlung des Kunsthistorischen Museums in Wien. Bei der Untersuchung durch Röntgenstrahlen stellte sich heraus, dass lediglich ein menschlicher Schädel vorhanden war, der Rest waren Holzleisten, mit Papier und Stoff überzogen. Die sogenannte Mumie, die für kulturbeflissene Pilger des 17. und 18. Jahrhunderts hergestellt worden war, hat trotz aller Enthüllung ihren Platz im Mumiendepot der Ägyptischen Sammlung behalten.

Die Franzosenkriege bescherten dem Stift den Sohn von Andreas Hofer, Johann von Hofer. Nach dem Tod seines Vaters versuchte ihn der Kaiser einigermaßen standesgemäß unterzubringen. Nach kurzem Aufenthalt in Stift Admont wurde er Heiligenkreuz zugeteilt. Der Posten als Stiftsschreiber hätte ihm nicht behagt, heißt es. Er zog es vor, wie sein Vater Wirt zu werden und ehelichte die Tochter des Stiftswirtes. Der Kaiser zeigte sich ein weiteres Mal erkenntlich und ließ ihm durch seine Verwaltung ein Gasthaus in Fischamend kaufen. Diese Episode aus den Unterlagen des Stiftsarchives wird seit dem Umbau des Klostergasthofes 2002 entsprechend vermarktet.

Die Wiener Revolution von 1848 hat eines ihrer Kinder in Heiligenkreuz hinterlassen. Dr. Franz Schuselka, Schriftsteller und Journalist, war deutschnationaler Politiker und Mitglied des Reichstages in Wien, Landtagsabgeordneter und Anhänger des Deutschkatholizismus. Die Schuselka-Mode, seine Art, sich zu kleiden, war damals ein Begriff. Als Obmann eines Ausschusses des Reichstages versuchte er, zwischen den bürgerlichen Revolutionären zu verhandeln. Er wollte sie von einem Angriff auf das Wiener Zeughaus und von der Lynchjustiz an Kriegsminister Theodor Graf Baillet von Latour abhalten. Erfolglos. Das Zeughaus, das mit den Harnischen, Hellebarden und Radschlossgewehren ohnehin keine brauchbaren Waffen enthielt, wurde gestürmt, der Kriegsminister erschlagen und an einem Kandelaber aufgehängt. Die Oktoberrevolution brach aus. Nach der blutigen Niederschlagung des Aufstandes musste der Vermittler Schuselka fliehen und fand in Stift Heiligenkreuz Unterschlupf. Verborgen im Turmzimmer des Klerikatsgebäudes, schrieb er ein Buch über die Revolution und ließ es noch im selben Jahr erscheinen. Wieder zurück in Wien, gründete er 1859 einen Presseclub „Concordia" als Unterstützungsverein für Journalisten. Seine Altersjahre verbrachte Schuselka in Heiligenkreuz, ganz in der Nähe des Klosters. Durch die wunderbare Heilung seiner gelähmten Tochter in Maria Enzersdorf sei er zum katholischen Glauben bekehrt worden, wird berichtet. Begraben ist er auf dem Ortsfriedhof.

Die Mönche sagen es zwar nicht laut, aber wer etwas Gefühl für das Bedürfnis nach Abgeschiedenheit und Stille der Zisterzienser aufbringt, wird verstehen, dass in einem Kloster Journalistenheere als Heimsuchung angesehen werden. Einen wahren Sturm von Kameras und neugierigen Reportern brachte die Öffnung des Grabes von Mary Vetsera. Die Vorgeschichte: Mary Vetsera war am Morgen des 30. Januar 1889 neben Kronprinz Rudolf in Mayerling erschossen aufgefunden worden. Vorerst wurde sie auf dem Ortsfriedhof von Heiligenkreuz in einem Erdgrab bestattet, nach dreieinhalb Monaten aber exhumiert und in einem Kupfersarg in einer Gruft desselben Friedhofes beigesetzt. Ein Besucherstrom setzte ein. So wird von Abt Dr. Gregor Pöck berichtet, dass die Blätter des Efeus an der Gruft „ihren Weg in die ganze Welt fanden". 1959 wurden ihre Gebeine neuerlich umgebettet, diesmal in einen Zinnsarg. Der wurde 1992 wieder geöffnet, allerdings unerlaubterweise. Ein Linzer Möbelhändler hatte ihn in der Nacht geraubt. Er ließ das Skelett, die Haare und die Kleider der Toten untersuchen. Sichergestellt wurde der Sarg samt Inhalt von der Polizei in einem Möbellager. Die Staatsanwaltschaft ordnete eine weitere Untersuchung an. Seither gilt als erwiesen, dass Kronprinz Rudolf seine Geliebte Mary mit seinem Armeerevolver erschoss und danach Selbstmord beging.

Giovanni Giuliani: Tanzende Gerippe als Kandelaber in der Totenkapelle.

Scharen von Touristen sieht man selbstverständlich lieber und begegnet ihnen mit offener Freundlichkeit. „Auch wenn die Einnahmen nur einen kleinen Beitrag zu den enormen Erhaltungskosten des alten

Klosters darstellen", ergänzt der Abt. Erstaunlich viele Besucher aus Fernost lassen sich durch Kreuzgang und Stiftskirche führen. Ihre Begeisterung an den tanzenden Skeletten in der Totenkapelle, an der ältesten farbigen Darstellung des rotweißroten Bindenschilds im Brunnenhaus, an Friedrich dem Streitbaren im Kapitelsaal und an all dem Heiligen, dem sie auf ihrem Weg begegnen, bleibt diszipliniert hinter ihrem Lächeln und ihren Fotoapparaten verborgen.

In fast neun Jahrhunderten musste der Herrgott viel Schlimmes von dem Wienerwaldkloster abwenden, nicht nur die brandschatzenden Türken 1683, wird seitens des Stiftes dankbar vermerkt. Dass Heiligenkreuz heute nicht durch eine Autobahnbrücke genau über dem Gebäude verschandelt ist und noch als Stift und nicht als Musikhochschule seine Gäste empfangen kann, ist dem Ende des Zweiten Weltkrieges und dem damit verbundenen Zusammenbruch der NS-Herrschaft zu verdanken.

Als vor einigen Jahren die Republik anklopfte, um einen Beitrag an den Entschädigungszahlungen für Zwangsarbeiter während des Zweiten Weltkrieges zu erreichen, setzten intensive Forschungen ein. Ein für das Stift und die Historikerkommission zufrieden stellendes Ergebnis konnte erarbeitet werden.

Während des nationalsozialistischen Regimes waren große Teile des Stiftes enteignet gewesen, als Umsiedlerlager für Auslandsösterreicher, als Kriegsgefangenenlager und für Flüchtlinge aus Kriegsgebieten und aus Wien, auf das bereits Bombenangriffe geflogen wurden. In diesen Bereichen, auf die das Kloster selbstverständlich keinen Einfluss mehr hatte, wurden Zwangsarbeiter eingesetzt. Die Belegschaft des Stiftes selbst war mit dem ihr verbliebenen Teil überfordert und beschäftigte Arbeitskräfte. Zeitzeugen erinnerten sich, dass dem Stift zugewiesene Leute auch bezahlt wurden, andere wussten überhaupt nichts von Fremdarbeitern. Unklar war, ob Zwangsarbeiter von der nationalsozialistischen Verwaltung an das Stift verborgt gewesen waren.

„Im Jahr 2000 sind die Wellen hochgegangen, dass die Kirche in eigenen Bereichen Zwangsarbeiter beschäftigt hätte", erinnert sich der Abt. „Deshalb habe ich einen Zisterzienser aus Citeaux, Frère Placide, gebeten, einen Bericht zu schreiben, wie er diese Tage hier erlebt hat. Diesen Brief habe ich Frau Schaumayer, der Regierungsbeauftragten für Entschädigung der NS-Zwangsarbeiter, vorgelegt."

Frère Placide schreibt in berührenden Worten, wie er als junger Mönch aus Frankreich weggefahren ist, da er wie alle jungen Franzosen 1943 in Deutschland („dem großen Reich") arbeiten musste. Er war im Umland von Wien zum staatlichen Ernteeinsatz verpflichtet. Das Essen war mager: heiße Suppe (warmes Wasser mit einigen Fettaugen) und Gemüse. Doch gelang es ihm, Kontakt zu den österreichischen Ordensmitbrüdern zu knüpfen. Am 20. August, einem Sonntag, war er erstmals in Heiligenkreuz. Er erinnert sich an die französische Ansprache von Abt Dr. Gregor Pöck:

„Liebe Fratres! Heiligenkreuz ist sehr glücklich, euch zu empfangen, weil mehr als 300 Jahre lang kein Mönch von Cîteaux zu uns gekommen ist." Placide konnte zwar nicht im Kloster wohnen, weil die Gestapo sonst Verdacht geschöpft hätte. Wenn es die Arbeitseinsätze jedoch zuließen, besuchte er die Mitbrüder, bis er 1944 wieder nach Frankreich zurückkehren durfte.

Seine Erinnerungen an dieses knappe Jahr in Österreich nennt er wunderbar, abgesehen vom Hunger, der den jungen Mann geplagt hat, und er schreibt, dass er keinen Anspruch auf Ausgleichszahlungen erhebt. Er dankt den Ordensgeistlichen, die ihn wie einen Bruder aufgenommen haben. „Sie schulden mir nichts; ich schulde ihnen viel." In Heiligenkreuz hat er seine Familie, die Zisterzienser, entdeckt: „Oft geht mein Herz an diesen gesegneten Orten spazieren – ich lasse mich verlocken!"

Literatur

Ohne Autorenangabe: Heiligenkreuz. Florenz 1983 (deutsche Ausgabe: Styria)

Werner Richter: Blätter zur Geschichte von Heiligenkreuz (Mary Vetsera, P. Dominik Adolf Bilimek, Dr. Franz Schuselka, Kaiser Leopold I.), Heiligenkreuz, undatiert.

Hermann Josef Roth: Dominik Bilimek, Leben und Werk eines österreichischen Naturforschers. In: Sudhoffs Archiv (Hans Schimank-Hamburg, Hg.), Wiesbaden 1965 (Franz Steiner Verlag).

Information

Zisterzienserabtei Stift Heiligenkreuz,
A-2532 Heiligenkreuz bei Baden,
Tel.: 02258 / 8703-0,
E-Mail: information@stift-heiligenkreuz.at,
Homepage: www.stift-heiligenkreuz.at

Allzeit getreu!

Zisterzienserkloster Neukloster

Kaiser Friedrich III. war offenbar ein Mann mit Weitblick. Er hatte die bestens befestigte, aber kleine Neustadt, damals noch in der Steiermark gelegen, dem weit größeren Wien vorgezogen. Die Wahl sollte sich in einem Bruderzwist, der im Hause Habsburg ausbrach, als trefflich erweisen (nicht zu verwechseln mit dem Bruderzwist in Franz Grillparzers Drama, der gut 150 Jahre später stattfand).

Die Auseinandersetzungen hatten sich an Ladislaus Postumus entzündet. Der Erbe von König Albrecht II. war erst nach dessen Tod zur Welt gekommen (am 22. Februar 1440). Gemeinsam mit Ladislaus' Mutter hatte Friedrich die Vormundschaft übernommen. In unbeholfenen Versuchen, dem Säugling zu königlichen Ehren zu verhelfen, gingen Ungarn und Böhmen verloren. Überdies scheiterte die Rückeroberung der Stammgüter in der Schweiz, und obendrein wurden die habsburgischen Länder geteilt. Während der Kaiser 1452 in Rom weilte, hatten sich die österreichischen, böhmischen und ungarischen Stände zusammengeschlossen und forderten die Herausgabe seines Mündels. Friedrich, der vom Papst zum Kaiser gekrönt worden war, vermied eine Rückkehr nach Wien, blieb in Wiener Neustadt und konnte in der „Allzeit Getreuen" dem Heer der Stände erfolgreich Widerstand leisten. Als der nachgeborene Ladislaus 1457 starb, brach nun zwischen den Brüdern Albrecht VI. und Friedrich der Streit um dessen Erbe aus. Albrecht wollte eine gemeinsame Regierung, Friedrich machte das Ältestenrecht geltend. Der Landfrieden war in größter Gefahr, heißt es über jene Jahre. Albrecht unternahm einen Vernichtungsfeldzug gegen seinen Bruder, der mittlerweile wieder in Wien residierte. Dort wurde er in der Hofburg von Böhmen, Ungarn, Tirolern, Schweizern und den Wiener Bürgern belagert. Es gab einen Kompromiss, der jedoch mit dem Tod Albrechts hinfällig wurde. Erst mit dem Vertrag von Wiener Neustadt wurde Friedrich zum Alleinerben erklärt, da Sigismund von Tirol, ein Verwandter, auf seinen Anteil am Erbe Albrechts verzichtete.

Im Glas der Eingangstür spiegelt sich das prächtige Retabel des Hochaltars der Stiftskirche.

In all dem Wirbel machte sich Friedrich Gedanken über die Grablege seiner Familie. Er wählte dafür Wiener Neustadt und das Kloster nahe der Burg aus. Die Dominikaner, die bis dahin dort logiert hatten, wurden kurzerhand in das Kloster St. Peter an der Sperr übersiedelt, die dort befindlichen Nonnen der Dominikaner nach Wien verbracht. Friedrich holte 1444 die Zisterzienser in die Stadt. Offenbar entsprach ein Orden mit stattlichen Stiften eher seinem Bedürfnis nach Repräsentation als bettelnde Dominikaner.

In einigen Punkten ist das Neukloster eine Ausnahme. Erstens ist es ein Zisterzienserkloster mitten in einer Stadt und nicht, wie üblich, weit außerhalb.

Zum anderen war es ungewöhnlich, in der Zeit der aufstrebenden Bettelorden ein feudales Stift zu gründen, diesem jedoch die Mittel für ein entsprechendes Dasein vorzuenthalten. Da die damals noch königliche Kasse – 1442 wurde Friedrich zum römisch-deutschen König, erst 1452 zum Kaiser gekrönt – leer war, fiel das Stiftungsgut entsprechend mager aus.

„Statt dessen gab es Privilegien", Prior P. Johannes Vrbecky zählt einige davon auf: „Die Zisterzienser durften ein Kreuz am blauen Band tragen, hatten bei Prozessionen Vorrang vor den anderen Orden, der Abt durfte den Titel eines königlichen Rates führen und mit rotem Wachs siegeln. Das hat Friedrich

Der schmucklose Kreuzgang erinnert an die schlichte Architektur der Dominikaner.

nichts gekostet." Und hat den Mönchen wenig eingebracht, abgesehen vom Recht, Ungarwein frei und ohne Steuern einführen und ausschenken zu dürfen.

Die Patres wurden von Stift Rein gestellt. 25 Bücher gab es als Mitgift an das „Neustift zu der Heiligsten Dreifaltigkeit zu der Neustadt", der Grundstock für die heutige Bibliothek mit einem Bestand von 25.000 Bänden. P. Johannes hat sie alle unter tatkräftiger Mithilfe „gesunder Pensionisten" im Computer erfasst und damit eine weitere wissenschaftliche Nutzung ungemein erleichtert.

Der Bibliotheksraum selbst wurde 1774 fertiggestellt. Die Deckenfresken stammen von Johann Baptist Wenzel Bergl. Gleichberechtigt nebeneinander stehen die drei Fakultäten Medizin, Jurisprudenz, Philosophie und, ein wenig im Vordergrund, die Theologie. Nicht zu übersehen sind die Anflüge aufklärerischer Gedanken, wenn bei Frau Philosophia das kopernikanische Weltbild und bei der Medizin eine Leichensektion dargestellt werden. Weshalb sich unter den Gestalten der Historia der hl. Bernhard umtreibt, kann P. Johannes nur vermuten: „Vielleicht ist der Abt wild geworden bei soviel weltlichen Dingen, dass der Maler um des lieben Friedens willen den Bernhard als geschichtsprägende Persönlichkeit eingefügt hat."

Zu den wertvollsten Stücken dieser Sammlung zählt ein Exemplar der „Londoner Polyglotte", einer Bibel in verschiedenen Sprachen, vom Arabischen, Syrischen, Chaldäischen bis zum Deutschen. Es gibt nur mehr sieben Stück davon. Das Schiff, das diese in England gedruckten Bibeln auf den Kontinent bringen sollte, ist gesunken.

Im Barock erlebte das Kloster eine Blütezeit und war in der Lage, Bücher für die neue schöne Bibliothek anzukaufen. Da der Bischof von Wiener Neustadt dem Kloster ohnehin eine Menge Geld schuldete, kam man überein, an Zahlung Statt seine Bibliothek zu übernehmen und noch 3.000 Gulden dafür drauf zu legen. Der Wert der Bücher lag aber weit unter dem Kaufpreis, überdies weigerte sich der Bischof, die wertvollsten Stücke heraus zu geben. Der betrogene Abt, der die hitzige Art des Bischofs kannte, gab sich zufrieden und füllte die umfangreichen Regale statt dessen mit der Bibliothek des ebenfalls in Geldnöten befindlichen Grafen Wurmbrand.

Nur wenig später geriet das Kloster selbst in finanzielle Schwierigkeiten und ist seit 1882 nur mehr ein Priorat des Stiftes Heiligenkreuz. Der Kampf gegen diese Übergabe hatte sich lange genug hingezogen. Mit den Ausgaben zur Barockisierung, für die allerhöchsten Besuche Ihrer Majestät Maria Theresia und deren Hofstaat und schließlich den Franzosenkriegen war Stift Neukloster so hoch verschuldet gewesen, dass an eine Aufhebung gedacht wurde. Die Aufgabe der Selbständigkeit war die bessere Lösung, die sich – zumindest von außen betrachtet – bis heute bewährt hat. Wenn es um das Geld für die anfallenden Renovierungen geht, beschreitet das Neukloster eigene Wege, mit Bausteinaktionen, in denen das Siegel der Stiftungsurkunde und eine kleine Nachbildung der Grabplatte der Gattin des Gründers als Dankeschön übergeben werden.

Äußerlich erfuhr die Kirche kaum Veränderungen. Nach wie vor dominiert die schlichte Gotik der Dominikaner, sogar der Dachreiter ist noch vorhanden.

Die mit seltenen und wertvollen Büchern bestückte Bibliothek mit ihren Fresken von J. W. Bergl wurde 1774 fertig gestellt.

Der Innenraum wird von dem gewaltigen Retabel (Rückwand) des barocken Hochaltars beherrscht. Ein Blick dahinter lohnt sich, auf eine Madonna aus dem 12. Jahrhundert, auf die Reste der gotischen Glasfenster aus der Zeit Friedrichs III. und auf die Grabplatte seiner Gattin Eleonore von Portugal. Der Stifter selbst ist im Wiener Stephansdom bestattet.

P. Johannes: „Seine Zisterzienser hat er sich mitgenommen, auf dem Epitaph ist der gesamte damalige Konvent porträtiert."

Der Wiener Neustädter Altar ist 1885 gefolgt. Im Stephansdom selbst waren in den letzten zwei Jahrzehnten nur Teile davon zu sehen, der größere Rest befand sich jeweils in den Händen kundiger Restauratoren des Bundesdenkmalamtes, die im Zuge dieser Arbeiten gemeinsam mit Kunsthistorikern einige seiner Geheimnisse lüften konnten. Vor allem wurden durch Infrarotaufnahmen unter den Farben die Namen von Heiligen entdeckt, die bis dahin unbekannt gewesen waren. Die Ergebnisse wurden im März 2004 in einer Ausstellung in der Österreichischen Galerie im Belvedere zu Wien der Öffentlichkeit präsentiert.

Mit seinen vier Flügeln verfügt der Wiener Neustädter Altar, je nachdem, welche Flügel geöffnet sind, über drei verschiedene Seiten: die Werktagsseite, eine Seite für Sonn- und Feiertage und, als absolute Besonderheit, eine Prachtseite für Hoch-, Herren- und Marienfeste. Die Heiligen, die auf den jeweiligen Flügeln abgebildet sind, erschließen ihre Bedeutung erst im Zusammenhang mit dem Regierungsprogramm von Friedrich III. Dieser hatte zusammen mit dem Neukloster am Palmsonntag des Jahres 1444 in der Burg von Wiener Neustadt ein Kollegiatkapitel gestiftet. Erstrebt wurde damit das „ewige gedechtnuss baide vor gott und den leuten".

Herrschaft braucht Legitimation, die bei den Habsburgern stets auf Gott selbst zurück geführt wurde. Um Gottes Gnaden zu erlangen, benötigte es wiederum heiliger Fürsprecher, zu Friedrichs Zeit vor allem in Böhmen und Ungarn, deren Königreiche dem Haus Habsburg unterstanden, die ihrerseits jedoch keineswegs so selbstverständlich dessen Herrschaft anerkannten. Also finden sich unter den Heiligen auf diesem Altar auch ungarische Könige, die heilig gesprochen wurden, heilige Kaiser und Heilige aus dem eigenen Geschlecht, die nun für Friedrich beim höchsten Herrn ein gutes Wort für ihren Nachfolger einlegen sollten. Damit, so der jetzige Stand der Forschung, ist man sich sicher, dass das Friedrich-Retabel für die Residenz in Wiener Neustadt bestimmt war und in künstlerischer Weise die historischen Umstände der Gründungszeit des Klosters erzählt.

Dessen Barockisierung hat sich im großen und ganzen auf die Altäre beschränkt. Die bekanntesten Maler ihrer Zeit, unter anderen Martino Altomonte, Paul Troger und Francesco Solimena, haben die Bilder dafür geschaffen. Die mit üppiger Schnitzerei versehenen Altäre wurden flach an die Wand gestellt, um den Raum nicht einzuengen und dennoch den Eindruck von Seitenkapellen zu erwecken.

In unserem Jahrtausend wurde der Hochaltar zur kunstvoll beleuchteten Kulisse eines modernen Volksaltares, zu einem Stein, der in seinen einfachen geraden Linien den Bogen zur Gotik schließt.

Am 14. Dezember 1793 ist in dieser Kirche zum erstenmal das „Requiem" von Wolfgang Amadeus Mozart im Rahmen einer Messe erklungen. Geleitet wurde die Aufführung von Franz Graf von Walsegg. War er nun der geheimnisvolle Auftraggeber, der sich Musik komponieren ließ, um sie unter seinem Namen aufzuführen? Wenn dem so war, dann war ihm Mozarts Tod in die Quere gekommen. Aber wer hätte dem Dilettanten ein derart geniales und unendlich weit über jede Tonsetzerei hinausgehendes Werk abgenommen?

Gedanken darüber sind – Gott sei Dank – müßig. Sie gehen dennoch mit auf dem Weg durch den würdig-ruhigen Kreuzgang mit dem hübschen Renaissancebrunnen hinaus in den verträumten Klostergarten inmitten der Neustadt.

Literatur

Ingrid Flor: Entstehung und Bedeutung des Friedrich-Retabels, in: Katalog zur Ausstellung „Der Wiener Neustädter Altar in St. Stephan in Wien", Wien 2004 (Österreichische Galerie, Belvedere).

Walter Sengstschmid u. a.: Stift Neukloster. Wiener Neustadt 1994 (merbod-Verlag).

Information

Neukloster, Pfarre und Abteikirche,
Neuklosterg. 1, A-2700 Wiener Neustadt,
Tel.: 02622 / 231 02–4

Die Knospe der Rose

Dominikanerinnen im Kloster Kirchberg am Wechsel

Eine Reihe von Zufällen hat nach mehr als zweihundert Jahren wieder Nonnen in das Kloster in Kirchberg am Wechsel geführt.

„Zufälle? Ja! Fügungen will ich nicht sagen, es ist zu abgebraucht", erklärt Schwester Angelika Ungerhofer die profane Wortwahl. 1999 bezog sie mit zwei Gefährtinnen das ehemalige Augustiner-Chorfrauenstift. Mittlerweile sind sie zu viert. Der Reichersberger Chorherr, Dechant Leopold Putz, hat sich dem Team angeschlossen.

Im Stammhaus der Dominikanerinnen in Wien war den drei Frauen die Welt zu eng geworden, zu schwerfällig, um neue Wege zu gehen.

„Wir wollten etwas machen, was nicht nur Schule ist", sagt die pensionierte Volksschullehrerin. „Ich wollte die Leute dort abholen, wo sie in Not sind."

Detail aus dem weltweit größten Fastentuch, einem Werk der Künstler Edith Hirsch und Sepp Jahn.

Als die Pastoralassistentin, Schwester Michaela, in Edlitz bei Pfarrer Leopold Putz einen Posten erhielt, war der Kontakt ins Wechselgebiet geknüpft. Der damalige Weihbischof Alois Schwarz, er stammt aus der Gegend, hatte ein ganzes Kloster anzubieten. Er ist Sachsenbrunner, um es genau zu sagen: Absolvent des Erzbischöflichen Gymnasiums Seminar Sachsenbrunn in Kirchberg am Wechsel. Kurz und gut, er war mit den Gegebenheiten vertraut.

Das Kloster Kirchberg steht im Besitz der Diözese. Seit dem 13. Jahrhundert hatte es dort Nonnen gegeben. Unter Kaiser Joseph II. war das Chorfrauenstift aufgehoben worden, wurde später für Privatwohnungen und das bischöfliche Forstamt genützt. Zuletzt, unter Kardinal Groer, waren Herz-Jesu-Priester eingezogen. Die Bewohner waren dafür ausgesiedelt worden.

Schwester Angelika ist sich bewusst, dass ihre Gemeinschaft erst das Vertrauen der Ortsbevölkerung gewinnen muss: „Die Leute haben es uns übel genommen, dass sie ihre Wohnung verloren haben, obwohl wir gar nichts dafür können, für uns war es nur ein günstiger Zufall. Aber es hat sich schon viel gebessert."

Jedes der Täler des Wechselgebietes ist für sich eine eigene kleine Welt. Die geborene Gloggnitzerin Angelika Ungerhofer fühlt sich daher als „Zuagroaste", ungeachtet ihres Familiennamens, den sie mit etlichen Kirchbergern teilt.

Dass die drei Nonnen aus Überzeugung kein Ordenskleid tragen, ist dem Zusammenwachsen eher zuträglich. „Der Habit stellt zu den Menschen eine Distanz her", sagt sie aus langjähriger Erfahrung.

Die kleine Gemeinschaft hat sich auf den Weg gemacht, „um zu sehen, was draus wird". Sie laden die Menschen zu sich ein, zu Exerzitien, und dazu, mit ihnen eine Auszeit, eine Sabbat-Zeit im Kloster zu verbringen, mit ihnen zu leben und sich in einer der angebotenen Möglichkeiten wieder zu finden.

Ebenfalls ein Zufall wollte es, dass Schwester Angelika in einer Buchhandlung beim Stephansdom von einer älteren Dame angesprochen wurde. Die Frage war kurios, erinnert sie sich: „Wie groß ist Ihr Kloster, und hat es lange Gänge?"

Sie konnte mit beidem dienen, mit einem großen Haus und einem Kreuzgang, der lang genug war, das weltgrößte Fastentuch aufzunehmen. Die Dame war

Schwester Angelika ist eine der drei Dominikanerinnen, die 1999 das aufgelassene Chorfrauenstift bezogen haben.

die Künstlerin Mag. Edith Hirsch, die gemeinsam mit dem akademischen Maler Sepp Jahn diese Arbeit geschaffen hatte. Während der Fastenzeit wird das Tuch, das übrigens den Eintrag ins „Guinness Buch der Rekorde" geschafft hat, ausgestellt. Für seine eigentliche Bestimmung, die Verhüllung des Kreuzes am Altar, ist es entschieden zu groß.

Sr. Angelika: „Sepp Jahn ist der figurale Künstler, Edith Hirsch eher die Graphikerin. Mit einer Eselsgeduld haben sie jahrelang Tag für Tag ohne Unterbrechung an der Collage gearbeitet. Sie lassen sie ohne Plattgold wertvoll erscheinen, mit Gegenständen aus dem täglichen Hausmüll, mit Kronenkorken, mit Stoff- und Papierresten, mit Ringerln von Bierdosen, mit Verpackungen von Suppenwürfeln und Mozarttalern. Aber alles ist so gestaltet, dass es kein kitschiges Müllbild ist. Jedes Fuzel hat seine Berechtigung und Bedeutung."

Sepp Jahn war während des Zweiten Weltkrieges Maler an der Front gewesen. Er hat in seinen Bildern den Schrecken des Krieges festgehalten: verwundete Soldaten und zerstörte Städte. Das alles findet sich wieder im Fastentuch. Dargestellt ist das Leben Jesu, begleitet von einer sehr gemischten Gesellschaft: Engel neben Delta-Jets, Heilige inmitten von Terror und bedrohlichen Dämonenfratzen. Die Botschaft schwankt zwischen Resignation und Hoffnung. Der Betrachter steht selbst in der Grabeshöhle Jesu und schaut hinaus auf den Sternenhimmel.

Mit dem letzten apokalyptischen Reiter sitzt der Evangelist Johannes auf einem Berg von Gebeinen. Er schließt das Buch. Alles ist aufgeschrieben. Sein Gesicht ist jung, Modell war die Tochter des Malers. Er hält eine kümmerliche Rosenknospe in der Hand, als Symbol für die geringe Chance auf Frieden. Erst im letzten Bild, zwischen U-Booten und Kampfbombern, erblüht die Rose. Der Tod, der Krieg sind besiegt. Der Künstler selbst: „Das weltgrößte Fastentuch – hundert Meter bildhafter Darstellungen aus der Bibel – soll an der Schwelle zum 3. Jahrtausend der heillos zerstrittenen Welt das Heilsgeschehen in Erinnerung rufen!"

Fallweise führt Schwester Angelika die Besucher und versucht die unzähligen Details zu erklären. Aber lieber lässt sie die Leute allein mit dem Fastentuch und den Gedanken, die sich von selbst dabei einstellen. Sie erinnert sich, was ein erfahrener Exerzitienleiter zu ihr gesagt hat: „Lass alle Bücher weg, auch die Bibel, das wichtigste Buch ist dein Leben."

Literatur

Dehio Niederösterreich-Süd (Bundesdenkmalamt, Hg.), Horn – Wien 2003 (Verlag Berger).

Information

Kloster Kirchberg,
Markt 2, A-2880 Kirchberg am Wechsel,
Tel.: 02641 / 6275, E-Mail: office@kloster-kirchberg.at,
Homepage: www.kloster-kirchberg.at

Chronologie einer Aufhebung

Zisterzienserstift Lilienfeld

„Damit die goldenen Monstranzen und Kelche beim Abtransport nicht beschädigt werden, hat man sie mit den Bildern der Äbte eingewickelt. Die Äbte waren in natürlicher Größe darauf abgebildet gewesen. Die Gemälde sind verloren gegangen wie eine ganze Reihe von Handschriften." Für Altabt Dr. Norbert Mussbacher ist es nach wie vor unbegreiflich, mit welcher Barbarei die Aufhebung von Stift Lilienfeld durchgezogen wurde: „Die Bauern haben ein paar der unbezahlbaren Bücher im Morast der Straßen gefunden und sie zurück gebracht."

Sie sollten das Rütteln der Fuhrwerke dämpfen, mehr waren die Bücher in diesem Moment nicht wert. Es waren wohl die materiellen Reichtümer des Stiftes, auf die man bei Hof begehrliche Blicke geworfen hatte. Lilienfeld war mit dem Gründungsdatum 1202, abgesehen vom jetzigen Priorat Neukloster in Wiener Neustadt (1444), das jüngste niederösterreichische Zisterzienserstift und dürfte dem Kaiser deswegen nicht bedeutend genug erschienen sein. Heiligenkreuz und Zwettl wurden von ihm bekanntlich verschont.

„Kaiser Joseph II. war ein Revolutionär, der viele Missstände erkannt hat", sucht der geistliche Historiker nach einer möglichst wertfreien Position. „Jeder Revolutionär hat am Anfang gute Absichten. Mit seiner Reform wollte er nur diejenigen Klöster aufhe-

2002 feierte das Zisterzienserstift Lilienfeld das achthundertste Jahr seines Bestehens.

ben, die ohnehin in schlechtem Zustand waren, die entweder schon im Verfall begriffen waren oder wo es Skandale und Probleme mit den Leuten gegeben hat. Diejenigen Subjekte aber, die mit der Durchführung betraut waren, die sind nach ganz anderen Kriterien vorgegangen. Sie haben sich dorthin gewendet, wo etwas zu holen war. Lilienfeld war in keiner Wei-

Der schwarze Marmor der Barockeinrichtung steht in beeindruckendem Kontrast zur schlichten Architektur des Langhauses (oben). – Stiftschronist und Altabt Norbert Mussbacher im gotischen Kreuzgang des Stiftes (rechts).

se heruntergekommen, dem Kaiser wurde aber ein völlig falsches Bild des Stiftes geliefert."

Als beim Neubau des Lilienfelder Hofes in Wien einiges an Schulden entstanden und die Geldknappheit durch ein Hochwasser im Traisental vergrößert worden war, sandte Abt Dominikus ein Schreiben an den Hof, um – angeblich – den Untergang des Stiftes abzuwenden. Als hätte man darauf gewartet, ging es nun Schlag auf Schlag. Es wurde eine Untersuchung eingeleitet, bei der die Besitzungen inventarisiert und geschätzt wurden – was den Beamten erst recht Appetit gemacht haben dürfte. 1786 wurde ein Kommendatarabt, ein Troubleshooter, eingesetzt, in der Person des Maximilian Stadler, der in der Musikgeschichte als Zeitgenosse und Freund der drei großen Klassiker genannt wird und der mit Erfolg für die Echtheit von Mozarts „Requiem" eingetreten ist. Seine Berufung erscheint nach profanen Gesichtspunkten durchaus fragwürdig. Stadler war selber Komponist und eher der Musik als wirtschaftlichen Angelegenheiten zugetan. Konnte oder wollte er nicht verhindern, dass Stift Lilienfeld 1789 aufgehoben wurde, wenige Monate vor dem Tod des Kaisers? Als die Resolution über die Aufhebung kund gemacht wurde, wurden die Anwesenden ermahnt, „sich der landesfürstlichen Anordnung mit der schuldigen Unterwerfung zu fügen und sich nicht etwa durch ein gehorsamen und getreuen Unterthanen nicht ziemendes Betragen selbst der allerhöchsten Gnade und des Schutzes unwürdig zu machen".

Die mit der Aufhebung Beauftragten brauchten sich darum nicht zu kümmern. In größter Hektik wurde alles, was irgendwie von Wert schien, beiseite gerafft.

Mit der Aufhebung des Stiftes war für die Menschen der Umgebung mit einem Schlag der wichtigste Arbeitgeber weggefallen. Man betrieb deswegen mit Vehemenz die Wiedereröffnung. Geschickt wurde die Mär von einem Fluch lanciert, demzufolge Kaiser Joseph nur wegen der Aufhebung von Lilienfeld so bald gestorben wäre. Dessen Nachfolger, Kaiser Leopold II., der ohnehin kränkelte, beeilte sich begreiflicherweise, den Wunsch der Lilienfelder Bevölkerung zu erfüllen und machte die Aufhebung umgehend rückgängig. An Lebenszeit hat es ihm nicht viel gebracht. Er starb zwei Jahre nach seinem Amtsantritt.

„Und jetzt fragen mich die Leute, weshalb wir von Kaiser Joseph ein Porträt anfertigen ließen", lächelt der Altabt verschmitzt. „Aber wenn Sie genau hinschauen, dann sehen Sie, wie man sich auf elegante Weise für die Aufhebung gerächt hat."

Der Kaiser stützt sich auf diesem Gemälde von Theodor Petter auf ein Ziertischchen, das deutlich einen Pferdefuß und die dazu gehörende Teufelsfratze zeigt.

„Ihn selbst konnte man nicht gut als den Bösen

Der Spitzbrand, eine Waldschneise, gab Anlass zu Teufelssagen (oben). – Seine Fischteiche sind ein wirtschaftliches Standbein des Stiftes (unten).

Information

Zisterzienserstift Lilienfeld,
A-3180 Lilienfeld, Tel. 02762 / 524 20,
E-Mail: stift.lilienfeld@wvnet.at,
Homepage: www.stift-lilienfeld.at

darstellen, das wäre ja eine Majestätsbeleidigung gewesen."

Die jüngste Vergangenheit ließ das Stift glimpflicher davonkommen. In der Gegend von Lilienfeld gab es zum Ende des Zweiten Weltkrieges heftige Kämpfe. Mit dem Einmarsch der Roten Armee waren Plünderungen nicht auszuschließen. Als ein hoher russischer Offizier ins Stift kam, zeigte ihm ein gewisser Leopold Wiesbauer geistesgegenwärtig eine russische Bibel, die 1911 dem Kloster geschenkt worden war. Der Offizier sah die kyrillischen Schriftzeichen und soll hocherfreut ausgerufen haben: „Da Kultura! Nichts soll kommen von hier weg!"

So hat es Altabt Mussbacher aufgeschrieben und damit bewiesen, dass sich auch gebrochenes Deutsch metrisch erfassen lässt. Angeregt von der Zwettler „Bärenhaut", einer Reimchronik, hat er die Geschichte seines Stiftes in Verse gesetzt.

Dr. Mussbacher ist dem Stift selber 25 Jahre vorgestanden und übt sich in Bescheidenheit: „Nun folgt der vierundsechzigst' in des Klosters Äbte Reih'. Daß ich, Abt Norbert, selbst hier nenne mich, verziehen sei."

Anno Domini 2002 feierte das Stift sein 800jähriges Bestehen, der passende Anlass für den Altabt, diesem seine Reimchronik als Festgeschenk zu widmen.

Literatur

Alfred Baumgartner: Musik der Klassik. Salzburg 1982 (Kiesel Verlag).

Eugen Müller: Geschichtlicher Abriss des Stiftes Lilienfeld seit 1770. Lilienfeld 1979 (Zisterzienserstift Lilienfeld).

Norbert Mussbacher: Stift Lilienfeld. München 1986 (Verlag Schnell & Steiner).

Norbert Mussbacher: Reimchronik des Zisterzienserklosters Lilienfeld. Lilienfeld 1995 (emer. Abt Dr. Norbert Mussbacher).

Karl Vocelka, Lynne Heller: Die private Welt der Habsburger. Graz 1998 (Styria).

Bestraft für die Musik

Benediktinerstift Melk

Was wäre die österreichische Klosterlandschaft ohne Stift Melk? Jede Eigenschaft, ob prächtig, bedeutend, bekannt, kunstvoll, trifft ausschließlich im Superlativ zu. Für Melk müsste sich das Wort „barock" steigern lassen. Die Kunstbücher sind voll mit Preisungen des Gesamtkunstwerkes, das auf den Donaufelsen komponiert wurde. Den Himmel hat man auf Erden nachgebaut, damit wir unwürdigen Kreaturen eine Ahnung von dem bekommen, was uns dort oben erwartet.

Aber wie schaut's drinnen aus, dort, wo das geistige Leben des Klosters stattfindet? Gibt es mehr als die prunkvolle Fassade?

Die Antwort geben die Mönche selbst. Die Schnittstelle, an der Gäste und Konvent einander begegnen, ist das öffentliche Chorgebet. Dabei sehen die einen, dass sie nicht durch eine Show im Historyland geführt worden sind. Die anderen haben die Möglichkeit, ihrem Publikum die ernste Absicht der Lebensentscheidung klar zu machen und, vor allem, zu zeigen, dass sie nicht die Herren dieser Pracht sind. Sie sind lediglich deren Verwalter.

Melk war schon in seiner Jugend ein Vorbild an klösterlicher Disziplin. Nicht von ungefähr ging von hier im 15. Jahrhundert die Melker Reform aus. Der gesamte österreichische und süddeutsche Raum wurde von ihr erfasst. Gegen den Widerstand so manchen Konvents wurde wieder monastisches Leben nach den Regeln des hl. Benedikt hergestellt. Der geistige Standard wurde gehoben, nach dem Vorbild von Melk, das mit der Wiener Universität eng in Verbindung stand und mit Mönchen aufwarten konnte, die wissenschaftliches Interesse und hohes Bildungsniveau aufwiesen.

Man muß sich ob der Fülle an Schätzen nicht genieren und zeigt im Museum selbstbewußt all die strahlende Pracht.

Die Liebe als göttliche Tugend. Detail vom Deckenfresko im Presbyterium.

Die Reformationszeit brachte selbstverständlich auch ins Donautal Unruhe und hätte beinahe zur Auflösung des Konvents geführt. Das klösterliche Leben sei, so wird berichtet, ein Sittenbild jener Zeit gewesen. Innerlich war man protestantisch, durfte es äußerlich jedoch nicht zeigen. Die Hilfe der niederösterreichischen Landesregierung – beziehungsweise deren derben Eingriffe in die Wirtschaftsführung – ließ Melk diese Jahre überstehen.

Im Schwung der Gegenreformation wurde Melk mit tüchtigen Äbten wieder zum Muster klösterlicher Disziplin. In jeder Beziehung wurde der Grundstein für den Neubau gelegt. Anfang des 18. Jahrhunderts hatte das Kloster, so wird es überliefert, nicht nur eine starke religiöse und wissenschaftliche Ausstrahlung, es hatte auch große landespolitische Bedeutung. Die Äbte waren mit den Fürsten gleichgestellt, und das Haus Gottes konnte nicht prächtig genug sein. Darin liegt wohl die Antwort, weshalb ausgerechnet Melk, ein Kloster, zum Symbol barocker Prachtentfaltung schlechthin geraten ist, verbunden mit einem großen Namen: Jakob Prandtauer, dem Architekten der Prälaten.

In Österreichs Kirchen sind vergoldete Stuckengel, Marmorsäulen und üppiger Freskenschmuck nichts Ungewöhnliches. Aber wer nicht in solchen Gotteshäusern aufgewachsen ist, hat seine Schwierigkeiten, diese überschwängliche Art der Gottesverehrung zu verstehen. Menschen aus ehemals kommunistischen Ländern, vor allem aus dem protestantischen Sachsen, stehen fassungslos vor einer, wie sie meinen, völlig unsinnigen Verschwendung und Ausbeutung der kleinen Leute, auf deren Rücken das Barock gebaut worden sei. Widersprechen Sie, wenn Sie können! Mit der Musik ist es möglich. In den „Internationalen Barocktagen" schlägt man in Melk auf diesem Weg eine Brücke – der größte Meister des Barock, Johann Sebastian Bach, war bekanntlich Protestant.

Gegen die Welle der Aufklärung, die mit Joseph II. über das Land schwappte, war sogar das imperial-katholische Milieu von Stift Melk machtlos. Die neuen revolutionären Gedanken ließen sich nicht an der Pforte abweisen. Sie drangen in das alte Gemäuer ein, bis in die hinterste Zelle der Klausur. Über Sittenverfall und Ungehorsam der Konventualen wird geklagt. Der Abt hielt sich meiste Zeit in seiner Wiener Residenz, im Melkerhof, auf. Die Leitung des Hauses oblag dem Prior. Die Prioratsephemeriden, tagebuchähnliche Aufzeichnungen, berichten von aufsässigen Mitbrüdern, die wirtschaftliche Unternehmungen des Abtes durch ein Gegenkapitel zu verhindern trachten. Die Mönche legen Wert auf auffällige Kleidung, begegnen den Oberen mit den Händen in den Hosentaschen und wollen tun, was die Welt so treibt. Der Prior weiß sich keinen Rat mehr gegen die „laxitas". Die Lehren eines Voltaire und Rousseau verdürben die jungen Leute und brächten sie zum Austritt. Klausurschlüssel verschwinden auf mysteriöse Weise. Mönche wollen plötzlich mitreden, wann und in welchem Umfang Musik gehört werden soll oder Wein zu reichen sei. Unerhört, im Fasching wollen sie im Refektorium nach der Vesper miteinander plaudern. Hatte der Prior bisher streng

Die Kuppel der Stiftskirche gewährt einen Einblick in den Himmel…

Engagierte Eisenarbeiten von Miguel Horn als ständige Ausstellung im Stiftsgarten.

und sparsam die Gartentage per Anschlag gestattet, so fordern die Herren mehr und mehr Ausgänge. Sie werden immer frecher und streben nach immer neuen Freiheiten, so wird geklagt.

Wirft man einen Blick auf die Namen dieser jungen „Wilden“, wird manches verständlich. Musici! P. Maximilian Stadler war mit Haydn, Mozart und Beethoven befreundet und betätigte sich selbst als Komponist. Zusammen mit Johann Georg Albrechtsberger, bekannt geworden als Lehrer Beethovens, Franz Schneider und Marian Paradeiser, dem Schöpfer wundervoll zarter, durchaus weltlicher Kammermusik, bildeten sie unter ihrem Musikdirektor P. Robert Kimmerling, einem Haydnschüler, den „Melker Kreis“. Sie pflegten Kontakte mit der großen Musikwelt, die ihrerseits gerne dem gastfreundlichen Melk Besuche abstattete. Was diese hochgradigen Künstler von einem Prior gehalten haben, der einen Mönch bestrafte, weil er Stadler bis spät in die Nacht beim Klavierspiel zugehört hatte, kann man sich leicht vorstellen. Kein Wunder, dass sie sich nicht um die in ihren Augen kleinlichen Anordnungen scherten.

Was die Rekreation der Mönche im Garten betrifft, gibt es die strikten Anordnungen seitens des Priors selbstverständlich nicht mehr. Über Jahre war der barocke Park verwahrlost, die Pflege war auf das Abschneiden abgestorbener Äste beschränkt gewesen.

Man hat sich wieder der großen Tradition besonnen. Schließlich waren es die Benediktiner, die uns die antike Gartenkultur und das Wissen um die Pflanzen gerettet haben. Die Tore wurden wieder geöffnet. Gegen ein kleines Entgelt kann man sich stundenlang dort aufhalten, zwischen den Bäumen, von denen einige an die 250 Jahre alt sind, und im Paradiesgärtlein, wo das ganze Jahr über etwas blühen soll. Aus den sprechenden Steinen erzählen Kinder die Schöpfungsgeschichte, und im Pavillon, 1750 von Franz Munggenast erbaut, schaffen die Fresken von Johann Wenzel Bergl exotisches Ambiente zur Kaffeejause. An einigen Stellen konnte man der durchaus barocken Versuchung nicht widerstehen und beschallt den Spaziergänger mit klassischer beziehungsweise sakraler Musik. Ohren und Augen werden aber sofort durch die scheppernden Eisenarbeiten von Miguel Horn abgelenkt. Das Engagement für unterdrückte und erniedrigte Kreaturen prägt das Werk dieses Künstlers. Fratzen, die an die grotesken Figuren auf mittelalterlichen Kathedralen erinnern, Klanginstallationen und die Wächter am Eingang stehen in hartem und deswegen wohltuendem Gegensatz zur barocken Idylle dieses Klostergartens.

Literatur

Burkhard Ellegast: Reformen und erste Kongregationsbildungen. In: 900 Jahre Benediktiner in Melk, Katalog zur Jubiläumsausstellung 1989, Stift Melk 1989 (Stift Melk, Hg.).

Burkhard Ellegast: Die Reformation, ebenda.

Burkhard Ellegast: Prägungen klösterlicher Kultur durch Gegenreformation und Barock, ebenda.

Burkhard Ellegast: Vernunft und Glaube, ebenda.

Robert N. Freeman: Musik und Theater im Stift Melk: 1587–1989, ebenda.

Information

Benediktinerstift Melk,
Abt Berthold Dietmayr-Strasse 1, A-3390 Melk,
Tel.: 02752 / 555,
E-Mail: kultur.tourismus@stiftmelk.at,
Homepage: www.stiftmelk.at

Aus festem Stein erbaut

Zisterzienserstift Zwettl

Im Grunde genommen liegt Stift Zwettl auf einer Halbinsel; zumindest während des Hochwassers hatte man diesen Eindruck. Der Kamp war bedrohlich angeschwollen und hatte an drei Seiten das Gebäude eingeschlossen.

„Heroben im Konvent bestand nie Gefahr", erinnert sich Abt Wolfgang Wiedermann. Man hatte sich auf die Baukunst und das Wissen der Vorfahren verlassen dürfen. Zisterzienser sind Spezialisten im Wasserbau. Um 1138 hatte man sie ins Waldviertel geholt, in den Nordwald, eine dünn besiedelte Gegend mit den Kuenringern als Grundherren. Die wiederum wollten ihren Herren, den Babenbergern, in nichts nachstehen. Ein Kloster gehörte dazu, wenn ein Land als kultiviert angesehen werden sollte. Die Zisterzienser, der damals noch junge Reformorden, hervorgegangen aus den Benediktinern, bewährte sich bereits in der Waldeinsamkeit von Heiligenkreuz. Also lag es nahe, den aufstrebenden Orden auf eine noch härtere Probe der Zurückgezogenheit zu stellen. Die Kampschlinge am „lichten Ort, in der Lichtung" – das bedeutet Zwettl im Slawischen –, bot sich als geeigneter Ort an, allein schon wegen der Namensgleichheit mit Clairvaux („lichtes Tal"), dem Kloster des Ordensheiligen Bernhard.

Baumaterial, sprich Stein, stand im Überfluss zur Verfügung. Granit muss jedoch erst behauen werden. „Was dazu geführt hat, dass im älteren Teil unseres Kreuzganges die verzierten Teile noch aus wesentlich weicherem Sandstein sind", der Abt zeigt die helleren Kapitelle auf der Seite des Kapitelsaales. „Später konnte man den Granit schon feiner bearbeiten. Die festen Säulen, die man in der Romanik noch zwischen

Stiftsbibliothek mit umlaufender Galerie über goldfarbenen Volutenkonsolen.

die Bögen stellte, konnten in der Gotik bereits weggelassen werden."

Die raue Umgebung des Waldviertels mit geringen Erträgen aus der klösterlichen Landwirtschaft ließ zu keiner Zeit große Sprünge zu. Seltsamerweise ist der Abt darüber gar nicht unglücklich: „Wir haben deswegen von der Romanik über Gotik, Barock bis zum Rokoko, und wenn Sie die Heizung hernehmen, bis zur Moderne, alle Stile hier vereint." Gäbe es derzeit mehr Mittel, ließe sich vor allem im Kreuzgang hinter der späteren Abdeckung noch eine Reihe ursprünglicher Bauelemente finden. Mit der Tür zum Refektorium ist man auf den Geschmack gekommen. Sie musste mehrere Male wandern, vom ersten Rundbogen weiter nach links zwischen die gotischen Bögen, dann wieder ein Stück zurück, wo sie als schlichter viereckiger Eingang in den hellen, über und über mit Stuck verzierten Speisesaal (1748) führt.

Die erste Kirche von 1159 dürfte in den langen Wintern doch zu finster gewesen sein; sie wurde großteils niedergerissen und im 14. Jahrhundert im Sinne des himmlischen Jerusalem neu erbaut. Anklänge an die französische Gotik mit Fratzen und Ungeheuern als Wasserspeiern auf den Stützbogen an der Außenseite des Chores sind nicht zu übersehen. Das Innere wurde barockisiert und bis heute so belassen, weil man sich noch nicht zur Auseinandersetzung mit dem Bundesdenkmalamt entschlossen hat.

Abt Wolfgang: „Die vorderen Säulen sind aus Stein, hinten hat man sie aus Ziegeln gebaut und grau verputzt, damit sie gleich ausschauen. Ich könnte mir vorstellen, dass wir vorne wieder den Stein sichtbar machen und hinten ehrlich die Ziegel belassen. Man hat damals eben so gebaut. Aber ob das durchgeht?"

Den Bauherrn in der Barockzeit waren solche Skrupel fremd. Als man sich aufraffte, dem Bücherbestand des Klosters einen würdigen Rahmen zu geben, wurde nicht gespart. Ein Star unter den damaligen Baumeistern, Josef Munggenast, wurde für den Saalbau engagiert, Paul Troger, nicht weniger bekannt, fertigte die Fresken. Obwohl der Wiener Hof weit weg war und der Kaiser selten ins Waldviertel reiste, wurde das Programm dieser Malereien den Habsburgern gewidmet. Der Zyklus zeigt den Aufstieg des Herkules zur Unsterblichkeit der Götter mit einer geschickten Verbeugung vor dem Herrscherhaus, das seine Herkunft auf diesen Heros zurückführte.

Frau Dr. Charlotte Ziegler, eine zarte kleine Frau, schleppt einen schweren Folianten zu ihrem Schreibtisch: „Wir besitzen einen Normkodex der Zisterzienser aus der Zeit von 1172 bis 1176. Er ist älter als derjenige aus Dijon. Etwas ganz Besonderes, diese Bücher haben die Mönche zum Gotteslob benötigt."

Ein Heiligenkalender, der bei den Zisterziensern mit Stephanus beginnt, wird von ihr behutsam geöffnet.

„Bernhard von Clairveaux hat den Zisterziensern jede figürliche Darstellung an den Bauwerken untersagt. Bei den Büchern hat er sich nicht durchgesetzt. Aber man hat sich auf einfache, monoton lavierte Zeichnungen ohne Deckfarbe, ohne Gold und Silber beschränkt."

Hoch aufstrebende Gotik in der Stiftskirche lenkt den Blick gen Himmel (links). – Monumentale Turmfassade aus Granitgestein, ein Meisterwerk von Josef Munggenast (oben).

Die Schrift wird immer wieder von eigenartigen Zeichen unterbrochen.

„Bei ihrem Sprechgesang zeigen diese Interpunktionen den Zisterziensern die Pausen an. Sie werden noch immer genauso verwendet.“

Das berühmteste Urkundenbuch, die Zwettler „Bärenhaut“ (vom Saubär), eine Reimchronik, und die einzige erhaltene mittelhochdeutsche Übersetzung einer Konversenregel (Regel für Laienbrüder) sind, wie die meisten der Handschriften, in der Zwettler Schreibstube entstanden. Verwendet wurde Pergament aus dem hiesigen Viehbestand, mit Unregelmäßigkeiten und Rissen, die ganz einfach zugenäht wurden. Wenn es um das Reparieren von Büchern ging, war man nicht zimperlich. Weniger wertvolle Handschriften wurden zerschnitten und die Streifen als Verstärkung unter dem Buchrücken aufgeklebt.

Abt Wolfgang Wiedermann.

In den sechziger Jahren des 20. Jahrhunderts waren solche Bücher zum Zwecke neuerlicher Restaurierung in die Hand eines Buchbinders geraten.

„Pseudobuchbinder, ein Dilettant“, ereifert sich die Bibliothekarin. „Er hat die Streifen gefunden und einfach in eine Schachtel geworfen, ohne Ordnung, und wahrscheinlich sind etliche verloren gegangen.“

Dennoch hat dieser kärgliche Rest eine Entdeckung ermöglicht, deren Chronologie spannend wie ein Kriminalroman ist. In den achtziger Jahren waren diese Schachteln der Bibliothekarin erstmals in die Hände geraten. Sie warf nur einen kurzen Blick auf die Streifchen und wandte sich wieder der Katalogisierung der Bücher zu.

„2001 habe ich die Schachteln wieder hergenommen, ein Kuddelmuddel von Fragmenten. Ich hab' sie nach Schrift und Sprache geordnet. Es waren zehn Stück, fünf größere und fünf kleinere. Die kleineren habe ich wieder zurück in die Schachtel gelegt. Mit den großen bin ich zum Licht gelaufen. Es war Dämmerlicht, das beste Licht für solche Schriften, und ich hab' zu entziffern begonnen. Die Schrift war aus zirka 1200, vielleicht älter, deutlich waren karolingische Zeichen zu erkennen. Zuerst hab' ich gedacht, es sei etwas Mythologisches, aber das passte nicht, es war mittelhochdeutsch, und ich habe deutlich Atli, Etzel und so was gelesen.“

Bemerkenswerte Gitterarbeit als Eingangstür zur Stiftsbibliothek.

Die Buchausstattung der Zisterzienser beschränkte sich auf einfache Zeichnungen ohne Deckfarben, Gold und Silber.

Sie stellte ihre Entdeckung zur Diskussion. Neben Anfeindungen, in denen die Rede davon war, dass diese Streifen nicht einmal einer Fußnote wert seien, festigte sich die Meinung, dass es sich um Fragmente der sogenannten „Nibelungenklage“ handeln könnte. Dazu eine Erklärung: Dem Text des „Nibelungenliedes“ folgt in den drei Haupthandschriften und in fast allen anderen vollständig erhaltenen Handschriften eine weitere Dichtung, die in der mittelalterlichen Rezeption wohl schon von Anfang an eng mit dem „Nibelungenlied“ verbunden war: diu klage. Die in mittelhochdeutschen Reimpaarversen abgefasste „Klage“ stellt eine Art Fortsetzung und Kommentar zum „Nibelungenlied“ dar. Im Mittelpunkt der „Klage“ stehen die zahlreichen und teils sehr ausführlichen Totenklagen über die im Kampf gefallenen Helden des „Nibelungenliedes“. Den äußeren Anlass für diese Klagen bilden die Räumung des Leichenfeldes auf der Etzelburg und der Bericht vom Untergang der Helden an den Höfen in Pöchlarn, Passau und Worms. In der Kommentierung der Geschehnisse sucht die „Klage“ Kriemhild von ihrer Schuld zu entlasten und die entscheidende Verantwortung für den Untergang der Helden Hagen von Tronje anzulasten (Lothar Voetz, in: www.blb-karlsruhe.de/blb/blbhtml/nib/einfuehrung-voetz.html). – Die Indizienkette wurde geknüpft und Richtung Stift Zwettl verfolgt. Der Spielmann von König Etzel hat die Geschichte vom Untergang der Nibelungen dem Passauer Bischof Pilgrim erzählt, damit er sie aufschreiben lasse. Bischof Wolfger von Passau, der als Spiritus rector der Niederschrift des Nibelungenliedes um 1200 gilt, war verwandt mit dem zweiten Gründer von Stift Zwettl, Hadmar II. von Kuenring, dem mächtigsten Ministerialen der Babenberger des damaligen Österreich, des Niederösterreich von heute. Als begeisterter Jäger war Wolfger gern gemeinsam mit Hadmar und dem Abt des Stiftes Zwettl zur Vogel- und Wildjagd im damaligen Stiftsbesitz unterwegs.

Bei der Durchsicht der kleinen Fragmente fanden sich auf einigen von ihnen Wörter wie Erec und Enide. Laut Dr. Ziegler überliefern diese Fragmente einen bisher unbekannten mittelhochdeutschen Text des auf der Artussage basierenden Ritterromanes „Erec“ des französischen Dichters Chrétien de

Anklänge an die französische Gotik: Fratze als Wasserspeier (oben). – Das himmlische Jerusalem als Vorbild für die Apsis der Stiftskirche (rechts).

Troyes um 1160. Für die Bibliothekarin ein äußerst wertvoller Fund für die Altgermanistik unserer Tage.

Eines der kleineren Teile dieses Puzzles passte aber zu den großen. Dr. Ziegler konnte eindeutig Pochlane, also Pöchlarn, erkennen, wieder ein Hinweis auf die Nibelungen. Die Beweislage verdichtete sich, als in der Zwettler Stiftsbibliothek Flugdrachen auftauchten. „Keine gewöhnlichen Drachen", so Dr. Ziegler, „erstmals richtige Flugdrachen."

Sie könnten neben bisher ebenfalls unbekannten Darstellungen von Zwergen und Gnommotiven König Alberich zugeordnet werden, sagt sie: „Das ist nibelungisch, hab' ich gedacht, und dabei bleibt's!". Sprach's und präsentierte die Fragmente 2004 der Öffentlichkeit.

„Dabei habe ich mit diesem Themenkreis gar nichts am Hut. Wolfger war ja auch ein großer Verehrer von Walter von der Vogelweide. Ich bin diesen Spuren nachgegangen", erklärt die Bibliothekarin gelassen und hat damit größte Unruhe unter den Fans dieses mittelalterlichen Stars ausgelöst. Über seine Herkunft und sein Leben ist kaum etwas bekannt. Eine frühe bildliche Darstellung des Vogelfangs und rätselhafte Buchstabenspielereien bei Vogelbeschreibungen erlaubten jedoch kühne Vermutungen.

„Schüler war er bestimmt nicht im Stift, aber er könnte hier gewesen sein. Es gibt in der Nähe einen Ort Vogelweide. Das alles spricht für einen intensiven Bezug des Minnesängers zu Stift Zwettl, zu Hadmar II. von Kuenring und zu Bischof Wolfger von Passau."

Eine sogenannte Langzeile, wie sie auch Walter von der Vogelweide verwendet hat, wurde von ihr in einer Handschrift entdeckt: „‚Ein Nagel hält fest ein Isen (Eisen), ein Isen ein Ross, ein Ross ein Mann, ein Mann ein Burg, ein Burg ein Land', dann geht's nochmals weiter mit Wiederholung."

Dr. Charlotte Ziegler wird weitersuchen, solange sie noch in Diensten des Stiftes steht, wahrscheinlich auch nachher an der Seite eines jungen Bibliothekars aus den Reihen der Mönche; zu verlockend ist der Nibelungenschatz, der sich nach wie vor in den Handschriften und, vor allem, auf den Fragmenten hinter den Rücken dieser Bände verbirgt.

Literatur

Wilhelm F. Kroupa: Die Gründung des Klosters Zwettl. In: Die Kuenringer. Katalog des Niederösterreichischen Landesmuseums, Wien 1981 (Amt der NÖ Landesregierung, Hg.).

Charlotte Ziegler: Sonderausstellung im Stift Zwettl. Zwettl 2003 (Pressetext).

Information

Zisterzienserstift Zwettl,
A-3910 Zwettl, Tel.: 02822 / 550–0,
E-Mail: webmaster@stift-zwettl.co.at,
Homepage: www.stift-zwettl.at

Geistlicher Grenzschutz

Kollegiatstift Eisgarn

Am Anfang stand der Kulturauftrag. Im 13. Jahrhundert war mit den Habsburgern das Geschlecht derer von Klingenberg nach Österreich gekommen. Die Habsburger hatten die Macht, aber stets zu wenig Geld. Die von Klingenberg, ihrem Herzog in treuer Freundschaft ergeben, verfügten über die entsprechenden Mittel. Der Dank dafür war unter anderem eine Grafschaft im heutigen Waldviertel, unmittelbar an der Grenze zu Böhmen.

Steine, Wald, karge Felder und ein paar Fischteiche, damit war schwerlich Staat zu machen. Johann von Klingenberg war ehrgeizig. Eine geistliche Stiftung konnte hilfreich sein, um im Rang aufzusteigen.

„Das war eine Prestigesache", sagt Monsignore Ulrich Küchl, Propst von Stift Eisgarn. „Was kaum einer weiß, die Klingenberg trugen einen guten Teil der Baukosten von Stift Zwettl."

Ohne eigene Gründung wäre es aber nur eine halbe Sache gewesen. Die Wahl fiel auf ein Kollegiatstift, eine damals verbreitete Form einer Priestergemeinschaft. Am Sitz des Grafen in Litschau machte allerdings Herzog Albrecht II. dem Freund einen Strich durch die Rechnung. Der Habsburger übte dort über Kirche und Pfarre höchstpersönlich die Patronanz aus. Johann von Klingenberg musste ausweichen und erwählte die kleine Marienkirche in Eisgarn zum Sitz seines Stiftes. Um 1330 erfolgte die Gründung mit entsprechender Bestiftung, um den Chorherren ein dem Grafen würdiges Dasein zu sichern. Der Stiftungsbrief ist in den Wirren der Jahrhunderte verloren gegangen, der Wille des Gründers ist jedoch überliefert. Propst Küchl: „Die feierliche Liturgie, die Seelsorge und kulturelle Tätigkeit. Das Stift wurde verpflichtet, einen Schulmeister anzustellen."

Das Kollegiatstift Eisgarn hat sich zu einem Kulturzentrum des nordwestlichen Waldviertels entwickelt.

Eisgarn, eingebettet in die weite Hochebene des Waldviertels.

Eine Schule wurde gegründet, eine der ältesten im Lande. Sie wird 1393 erstmals erwähnt und wurde durchgehend als solche betrieben. Heute ist sie die Volksschule von Eisgarn. Hohe Anforderungen wurden an das Personal des Stiftes, an die Chorherren, gestellt. Sie sollten vor ihrem Eintritt bereits Verdienste erworben haben, und vor allem sollten sie gute Sänger sein.

Der politischen Profilierung wäre mit diesem geistlichen Kraftakt nichts mehr im Wege gestanden. Die Klingenberg konnten überdies auf eine durchaus bedeutende Verwandtschaft verweisen, unter anderem auf den böhmischen König Johann von Luxemburg mit dem Beinamen „der Blinde". Gerade diese Verbindung wurde dem Geschlecht derer von Klingenberg zum Verhängnis. Sie traten mit Johann von Luxemburg in den Hundertjährigen Krieg ein und kämpften am 26. August 1346 in Crécy-en-Ponthieu auf der Seite der Franzosen. Die Familie derer von Klingenberg wurde dabei ausgelöscht. Alle männlichen Mitglieder fielen in dieser Schlacht, gemeinsam mit dem König, der sich trotz seiner Erblindung am Kampf beteiligt hatte.

„Neben all diesen politischen Ambitionen waren sie dennoch religiös gewesen", ist Propst Küchl überzeugt. „Im päpstlichen Archiv in Avignon fand sich ein Schriftstück, auf dem Johann von Klingenberg den päpstlichen Segen für seine Sterbestunde erbittet. Er wird ihn bekommen haben."

Die folgenden Jahrhunderte waren mehr als unruhig. Hussiteneinfälle und die Reformationszeit setzten dem Stift zu, und schließlich blieb eine, wie es der Propst ausdrückt, kirchliche Einmann-GesmbH. übrig. Das Stift hatte stets einen Propst, die Chorherrenstellen wurden nicht mehr besetzt. Das Kapitel war damit nicht mehr wahlfähig, mindestens drei Leute sind dazu erforderlich. Die Ernennung des Propstes übernahm somit der Kaiser.

„Was kirchenrechtlich nicht in Ordnung ist. Aber der Papst hatte an diesem halberten Urwald scheinbar kein großes Interesse", erklärt sich der Propst diese eigenartige Übertragung kirchlicher Befugnisse auf weltliche Obrigkeiten. „Was zur kuriosen Situation geführt hat, dass mein Vorgänger Stephan Biedermann 1937 vom Unterrichtsminister der Republik Österreich zum Propst ernannt wurde. Er hat sich als Historiker verdient gemacht und über zwanzig Pfarrgeschichten des Waldviertels verfasst."

Für den Kaiser war die kleine, trotz aller Widrigkeiten bestehende Propstei stets eine willkommene Gelegenheit, sich diversen kirchlichen Persönlichkeiten gegenüber erkenntlich zu zeigen. Einer der Pröpste war „Generalvicar der k.k. Feldlager", ein heutiger Militärbischof. Einer soll während der Türkenkriege Generalstabschef in der kaiserlichen Armee gewesen sein. Erinnerungen an die Militärzeit sind in mehr als freizügigen Wandmalereien festgehalten und mit Bildtexten wie „Es gibt vil solche Kazen die vorn lecken hinten krazen" oder „Weib und Wein zwei starke Ketten sein" ergänzt.

„Landsknechtssprüche eben", stellt Propst Küchl lapidar fest. Ebenso wenig darf es für jene Zeit verwundern, dass ein Propst den anderen erschossen hat. Im 16. und 17. Jahrhundert tobten die Glaubenskriege und ermöglichten auch zweifelhaften Subjekten kirchliche Ämter. Propst Johann Reichermuet war einer von ihnen. Er bereicherte sich einige Jahre auf Kosten des Stiftes, bis er sein Amt niederlegte. Weshalb er seinen Nachfolger eines Nachts erschossen hat, wird nicht gesagt. Jedenfalls wurde er in Untersuchungshaft genommen und verstarb dort unter mysteriösen Umständen.

Andererseits waren wahrhaft ehrenvolle Persönlichkeiten mit dem Stift betraut worden, unter anderem Propst Ignaz Freiherr von Rodt (1750–1768), der Fürstbischof von Konstanz und Kardinal war, kaum in Eisgarn residierte und sich durch Propstkoadjutor Ferdinand Graf von Herberstein (1755–1774) vertreten ließ, der selbst seit 1760 Bischof von Triest war.

In der Bibliothek öffnet Propst Küchl eines der alten Bücher: „Die erste gedruckte Geschichte von Polen. Der Autor, der gelehrte Humanist Laurenz Rudawski, war ebenfalls Propst in Eisgarn."

Politisch war den Pröpsten ein Rang zuteil geworden, der ihrem Gründer versagt geblieben war. Sie stiegen zu „Landständen" auf, das heißt, sie bildeten zusammen mit dem Adel und den anderen Prälaten ein Gremium, das gemeinsam mit dem Landesfürsten das Land Österreich unter der Enns regierte. Bis zum Ende der Monarchie 1918 waren die Pröpste als Vertreter des niederösterreichischen Weltklerus mit Sitz und Stimme im Niederösterreichischen Landhaus vertreten. Nach 1918 verblieb lediglich der Titel „Niederösterreichischer Prälat".

Propst Ulrich Küchl in der Bibliothek mit einem Exemplar der ersten gedruckten „Geschichte Polens".

1976 hat Propst Ulrich Küchl das Stift übernommen. Die Stelle war frei gewesen, und „ich habe mich dafür interessiert".

Das Kollegiatstift ist kein Kloster, sondern eine Gemeinschaft von Weltpriestern, Chorherren oder Kanonikern. Anstelle einer Regel gibt es Statuten, die dem Bischof vorgelegt werden und von diesem, wenn sie nicht dem Kirchenrecht widersprechen, genehmigt werden müssen, sagt Propst Küchl. „1997 wurden die Chorherrenstellen wieder besetzt. Mittlerweile haben wir ein wahlfähiges Kapitel. In Zukunft möchte ich unsere Gemeinschaft auf acht Mitglieder erweitern, ganz im Sinn des Zweiten Vatikanischen Konzils, das den Priestern ein Leben in Gemeinschaft nahelegt."

Die Renovierung des Stiftes konnte erfolgreich vorangetrieben werden. Oberster Grundsatz war die Wiederherstellung des historischen Erscheinungsbildes, mit dem stolzen Ergebnis: „Die kleine Stiftskirche zählt nunmehr zu den schönsten frühgotischen Kirchen des Waldviertels."

Für die künstlerische Ausgestaltung der Prälatur wurde der im Waldviertel lebende Maler Arnulf Neuwirth gewonnen. Seine Wandgemälde fangen das Wesen des Stiftes ein, Musik als Thema con variationi.

In der Kirche versetzen drei raffiniert angeordnete Prospekte der Orgel den Zuhörer in einen wesentlich größeren Klangraum, als tatsächlich vorhanden ist. Die „Stiftscantorei" und die Waldviertler Stiftskonzerte sind ständige Einrichtungen. Propst Ulrich Küchl selbst ist Komponist, über Jahre von Gottfried von Einem als Mentor, Berater und Freund begleitet.

„Er hat mir die Möglichkeiten verschafft, meine Musik im Wiener Musikvereinssaal, im Konzerthaus und beim Carinthischen Sommer aufführen zu lassen und vor allem die Großen der zeitgenössischen Musik zu gewinnen. Augustinus Kropfreiter, Herbert Lauermann, Horst Ebenhöh, Ferdinand Weiss, Ulf-Diether Soyka, Heinrich Gattermeyer, Johann Sengstschmid und noch andere sind zur Aufführung ihrer Werke hergekommen."

An die Zeit mit Gottfried von Einem erinnert eine kleine Ausstellung in der Prälatur, mit einem Autographen, den „Laudes Eisgarnensis", op. 58. Propst Küchl zeigt auf die Korrespondenz seines verehrten Meisters, dessen Schrift selbst sich schon wie ein graphisches Kunstwerk ausnimmt. „Er war ein außergewöhnlich origineller Mensch, der mich ohne weiteres auch als Latifundienfürst und als Scheusal und zu fürchtender Großkollege bezeichnet hat. ‚Ulrikus, teures Geheuer, da du ein arrogantes Luder bist, nochmals, du hast dich bis auf Widerruf der Sechzehnteltriolen zu enthalten', hat er mir geschrieben."

Vom Anlegen der Garotte, von Blendung und Kastration ist die Rede. Propst Küchl entziffert mit sichtlichem Vergnügen die Beschimpfung, die anlässlich eines seiner Werke erfolgt ist: „Wenn das nicht reichen sollte, darfst du die Beinchen ins Feuer stecken

Erinnerungen an die Militärzeit eines Propstes: Landsknechtssprüche auf freizügigen Wandmalereien.

Musik ist ein wesentlicher Bestandteil des Kulturauftrages, der bereits im Willen des Gründers von Eisgarn enthalten ist.

und dabei komponieren und gleichzeitig Psalmen singen. Von der Hodenschraube wirst du diesesmal noch verschont."

Derart unwiderstehliche Kritik hat die Freundschaft mehr und mehr vertieft. Als bei der Uraufführung der Oper „Jesu Hochzeit" das Libretto von Lotte Ingrisch einen handfesten Skandal entfesselte, trat Propst Küchl als deren Apologet auf. Bereits die Propheten und der Kirchenlehrer Ambrosius hätten den Tod als Frau, die Todin als Geliebte und Gott als Ehepartner gesehen, schreibt er, das Gotteslamm habe sich nicht mit seinem Volk, sondern mit dem Tod vermählt. Tod und Auferstehung werden zur mystischen Hingabe.

Für sich selber bevorzugt der Komponist Küchl die kleine Form, die Kammermusik.

Seine Klangwelt ist tonal, in der Tradition von Gottfried von Einem und doch selbständig. In seinen Stücken für Kontrabass darf dieses Instrument ausnahmsweise seine Qualitäten in der Tiefe voll ausspielen, und das „Solo für Cello" fand Gottfried von Einem hübsch, von edler Seelenfäule und auch sonst nicht ohne Sünde.

Sakrale Musik steht, wie man von Küchls geistlichem Stand her vermuten könnte, keineswegs im Mittelpunkt. „Das ganze Leben ist da, um gelebt zu werden und nicht nur um Liturgie zu machen", beruft sich Propst Küchl auf das Vermächtnis des Gründers. Er will es zur Gänze erfüllen. Schließlich enthält es neben der Seelsorge ausdrücklich den Auftrag zur Förderung der Kultur.

Prälatur des Stiftes: Deckengemälde von Arnulf Neuwirth, einem Waldviertler Maler.

Literatur

Ulrich Küchl: Text auf der Homepage von Stift Eisgarn, www. kirche-top.org.

Information

Kollegiatstift Eisgarn,
Stiftsplatz 1, A-3862 Eisgarn,
Tel.: 02863 / 302–0,
Homepage: www.kirche-top.org

Oben wie unten

Benediktinerstift Altenburg

Zwei Welten, eine hell und eine dunkel, die eine blühendes Leben, die andere Tod und Vergänglichkeit, eine als Grundfeste der anderen. Die himmlische Schönheit von Kirche und Bibliothek wäre ihres Sinnes entleert ohne das grotesk verzerrte Spiegelbild.

Die barocken Meister, die Stift Altenburg das heutige Aussehen verliehen haben, schauten nach oben und unten. Paul Troger wusste, welche Farben und Gestalten er dem Himmel und der Wissenschaft schuldig war und fand in der Krypta das Gegenstück. Damit die aufziehende Nässe den wertvollen Büchern nicht zu nahe kam, wurde die Bibliothek einfach weit genug über dem Boden angelegt. Der hochgewölbte Raum, der zwangsläufig darunter entstand, musste genützt werden. In jenen Tagen dürfte ein Werk von Abraham a Sancta Clara in Altenburg aufgetaucht sein – die Freundschaft des Wiener Predigers mit dem Abt des Stiftes ist belegt. Es handelte sich um die Totenpredigt „Über die schön geziert und möblierte Todtenkapelle“ mit dem Tod als makabrem Poeten: „O Schönheit, Eitelkeit! Wer sich darin vergafft, der ist dem gleich, der sich in eine schöne Blume verliebet. Wie bald aber verwelken beide, und es bleibt solchen Liebhabern nichts zurück als die Einbildung und Klage… Je mehr sie sich darüber betrüben, je weniger fragt der Tod danach… Auch die schönsten Narzissen werden von mir abgerissen.“

Das Thema war gegeben, der Maler davon angetan

Totentanz in der Krypta als grotesk verzerrtes Spiegelbild der barocken Bibliothek von Stift Altenburg.

und schuf „den originellsten Raum in einem österreichischen Kloster".

Pater Albert Groiß, Prior von Stift Altenburg: „Ein Totentanz. Der Tod überrascht die Menschen."

Vanitassymbole, wohin man schaut: verwelkende Blumen, die Schöne, die im Spiegelbild ihr Totengesicht erkennt, Sanduhren und rennende Skelette, denen keiner entkommt.

„Hier wurde nie Messe gelesen, niemand wurde hier begraben. Es ist ein Meditationsraum des Todes, wie der heilige Benedikt sagt, dass man sich den Tod ständig vor Augen halten soll."

P. Albert vermutet, dass Troger an diesen Fresken seine Schüler ausgebildet hat: „Die Burschen waren Bauernmaler, die hohe Kunst haben sie erst bei Troger gelernt. Man sieht es an einigen Motiven, die ganz deutlich nach solchen Schablonen gemalt wurden. Wenn einer gut genug war, durfte er oben mitarbeiten."

Der Architekt Josef Munggenast wiederum war der Praktiker, der Grundfesten zu nutzen verstand. Er setzte ab 1728 die neuen Trakte auf die Mauern des längst abgerissenen alten Klosters. Hussitenstürme, protestantische Truppen und zuletzt die Schweden hatten dem mittelalterlichen Stiftsgebäude zugesetzt. Ein Totalabriß erschien als die günstigste Lösung. Die tiefer gelegenen Räumlichkeiten wurden mit Schutt angefüllt und damit konserviert.

Schon im 19. Jahrhundert war man auf einige dieser Räume aufmerksam geworden. Sie wurden beschrieben und reizten immer wieder zu Nachforschungen. Als 1954 eine kleine Grabung durchgeführt wurde, war ein junger Ordensmann dabei, der heutige Abt Bernhard Naber. Er verfolgte konsequent die Idee, das alte Kloster freilegen zu lassen.

Durch die Sala terrena, ein Schmuckstück des grotesken Barock, und die Veitskapelle, den barocken Aufbahrungsraum, steigt man hinab in ein dunkles Gewölbe. Unvermittelt steht man in der Vergangenheit des Stiftes.

„Die Veitskapelle steht schief in der Anlage, nicht genau nach Osten gerichtet", erklärt Dr. Johannes Tuzar. „Sie war, wie man an diesen abgebrochenen Säulen sieht, gotisch, und der Raum darunter, dort im Ossuarium, wo heute die Knochen aufgeschichtet liegen, war romanisch." Er war dabei, als 1983 in Stift Altenburg unter der Leitung des Landesarchäologen von Niederösterreich, Dr. Helmut Windl, mit einer

Großer Stiftshof: himmlische Lichtspiele in der Fontäne des Brunnens.

systematischen Grabung begonnen wurde. Dabei wurde dieser Abgang geöffnet. Bis dahin hatte man nur durch ein Loch über dem Altar hier herab steigen können.

„Alles wurde abgebrochen, und das Neue, wie diese Stützpfeiler dort, einfach grad' hineingebaut. Von den Fresken und den figural verzierten Fliesen sind noch Reste vorhanden, einige davon in situ, also noch in Primärlage. Auch der Ansatz für den Fünfachtelschluss ist eindeutig zu erkennen. Das heißt, die Apsis bestand bei gotischen Bauten vielfach aus fünf Achteln eines Kreises. Es muß ein hoher aufstrebender Bau gewesen sein", meint Dr. Tuzar, kann sich allerdings nicht schlüssig erklären, weshalb diese Kapelle nicht genau nach Osten zeigt. Jedenfalls wurde sie als Gruft verwendet, was bemalte Särge und im untersten Geschoss Sargteile und lose umherliegende Knochen bewiesen haben.

Von dieser Kapelle kann man seit kurzem ins Freie hinaustreten. Bisher befanden sich an dieser Stelle Tonnen von Erde und Schutt und darüber die Altane. Wie ein riesiger Balkon wurde diese weitläufige Grünfläche der Fassade des barocken Baues vorgelagert und bietet noch heute in jede Richtung eine Augenweide. Dem Ankommenden macht sie mit ih-

Die ausgezeichnet erhaltene Beheizungsanlage des mittelalterlichen Klosters wurde freigelegt.

rer aus dem steil abfallenden Felsen wachsenden Brüstung schon von weitem die Größe und Bedeutung des Stiftes klar, das tatsächlich wie eine mächtige Burg hoch droben thront. Demjenigen, der von dort ins Land hinein schaut, bietet sie eine unglaubliche Aussicht über das Waldviertel hinweg. Die Altane war Teil des barocken Programms, das eine unbezwingbare Festung des – katholischen – Glaubens als Hochburg gegen den damals feindlichen Protestantismus mit einschloss.

Einzig der Spaten der Archäologen machte davor nicht Halt. Wieder wurden etliche Meter Schutt beseitigt, und mittelalterliches Mauerwerk kam zum Vorschein. An einem Abthaus mit zugehörender Kapelle vorbei geht nun die mittelalterliche Wanderung in das „Sommerrefektorium" (auch „Neues Refektorium"). In der Renaissance nahmen die Mönche dort das Essen ein. In der Barockzeit verlor es seine Bedeutung und ist heute ein Depot für archäologische Fundstücke. Dieser Raum war stets zugänglich gewesen, ebenso die Fraterie. Abt Bernhard Naber machte 1993 die Abteilung für Bodendenkmale darauf aufmerksam, dass sich unter der Fraterie ein gewölbter Raum befindet; freilich voll mit Schutt. Als dieser beseitigt und der Fund dokumentiert war, stellte sich heraus, dass man auf eine bestens, wahrscheinlich sogar auf die am besten erhaltene mittelalterliche Unterbodenheizung gestoßen war. Es gibt noch die doppelt gewölbte Feuerkammer, die Kieselpackung zur Wärmespeicherung und die Vorkammern.

In Altenburg wurde bis zum 15. Jahrhundert mittels dieser Unterboden- oder Warmluftheizung wertvolle Wärme geschaffen. Dazu wurde in der Brennkammer Feuer entfacht. Der Rauch wurde über Abluftsysteme nach außen geleitet. Sobald die Kieselsteine genügend Wärme gespeichert hatten, wurde das Feuer mit einer Ofenkrücke aus der Brennkammer herausgezogen. Es gab keine Rauchentwicklung mehr, und man konnte die erhitzte Luft durch ein Röhrensystem in das Calefactorium leiten. Dort gab es im Fußboden verschließbare Öffnungen, mittels derer die Raumtemperatur geregelt wurde.

Wärme war besonders im kalten Waldviertel ein kostbares Gut, mit dem in Klöstern äußerst sparsam umgegangen wurde. Ursprünglich gab es überhaupt nur drei Orte, in denen nach der strengen Ordensregel Wärme erlaubt war: selbstverständlich die Küche, dann das „Haus der Kranken" und das, wie schon sein Name sagt, Calefactorium.

Dort durften sich die Mönche in genau vorgeschriebenen Zeiten aufwärmen. Den Rest des Wintertages mußten sie im ausgefrorenen, zugigen Gemäuer durchstehen. Ein weiterer Grund für das Aufsuchen des Calefactoriums war der Aderlass. Er wurde – nach der Lehre von der Harmonie der Körpersäfte – als probates Mittel bei allen möglichen Beschwerden, auch bei sexuellen Anfechtungen, angewendet. Er ließ sich nur in einer einigermaßen

Die Krypta, eine „schön geziert und möblierte Todtenkapelle" (Abraham a Sancta Clara).

temperierten Umgebung durchführen, ebenso wie bestimmte Arbeiten, etwa das Anrühren der Tinten für das Scriptorium und Profanes wie der Schuhputz, weil Leder nur mit weichen Wachsen und Fetten eingelassen werden kann.

Kaum hatten die Archäologen den vermauerten Zugang zu dieser Anlage geöffnet, standen sie vor der nächsten Sensation. Vor ihnen lag der „goldene Ofen", vorerst jedoch als Schicht aus gebranntem Lehm und Kachelfragmenten sowie einigen unversehrten Stücken. Die Kacheln, die offenbar in der Barockzeit an dieser Stelle entsorgt worden waren, ließen sich zusammenfügen und erlaubten die Rekonstruktion eines kompletten Ofens, wie man ihn in Österreich noch selten gefunden hat. Im Verlauf des Spätmittelalters begann sich demnach auch in den strengen Klöstern die individuelle Heizung durchzusetzen. Der Altenburger Ofen dürfte aus der Zeit um 1480 stammen. Die letzten Befunde sind allerdings noch nicht abgeschlossen.

Ein grimmiger Waldviertler Wels (Waller) in der Groteskenmalerei der Krypta.

Ausgestellt ist der „goldene Ofen" in der Fraterie, die den Mönchen einst als Tag-, Wärme- und Arbeitsraum gedient hat.

Die Stimmung dieses frühgotischen Gewölbes berührt den Eintretenden trotz grober Veränderungen beim Umbau. Da der Raum damals ausgedient hatte, wurde die Mittelsäule einfach ummantelt, um den neuen Baulichkeiten darüber eine festere Stütze zu bieten. Die Wandmalereien, wie die Kreuzigungsszene, das Jüngste Gericht mit posaunenblasenden Engeln, den Kirchenvätern und den Evangelisten, sind zwar verblasst beziehungsweise im Lauf der Zeit beschädigt worden, zusammen mit den spitzbogigen Büchernischen, wo Pergamentrollen und Schreibutensilien aufbewahrt wurden, führen sie aber geradewegs in die beschauliche – wenn auch nicht komfortable – Arbeitswelt eines mittelalterlichen Mönches.

Wenn man genau hinschaut, erkennt man übrigens, dass die Kreuzrippen aus Formziegeln bestehen und nur die Konsolbänke und der Schlussstein aus Sandstein gearbeitet sind. Auffällig ist die Farbigkeit dieses Raumes. Wir sind es längst gewohnt, dass sich die hehren gotischen Dome in strengem Grau präsentieren. Davon war seinerzeit keine Rede. Abgesehen von den Fresken an den Wänden war auch der Sandstein bemalt – mit Farben, von denen jede ihre ganz bestimmte mythologische Bedeutung hatte.

Das „ora et labora" findet seine Ergänzung „et lege" im Kreuzgang, dem Herzstück der mittelalterlichen Klosteranlage, wie Prior Albert Groiß es ausdrückt. Auf dem Weg dorthin blickt man auf eine Vorratskammer, die, so wird angenommen, während der Hussitenstürme zerstört, dann zugeschüttet und damit vergessen wurde. Dabei waren die Stellagen mit den irdenen Töpfen einfach umgeworfen worden. Einige Gefäße gingen nicht zu Bruch und haben ihren Inhalt bis heute erhalten. Für eine genaue Analyse fehlt allerdings das Geld.

Was im Mittelalter von den Mönchen gegessen wurde, weiß man dennoch recht genau. Sie waren auf möglichst fleischlose Kost gesetzt. Die Tierknochen rühren wohl von einer Lockerung der Regeln her, die außerhalb des Refektoriums den Fleischgenuss unter genau festgesetzten Vorzeichen erlaubten. Überdies gab es detaillierte Fastenregeln. Da über das Jahr sogar für den Laienstand zeitweise an die 150 Fasttage vorgeschrieben waren, war der Bedarf an Fastentieren groß. Man wußte sich zu helfen und erklärte Biber, Fischotter und wasserbewohnende Vögel einfach zu Wassertieren.

Nach dem Abendessen, dem die Vesper vorausging, hatte man sich im Kreuzgang zur „Collatio", der gemeinschaftlichen Lesung, getroffen. Bis in die achtziger Jahre war der Kreuzgang vollständig verschüttet gewesen. Einzig die Zisterne in der Mitte des quadratischen Hofes hatte man bis zum späteren Niveau aufgebaut. Mit der Freilegung des Kreuzganges kam eine faszinierende Architektur in beeindruckender Einfachheit zum Vorschein. Auf geheimnisvolle Weise hat sie das Schweigen, das nach der Komplet (Abendgebet) den Mönchen bis zum nächsten Morgen auferlegt war, über die Zeiten erhalten.

Egal, welche Arbeiten auch immer im Stift durchzuführen sind, es müssen Archäologen beigezogen werden. Als im Januar 2002 die dringend fällige Restaurierung der Beleuchtung und Verkabelung in der Stiftskirche in Angriff genommen wurde, kamen nicht nur ein geheimnisvolles Kistchen im Grab der Stifterin, der „hochedlen Herrin" Hildburg († 4. Dezember 1144), verwitwete Gräfin von Bouige, zum Vorschein, sondern auch ein Freskorest aus dem 17. Jahrhundert und gotische Malreste um ein Sakramentshäuschen. Die Sensation schlechthin war jedoch die Entdeckung eines Wandgrabes, in dem der „fundator chori", Abt Seifried, bestattet sein könnte. 1319 ist er gestorben und gilt als der Erbauer des gotischen Kreuzganges.

Die ausgebrochenen Maßwerke der gotischen Fenster wurden behutsam restauriert, der Ziegelboden teilweise neu verlegt und die zahlreichen darunter befindlichen Bestattungen dokumentiert. Irgendwann wurde der Kreuzgang als Deponie benützt, da sich neben den Gebeinen, die laut Dr. Tuzar durchwegs von wohlgenährten Menschen stammen, sorgsam aufgeschichtete Wasserleitungsrohre aus Keramik fanden. Sie sind der Nachweis, dass man hier seit dem ausgehenden Mittelalter über eine funktionierende Wasserversorgung verfügte, mittels derer unter anderem die im Kreuzgang befindliche Zisterne gespeist wurde.

An einer Ecke dieses Kreuzganges verbirgt sich möglicherweise die Antwort auf die Frage nach der ersten, romanischen Kirche dieses Stiftes. Eine Grabung ist aufgrund statischer Probleme nicht möglich. Nachgewiesen sind lediglich sechs verschiedene Bodenniveaus. Den ehemaligen Kapitelsaal hat man jedoch als solchen wieder entdeckt. Er war stets zugänglich, wurde aber sehr profan als Kellerstüberl genutzt.

An dieser Stelle beendet Dr. Tuzar die Führung durch „sein" Kloster, das ihn, seit er hier zu graben begonnen hat, nicht mehr los lässt. Von einem womöglich wehmütigen Blick zurück ist keine Rede. Es gibt noch genug zum Forschen und Graben. Da es dabei im Grunde um die Frage der Finanzierung weiterer Projekte geht, wird diese an den Prior von Stift Altenburg, Albert Groiß, weitergegeben.

„Wir sind zwölf Mann im Konvent, gerade soviel wie bei der Gründung, der Älteste ist 97. Die Last, die mit der Verwaltung dieser Pracht verbunden ist, ruht also auf ganz wenigen Schultern", sagt er und verweist auf die Schwierigkeiten, die mit der Erhaltung eines derartig aufwändigen Kulturdenkmals verbunden sind. Über den sagenhaften Reichtum, der den Klöstern nachgesagt wird, kann er nur lächeln: „Wenn wir 30.000 Besucher im Jahr schaffen, sind wir schon selig."

Der Kulturbetrieb, dazu gehören Ikonenmalkurse, die Auftritte der Altenburger Sängerknaben, Konzerte im Rahmen von „Allegro Vivo" und der Theatersommer, bringt einiges an Besuchern. Alles aber nur in der warmen Jahreszeit, genau wie das geistliche Angebot, das Kurzexerzitien und „Kloster auf Zeit" für junge Menschen vorsieht. „Im Winter fühlt man sich in die Zeiten des Calefactoriums zurückversetzt", sagt der Prior, „denn das schönste stuckverzierte Kaiserzimmer ist in den kalten Monaten ohne entsprechende Heizung und den unbedingt erforderlichen Nassräumen mehr als ungemütlich."

Die Einnahmen aus dem landwirtschaftlichen Betrieb lassen derzeit zu wünschen übrig, was aber nichts daran ändert, dass Stift Altenburg autark ist und deswegen keinen Cent aus dem Kirchenbeitrag zu sehen bekommt.

Der „goldene Ofen" aus der Zeit um 1480, ein Sensationsfund im Rahmen der Grabungen im Kloster unter dem Kloster.

Gezählte 1.043 Engel bevölkern das Stift. Sie brauchen Hilfe!

Man wandte sich daher an die Öffentlichkeit, als die Sandsteinengel zu bröckeln begannen und Gefahr bestand, dass ein gefallener Engel irgendwem auf den Kopf fällt. Hilfe für gezählte 1.043 Engel!

„Allein außen sind es 106. Einige davon wurden bereits erneuert", sagt P. Albert.

Weshalb sich im Barock so viele Engel herumtreiben, dürfte seinen Grund in der damaligen Vorstellung vom Himmel gehabt haben.

„Ein Bäuerlein hatte eine Hütte mit Strohdach daheim. Das kommt dann in so einen Raum und denkt, das muss ein Abbild des Himmels sein. Man wollte den Leuten Gusto machen und hat ihnen gesagt, leb als Christ, dann wirst du irgendwann in so einem Raum oder in einem noch schöneren sein!"

Die Botschaft unserer Tage ist ein Garten, nur wenige Quadratmeter groß, aber genügend Platz, um sich mit sich selbst auseinanderzusetzen.

„Von der Antike bis zur Renaissance waren die Mönche die einzigen, die Gartenkultur betrieben haben. Hildegard von Bingen, die berühmteste Benediktinerin, hat sich ausführlich mit den Kräutern beschäftigt. Von einem Klostergarten ist schon in St. Gallen die Rede, im Urbild unserer Klöster. Ein Garten war eine Notwendigkeit wie die Bibliothek oder das Dormitorium. Er lieferte den Mönchen das Essen und die Medizin."

Der Gartenweg von Stift Altenburg ist ein verschlungener Pfad, führt durch einen Chaosbereich mit ausgerissenen Wurzelstöcken vom Kamp-Hochwasser zu einer Ecke der Versuchung mit Erdbeeren, an denen genascht werden darf, und weiter in eine Oase, in der duftender Thymian gedeiht.

„Das Ganze ist der Schöpfungsgarten. Am Anfang stehen die vier Elemente, Erde, Luft, Feuer, Wasser, aus denen die Schöpfung aufgebaut ist. Wie das Leben ist der Weg keine gerade Autobahn, man muss immer wieder umkehren, zu sich selber finden, egal, an welcher Station man gerade angelangt ist. Man muss seine Meinung ändern können."

In der Mitte steht ein Ölbaum als Symbol des Friedens, und im „Schalom", dem Bereich des Heiles, stimmen sich die Besucher im Schatten eines Nussbaumes auf den Rundgang ein, oder sie lassen das Erlebte auf sich einwirken. Zum Nachdenken gibt es genug. Wenn einem nach diesem Auf und Ab der Klosterführung dennoch nichts einfällt, ist P. Albert behilflich: „Jeder Mensch ist für ein Stück Garten, für ein Stück Erde verantwortlich. Es braucht sich nur jeder ehrlich zu fragen, welcher Teil ihn selbst betrifft."

Literatur

Johannes Gans: G'schichten vom Land. Wien 2002 (Falter Verlag).

Albert Groiss: Benediktinerabtei Altenburg. Salzburg 1994 (Verlag St. Peter).

Albert Groiss: Zum Ausstellungsrundgang. Die Räumlichkeiten als kostbare Vitrinen. In: Fundort Kloster. Katalog zur Ausstellung im Stift Altenburg. Bundesdenkmalamt (Hg.), Horn 2000 (Verlag Berger).

Information

Benediktinerstift Altenburg,
A-3591 Altenburg 1, Tel.: 02982 / 3451,
E-Mail: konvent@stift-altenburg.at,
Homepage: www.stift-altenburg.at

Die Macht der göttlichen Vorsehung

Prämonstratenser-Chorherrenstift Geras

Das Bersten der Kirchenfenster hatte die Chorherren aufgeweckt. Im Innern der Stiftskirche brannte es lichterloh. Der Kreuzgang war bereits voll Rauch. Den Männern waren damit sowohl der Zugang zur Kirche als auch der Fluchtweg vom Konvent aus abgeschnitten. Einer der Herren versuchte, sich mittels eines Leintuchs in den Kreuzgarten abzuseilen. Der Schlüssel wurde ihm nachgeworfen, direkt in die Brennnesseln.

„Es muss hektisch hergegangen sein in dieser Nacht, damals, 1730“, schmunzelt Herr Benedikt Felsinger, Prior von Stift Geras. Die Einrichtung des Gotteshauses war vernichtet worden, lediglich den Hochaltar hatten die Flammen verschont.

Dank eines genauen Untersuchungsberichtes weiß man über den Hergang der Katastrophe bestens Bescheid.

„Eine Brandlegung durch die Mitbrüder, aber weder wissent- noch willentlich“, kommt der Prior jedwedem Verdacht zuvor. „Im Chorgestühl standen Spucknäpfe. Nach dem letzten Gebet hatte man, wie üblich, die Dochte der Kerzen beschnitten und die Reste in die Spucknäpfe entsorgt. Ein solches Dochtstück, die waren ja dicker als heute, dürfte noch geglost und die Sägespäne entzündet haben.“

Geras brauchte nun nicht mehr hinter anderen Stiften zurückzustehen – endlich konnte man zur Barockisierung schreiten. Dieser Brand war jedoch

Im Kreuzgang von Stift Geras hat sich unter vielen baulichen Veränderungen die ursprüngliche Anlage deutlich sichtbar erhalten.

Der Rehbock im Kreuzgang: keine vergessene Trophäe, sondern das berührende Bild für die providentia Dei, die gütige Vorsehung Gottes.

nicht die erste Zerstörung, die das Stift heimgesucht hatte. 1278 marschiert König Ottokar II. Přemysl von Böhmen mit seinen Truppen zur Schlacht gegen König Rudolf von Habsburg. Dabei wird Geras in Brand gesteckt. 1427 ziehen Hussiten plündernd und mordend durch das Waldviertel. Sie verwüsten Zwettl und Altenburg, brennen Geras und Pernegg nieder. 1627, inmitten des Dreißigjährigen Krieges, erstellt Abt Benedikt Lachen ein Verzeichnis der erlittenen Schäden, als „... die Beheimische Armada deß Jahrs 1619 auß Böheimben in Österreich gefallen..." Im Juli 1620 schließlich werden „Closter und Markht in Prandt gesteckht". 40.000 Gulden, ein gewaltiges Vermögen, hatte der Schaden betragen, „...weillens alles mit Ziegl gedeckht gewesen, schönes geleidt und glockhen wie auch ein orgl, Neuen hohen altar, so allein 2000 fl. gekhostet und erst 6 Jar vor der Rebellion auff gerichtet worden..."

Man kehrte zurück, begann mit dem Aufbau, tilgte die Schulden und bedankte sich bei den himmlischen Fürsprechern, die immer wieder für einen neuen Aufschwung gesorgt hatten.

Die Ordensheiligen Augustinus und Norbert sind allgegenwärtig, wie es sich für ein Prämonstratenserstift geziemt. So zieren ihre Büsten neben dem Gründerwappen derer von Pernegg den Vorraum zur Prälatur, von der aus man ins Pauluszimmer gelangt. In diesem mit elegantem Mobiliar eingerichteten Eckzimmer führen Tapetenbilder von Johann Nepomuk Steiner durch das Leben des heiligen Paulus bis zu dessen Apotheose im Stuck an der Decke.

Prior Benedikt: „Es war der Wohnraum des Abtes. Die Tür in der einen Ecke verschließt einen Hausaltar, wo er die Messe zelebrieren konnte."

Im Kreuzgang regt das Leben des Ordensgründers, des heiligen Norbert von Xanten, in einem Zyklus aus 35 Gemälden zu frommer Andacht an. Ein bedeutender und überaus produktiver Ordenshistoriker, Alphons Žák (1868–1931), war Geraser Chorherr. Er verfasste erläuternde Texte zu den einzelnen Bildern, die jeweils nur in Zweizeilern ihren Inhalt preisgeben.

Den ersten Rang unter all den himmlischen Fürsprechern nimmt ohne Frage die Muttergottes ein. Spätestens seit dem 17. Jahrhundert ist die Stiftskirche Ziel von Wallfahrten, die in unserer Zeit in den Monatswallfahrten ihren Ausdruck finden. „Unsre Liebe Frau von Geras" steht im Zentrum des Hochaltars.

„Die Statue, ihr gotischer Kern und sogar Teile der ursprünglichen Fassung sind noch erhalten, sind immer wieder aus Schutt und Asche aufgetaucht", erzählt Herr Benedikt. „Sie ist damit zu einem Zeichen der Hoffnung für uns Chorherren geworden."

Marienszenen finden sich in der Kirche auch in den Deckenfresken von Franz Zoller (um 1770). Die gotischen Bogen darunter zeichnen sich ebenso deutlich ab wie das romanische Hochschiff unter dem gefühlvoll zurückhaltenden Stuckmarmor von Johann Ignaz Hennevogel (1727–1790). Über dem Gewölbe der Stiftskirche, unter dem weiten Dachstuhl von 1653, gibt es noch die Lichtgaden der romanischen Basilika, erzählt der Prior und gerät ins Schwärmen:

„Es ist das Geheimnis von Geras, dass in der barocken Hülle vieles aus dem Mittelalter verborgen ist. Die Proportionen der Romanik haben sich im Kloster erhalten. Bis auf den heutigen Tag besteht die erste Klosterkirche, das ist selten in Österreich."

Die Anlage des Klosters entspricht im Kern dem Idealplan von St. Gallen, der um 820 entworfen und

Das Tor zur blühenden und duftenden Vielfalt des beschaulichen Geraser Konventgartens ist jederzeit geöffnet.

Abendstimmung im Stift Geras: Blick durch das monumentale Portal aus dem Jahre 1657 in der westlichen Mauer.

immer wieder nachgeahmt wurde. Im Norden steht die Kirche, daran schließt im Süden der Kreuzgang an, und aus diesem ist gegenüber der Kirche das Refektorium zugänglich. Herr Benedikt: „Die Pfeiler für Geist und Leib stützen das Kloster."

Die heutige Bibliothek wurde 1805 angelegt. Der Bücherbestand kann sich mit anderen Stiftsbibliotheken nicht messen, dessen ist man sich in Geras bewusst; zu oft ist das Haus abgebrannt und sind die Schriften vernichtet worden. Dennoch zeichnet diesen Raum eine Besonderheit aus. Nicht ohne Stolz vermerkt der Prior: „Eine späte Bibliothek als gewaltiges Zeichen, dass nach dem Josephinismus das Kloster weiter lebt. Auf dem Deckengemälde wird die biblische Geschichte erzählt, von Adam und Eva bis zum Apostel Paulus und den Kirchenvätern." Joseph Winterhalder (1743–1807), Schüler und Mitarbeiter von Franz Anton Maulbertsch, hatte in der Zeit des Klassizismus noch in der barocken Fasson seines Meisters gearbeitet. Herr Benedikt: „Der Schlusspunkt der mitteleuropäischen Deckenmalerei wurde mit diesem Fresko in Geras gesetzt, danach wird diese Kunst verlernt und muss mühevoll wieder erlernt werden."

In all den Wirren hat sich eine weitere Konstante seit der Gründung des Klosters 1153 in nahezu ununterbrochener Tradition erhalten: das gemeinsame Chorgebet. „Drei Mal am Tag treffen wir einander hier zum Gebet – wer von den Mitbrüdern halt im Kloster ist. Ab drei Mann aufwärts wird das Chorgebet gesungen", sagt der Prior und darf bei kleiner Besetzung wohl auf wackere Sänger hoffen. Mit einem Augenzwinkern: „Wegen der späten Morgenzeit, sieben Uhr, sind wir das christlichste Kloster Österreichs." Sein Stuhl und der des Abtes, erkennbar an pompösen vergoldeten Adlern an der Front, stehen etwas abgesetzt von den Sitzreihen der Mitbrüder.

Abt Joachim Angerer hat sein Amt im Februar 2004 zurückgelegt. Die Gründe hierfür sind vielschichtig; nach außen hin waren es hauptsächlich Schulden, die sich wegen der Renovierung und Modernisierung des Stiftes angehäuft hatten. Prior Benedikt: „Die touristischen Betriebe, wie das Kloster Pernegg, der Schüttkasten, der Meierhof und Teile des Stiftsgebäudes, wurden verpachtet." Die Geraser Kunstkurse finden selbstverständlich weiterhin statt, ebenso die Fastenkurse im Seminar- und Fastenzentrum Kloster Pernegg. Verlässliche Standbeine sind nach wie vor Fischzucht und Forstwirtschaft, so der Prior:

„Mit den sieben Teichen wurde unser Tal zu einer Klosterlandschaft geformt, wie sie unberührt und unangetastet selten zu sehen ist."

Prior Benedikt Felsinger an seinem Lieblingsplatz am Brunnenrand im Kreuzgarten.

Das Stift hat sich schon von schlimmeren Krisen als jener unserer Tage erholt. Schließlich ist das Haus auf solidem Waldviertler Granit gebaut; der Konvent steht auf der festen Basis der Regel des hl. Augustinus, und über allem schwebt die providentia Dei, die göttliche Vorsehung. Eine wahrhaft prächtige Darstellung erhielt sie 1738 durch Paul Troger auf dem Deckenfresko des Marmorsaales direkt über der Torhalle, erbaut nach Plänen von Josef Munggenast. Die Dame im Zentrum der wunderbaren Brotvermehrung trägt wie an einem Zauberstab das göttliche Auge. Für alle ist gesorgt, jeder kann reihum seinem Nächsten das Brot weitergeben – eine klare Botschaft an die Herren, die diesen Raum als Sommerrefektorium und für die Bewirtung hoher Gäste nutzten.

In einer völlig anderen und überraschenden Gestalt zeigt sich die providentia Dei im schlichten Kreuzgang. Am Ausgang der Kirche hängt seitlich an der Wand der Kopf eines Rehbocks. Man denkt unwillkürlich an eine vergessene Jagdtrophäe und übersieht die Steintafel darunter, besser gesagt, man macht sich kaum die Mühe, den lateinischen Text darauf zu entziffern. Herr Benedikt nimmt einem dies ab. Er erzählt, wie nach der Zerstörung des Klosters im Dreißigjährigen Krieg – das Ausmaß wurde bereits geschildert – die Chorherren aus Drosendorf zurück gekommen waren. Sie hatten dort vorübergehend Zuflucht gefunden, sollten aber ihr eigenes Kloster wieder aufbauen. Angesichts der Brandstätte hatte sie begreiflicherweise der Mut verlassen. Landwirtschaft war nicht möglich, und damit gab es nichts zu essen. Man wollte bereits aufgeben, als aus dem Wald ein Rehbock, eben dieser Bock, trat, sich den Herren zu Füßen legte und als Speise anbot. Das Tier wurde geschlachtet und verzehrt. Damit wußten die Mitbrüder, dass sie nicht verlassen seien, dass Gott sich um sie sorge.

Man brauchte das Stift damals ebenso wie heute. Unmittelbar im Norden verläuft die Grenze, einstens zur Markgrafschaft Mähren, heute zu Tschechien. Von den geistlichen Herren wurden stets Kontakte nach drüben geknüpft. Die Möglichkeiten zur Zusammenarbeit mit dem Nachbarn sind vielfältig, wie gemeinsame Ausstellungen mit dem Schwesterstift

Chorgestühl aus der Mitte des 18. Jahrhunderts, im Vordergrund der Priorstuhl mit vergoldeten Adlern.

Nová Říše oder grenzüberschreitende Aktivitäten der Feuerwehren, an denen sich Prior Benedikt als gebürtiger Drosendorfer und gestandener Waldviertler aktiv beteiligt.

Als altem Orden gilt bei den Prämonstratensern dennoch die stabilitas loci. „Wir legen die Profess, die Gelübde auf ein bestimmtes Kloster ab", erklärt Herr Benedikt und kommt damit auf die Neugründungen zu sprechen, die aus diesem niederösterreichischen Kloster hervorgegangen sind. „Damit zählen die Mitbrüder in unseren Tochterklöstern in Deutschland und Brasilien noch als Angehörige von Geras."

Die verstorbenen Mitbrüder hat man in jüngster Zeit wieder in die Mitte der lebenden geholt. Prior Benedikt: „Wir haben den Konventfriedhof neu gestaltet." Er befindet sich nun rechts neben dem Platz vor dem Eingang zur Kirche (Basilica minor seit 1953) und ist durch die Jakob Kern-Kapelle zugänglich. Kern, 1897 in Wien geboren, trat 1920 in Geras ein und wurde 1923 zum Priester geweiht. Er starb 1924, beseelt vom Bedürfnis nach Sühne, die er stellvertretend für andere leisten wollte. Am 21. Juni 1998 wurde er selig gesprochen.

Beim Aufgang in den Friedhof fällt ein Grab auf. Statt mit Blumen ist es mit Kräutern geschmückt. Hermann Josef Weidinger, der Kräuterpfarrer, ist hier begraben. Er hat die providentia Dei im Garten Gottes gefunden und als Medienprofi den Menschen gekonnt die natürliche Heilwirkung der Pflanzen wieder ins Bewusstsein gerufen – so nachhaltig, dass kein Lifestylemagazin und kein Kochbuch ohne Kräutertipps auskommen können.

Vielleicht war er vom Konventgarten inspiriert worden, oder er hat die Mitbrüder zum Bearbeiten des Gartens animiert. Jedenfalls gibt es einen Kräutergarten, einen hortus sanitatis, gegenüber dem Stiftsportal, umschlossen von einer schützenden Mauer, mit einem Tor, das Tag und Nacht geöffnet ist. Im Sinn des Kräuterpfarrers sind die einzelnen Pflanzen sauber benannt und in ihrer Wirkungsweise kurz beschrieben. Man kann zwischen den Beeten schlendern, an der Melisse riechen, von den Zwetschken kosten, sich hinsetzen, um eine Ringelblume eingehend zu studieren und sich dabei in herrlicher Beschaulichkeit der providentia Dei erfreuen.

Literatur

Johann T. Ambrózy, Ambros J. Pfiffig: Stift Geras und seine Kunstschätze. St. Pölten 1998 (Verlag Niederösterreichisches Pressehaus).

Dehio Niederösterreich nördlich der Donau. Wien 1990 (Verlag Anton Schroll & Co.).

Felix Seitz: Quellen der Stille, Kreuzgänge in Österreich. St. Pölten 1999 (Verlag Niederösterreichisches Pressehaus).

Alexander Weiger: Prämonstratenser-Chorherrenstift Geras. Salzburg 2000 (Verlag St. Peter).

Information

Prämonstratenser-Chorherrenstift Geras,
Hauptstraße 1, A-2093 Geras, Tel.: 02912 / 345,
E-Mail: stiftgeras@netway.at,
Homepage: www.stiftgeras.at

Das Geheimnis der Rose

Dominikanerkloster Retz

„Die Welt ist geordnet nach Raum, Zahl und Maß, ein wunderbar geschaffenes Ganzes", sagt Pater Clemens Wehrle vom Orden der Prediger. Die Mauern der Dominikanerkirche in Retz sind nahezu schmucklos, grau, vom einfallenden Sonnenlicht sparsam erhellt. „Das Bauwerk ist wie ein Buch, man muss nur drin lesen können. Das Buch der Weisheit liegt diesem Programm zugrunde. Das Abbild der Welt, von Gott als Kosmos geschaffen."

Ende des 13. Jahrhunderts wurde das Kirchenschiff gebaut und hat sich in wesentlichen Teilen erhalten. P. Clemens: „Kaum anderswo findet sich die Gotik der Bettelorden in einer so reinen Form. In diesen klaren Proportionen drücken sich Schönheit und übersichtliche Geordnetheit aus. Im Gegensatz zur bischöflichen Hochgotik aus Frankreich, der die prächtige Stadt, das himmlische Jerusalem aus der Apokalypse zugrunde liegt."

Bettelorden entstanden in einer Zeit des Umbruchs. Die Städte wuchsen, der weltliche Klerus war vom Adel besetzt und nicht imstande beziehungsweise hatte wenig Interesse, sich mit den Ängsten der einfachen Leute auseinander zu setzen. Statt dessen traten barfüßige Mönche in abgerissenen Kutten auf, predigten auf dem Marktplatz statt im Dom und lebten von dem, was ihnen die Zuhörer gaben. „Es gibt einen Kosmos!" lautete ihre Botschaft, und sie war Revolution.

P. Clemens: „Weg vom Feudalismus mit seinen Privilegien, hin zum Bürgertum und der Stadt mit al-

Die Reliquie eines Märtyrers namens Placidus wurde 1713 nach Retz gebracht und soll in der Pestzeit wahre Wunder vollbracht haben.

Stimmungsvolle Schlichtheit des Kircheninneren in Retz.

lem, was sich dort drin tut! Deswegen sind unsere Klöster mitten in der Stadt. Sie wollen nicht irgendwo einsam draußen die Stadt auf dem Berge sein. Mit der Rückbesinnung auf die Spuren der Apostel versuchen die Bettelorden diesen Menschen Halt zu geben."

Die Antwort war und ist klar und verständlich. Dass für große, aufwändige Bauten und teure künstlerische Ausstattung ohnehin kein Geld da gewesen wäre, sollte in diesem Zusammenhang nicht mehr als eine Fußnote zählen.

Im 18. Jahrhundert hatten Retzer Weinbauernsöhne im Kloster das Sagen. Sie schielten recht gerne zu den großen Nachbarn, wie Stift Geras. Als Prioren wollten sie den Äbten nicht nachstehen.

„Dieser Prior, Raimund Ortz, hat sich jedenfalls darin gesonnt, ein kleiner Barockfürst zu sein. Er ließ sich die Raimundikapelle einrichten – eine priorale Loge, in der er zelebriert hat – und das Stöckel im Rokoko neben der Kirche erbauen. Er hat wie ein kleiner Abt residiert", erklärt P. Clemens den seltsam verspielten Bruch in der Gesamtarchitektur.

In Rom hatte zu dieser Zeit ein schwungvoller Handel mit Reliquien aus den Katakomben eingesetzt. Über gute Beziehungen des Priors zu römischen Würdenträgern gelangte in der Pestzeit um 1713 ein Märtyrer namens Placidus nach Retz. Auf dem Weg ins nördliche Weinviertel, so wurde ihm nachgesagt, hätte er allein auf der Durchreise für ein Ende der Pest gesorgt. Wenn ihm nur genügend Vertrauen entgegengebracht wurde, hat er bestimmt auch am Bestimmungsort für Wunder gesorgt. Die Überlieferung dazu ist jedoch dürftig.

In diesem Jahrhundert des Aufblühens wurden eine Bibliothek angelegt, bei Ignaz Casparides eine Orgel bestellt und für das teure Werk eine entsprechend repräsentative Empore gebaut.

P. Augustin Deutsch, der Letzte des ursprünglichen Konvents.

Wein war die wichtigste Einnahmequelle des Klosters im Retzerland. Ganz versiegt ist sie nie, zur Zeit allerdings auf die Einnahmen aus der Verpachtung beschränkt. Die Gerätschaften wären im Keller noch vorhanden, aber es gibt niemanden mehr, der damit entsprechend umgehen kann.

„Das Kloster ist auf Spenden angewiesen", muss P. Clemens feststellen. Er selber ist Mitglied des Konvents in Wien und bietet in den Räumen des Retzer Klosters Exerzitien an. Die Nachfrage ist groß genug, um ohne jede Werbung dafür auszukommen.

„Meine Ausbildung zum Exerzitienleiter habe ich bei den Jesuiten absolviert", sagt P. Clemens, der seine Hauptaufgabe darin sieht, Menschen zur persönlichen Gottesbegegnung zu führen. „Ich bin aber noch auf der Spur, auf der Suche nach einem Schema, wo der Mensch zu sich selber zurück findet und die Bekehrung erlebt – über die drei großen Schritte der Mystik: die Läuterung, die Erleuchtung und die Einung mit Gott."

Ignatius von Loyola und dessen Programm soll mit Mystikern aus den Reihen der Dominikaner erweitert werden. Meister Eckhart, selber Dominikaner, wurde deswegen der Ketzerei beschuldigt und von der Inquisition verfolgt. Wie konnte er sich erdreisten, die persönliche Gotteserfahrung über die Maßstäbe der kirchlichen Moral zu stellen?!

Damals, im 13. und 14. Jahrhundert, war der große Mystiker und Gelehrte noch zu Fuß kreuz und quer durch Europa unterwegs. Die dominikanischen Ordensregeln verboten ihm jede bequemere Art zu reisen. Die Zeiten haben sich geändert. In einer knappen Stunde erreicht man von Wien aus Retz per Bahn, die Oase im Grünen, wie P. Clemens das Kloster nennt.

Das Haus wird ihm vom Verein „Freundeskreis des Dominikanerklosters Retz" zur Verfügung gestellt. Franz Gatterburg, der mit seiner Familie im Kloster wohnt, hat den Verein, der nunmehr unter der Patronanz von Kardinal Christoph Schönborn steht, ins Leben gerufen. „Retz war das erste Kloster, in das unser jetziger Kardinal gekommen ist", erzählt Franz Gatterburg. „Damals als Sechzehnjähriger. Seitdem hängt sein ganzes Herz an diesem Kloster. In den Sommerferien hat er begonnen, die Bibliothek zu ordnen. Er hat jeden dieser Bände in der Hand gehabt und später große Teile des ‚Katholischen Weltkatechismus' aus diesen Beständen erarbeitet.

In der Hochblüte, nimmt man an, haben 16 bis 18 Leute hier gewohnt", hat P. Clemens erhoben. Das Totenbuch – mit der letzten Eintragung im Jahr 1991 – liegt in der Sakristei auf. „Derzeit ist es eine schwierige Frage, wie es weitergeht. Vom ursprünglichen Konvent ist nur mehr Pater Augustin übrig."

1956 ist P. Augustin Deutsch nach Retz gekommen. „Ich wurde nicht viel gefragt, wohin ich will. Ich wurde einfach hierher versetzt", was er nicht zu bereuen brauchte. „Retzer bin ich keiner geworden, aber es ist mir in Retz am leichtesten gewesen. Hier konnte ich durchhalten. Ich war nicht gesund, war schon während des Studiums geschwächt und habe deshalb um Versetzung angesucht. Und ich konnte das durchhalten."

Mit seinen Predigten ist der Dominikaner nicht mehr so recht zufrieden: „Ich weiß nicht, ob ich ein Prediger bin. Jetzt muss ich mir schon alles aufschrei-

Natur im Zeichen des Kreuzes: Der Kreuzgarten wird zum spirituellen Raum, in dem sich die Menschen bewegen.

ben. Früher habe ich so aus dem Herzen gesprochen. Da war ich natürlich begeistert. Jetzt bin ich schwach, schwach in meiner Ausdrucksweise. Aber ich spreche mit einer inneren Kraft und Überzeugung. Ich bin kein Gelehrter, sondern ein gewöhnlicher Prediger."

Franz Gatterburg kennt Pater Augustin seit zwanzig Jahren: „Ich fühle mich beschenkt, hier sein zu dürfen. Früher war Pater Augustin ganz anders, hypochondrisch, jetzt geht er singend durch die Gänge. Er hat das Geheimnis der Erlösung gefunden, durch ständiges Bemühen ist er zur Wahrheit gelangt. Man spürt es, wenn er die Messe zelebriert. Er erfährt die Nähe Gottes. Man kann es sehen, wenn man dafür das Sensorium hat. Man kann es bei ihm beobachten: den natürlichen Menschen und den Menschen der Gnade."

Im Kloster Retz wird es offenbar: Die Rose ist das schönste Symbol für das Paradies.

Von außen erscheint das kleine Kloster wie eine Burg, mit Turm und Mauer. Die südwestliche Ecke der Stadt wurde damit befestigt. Retz wurde dennoch überrannt, von den Hussiten, die über die Weinkeller in die Stadt eingedrungen waren. Das Kloster wurde niedergebrannt und der Prior angeblich in einen Brunnen geworfen. Es gab stets ein Auf und, mit Gewissheit, darauf ein Ab, durch alle Jahrhunderte. Zuletzt war wohl die Lage am eisernen Vorhang für das Ab verantwortlich. Mit der Öffnung der Grenze im Norden hat das Kloster wieder neue Bedeutung gewonnen. P. Clemens: „Zur Überbrückung haben wir den seelsorglichen und eigentlichen klösterlichen Teil in die Hände von Mitbrüdern der slowakischen Provinz gelegt. Aber wir hoffen, Retz wieder aus der eigenen Ordensprovinz nachbesetzen zu können."

Das Kloster kann man derzeit aus verständlichen Gründen nicht besichtigen – es steht noch eine Reihe von Renovierungen an, und eine geplante Ausstellung muss erst verwirklicht werden. Die Kirchentür und der Durchgang zum Paradies sind aber offen.

„Das Paradeis, so nannten sie früher den kleinen Garten im Kreuzgang", eröffnet Herr Gatterburg dem Eintretenden den Gedanken hinter der bedeutungsvollen Blütenpracht. „Der Mensch wurde am Beginn der Welt in den Garten der Schöpfung gestellt. Das ist die abendländische, christliche Anschauung eines Gartens. Der Mensch gegenüber der Natur, für sie verantwortlich, nicht wie in den japanischen Gärten, wo er Teil dieser Natur ist."

Mit seiner Gattin Sylvia pflegt er im Kreuzgarten und in der gesamten Klosteranlage 150 Arten von Rosen.

„Mir ging es darum, einen spirituellen Raum zu schaffen, als Ergänzung zum sakralen Raum, der viele Menschen überfordert. Im Garten können Sie auch dann sein, wenn Sie kein Verhältnis zum Sakralraum haben, und hier innerlich ein bissl landen, in einem Raum, der auf keinen ökonomischen Zweck hingerichtet ist. Ein Ort, an dem man zu sich selber kommen kann."

Die Zugänge sind vielfach: „Die Natur im Zeichen des Kreuzes, das Quadrum als optimale Architektur mit dem geschlossenen Raum, der Idee des römischen Hauses, die auf den klösterlichen Urplan von St. Gallen übertragen wurde und der nichts anderes ist als ein Mandala, in dem sich die Menschen bewegen."

Und mit der Rose, dem schönsten Symbol für das Paradies.

Literatur

Dehio Niederösterreich nördlich der Donau. Wien 1990 (Verlag Anton Schroll & Co.).

Monika Oberhammer: Pustets Klosterführer. Salzburg 1998 (Verlag Anton Pustet).

Information

Dominikanerkloster Retz,
Klostergasse 37, A-2070 Retz,
Tel.: 02942 / 200 32,
E-Mail: dominikanerkloster.retz@utanet.at